教育行思录

杨延勇 著

光明日报出版社

图书在版编目（CIP）数据

教育行思录/杨延勇著. -- 北京：光明日报出版社，2023.10

ISBN 978-7-5194-7576-5

Ⅰ.①教… Ⅱ.①杨… Ⅲ.①教育工作—文集 Ⅳ.①G4-53

中国国家版本馆 CIP 数据核字 (2023) 第 198894 号

教育行思录
JIAOYU XINGSILU

著　　者：杨延勇	
责任编辑：杨　茹	责任校对：杨　娜　杨　雪
封面设计：悟阅文化	责任印制：曹　净

出版发行：光明日报出版社
地　　址：北京市西城区永安路 106 号，100050
电　　话：010-63169890（咨询），63131930（邮购）
传　　真：010-63131930
网　　址：http://book.gmw.cn
E - mail：gmrbcbs@gmw.cn
法律顾问：北京市兰台律师事务所龚柳方律师

印　　刷：三河市华东印刷有限公司
装　　订：三河市华东印刷有限公司

本书如有破损、缺页、装订错误，请与本社联系调换，电话：010-63131930

开　　本：170mm×240mm	
字　　数：359 千字	印　张：20
版　　次：2024 年 3 月第 1 版	印　次：2024 年 3 月第 1 次印刷
书　　号：ISBN 978-7-5194-7576-5	
定　　价：89.00 元	

版权所有　　翻印必究

目　录
CONTENTS

第一章　高三日记

002　暑假应该这样度过
003　离别是为了相聚
004　陪伴是最长情的告白
004　语言是有温度的
005　追梦人
006　握别2019，拥抱2020
006　写给高三的孩子们
010　百日竞渡，破浪展雄风
011　别样的教材派送
012　与孩子科学沟通
012　叫醒你的不是闹钟，而是梦想和责任
014　高三二轮复习的技巧
016　二十二年资深班主任送给孩子们的话
017　如何缓解亲子关系
018　春天里的孩子不孤独

019　陌上花正艳，风清好扬帆
020　学会"七十二变"，才过得了"八十一难"
021　眼前的一幕，潮湿了我们的眼
022　如何缓解考试焦虑
023　如何避免考试失落
024　上阵父子兵，阅卷上课两不误
024　如何提高高三学生的自信心
025　做老师，不能太像老师
026　修行吧，前浪
027　励志苦干尽洪荒之力　洪流勇进展青春风姿
029　没有不行，只有砥砺前行
030　除了感动，还是感动
031　有一种胜利叫坚持
032　考试有技巧，方法很重要
033　高考倒计时第九天的晨会
034　努力的样子最美丽
035　送给离校前的高三孩子们
036　高考考的不只是学生
036　行善，也是为高考的孩子们祈福
037　高考结束，给孩子们的一封信
039　生活是一种平衡
040　教育的幸福感觉
041　在收获时，悄悄地离开

第二章　杏坛拾遗

044　一个字的班会
045　课堂提问的技巧
047　做一个受欢迎的教师
048　每一次遇见都是最好的安排
048　班级自主管理方法漫谈
052　激情高考

053	考试趣事
055	《小欢喜》大启迪
056	吃苦教育
056	张居正被万历皇帝清算的教育启发
057	也谈教育
058	一所学校的精神模样
059	高考答题的误区
060	警惕"高一现象"
062	拓荒之牛
063	梦马酬壮志，汗泉养精神
063	听课后的反思
065	个性课堂
065	打通"落实"的最后一公里
066	班级，可以这样管理
067	家校共建，刻不容缓
068	高效课堂，从学习方式的转变开始
069	校如棋局
070	基于核心素养下的听评课
072	还不了你一个青春，就给你一个未来
073	闲置了诗情，只剩下远方
073	每个孩子都渴望成功
074	菩萨心肠，霹雳手段
075	再访杜郎口中学
077	没有瞌睡的课堂
078	水深不语，人稳不言
078	用文学浸润，用法制警示，用规划引领
080	大树底下不长草
081	人生就是一个字——熬
082	于无声处响惊雷
084	没有问题，就是最大的问题
085	激动而又幸福的泪水
086	点亮自己，光明前程
086	人生，必须成点事
087	家长最应该给孩子什么

088	用"心"开拓德育新境界
089	现行高考背景下的剧场效应
090	寒假可以自由,就怕你付不起代价
091	老师,我想您了
092	如何接手新班级
093	学校,我真的喜欢你
094	爱的样子
095	干在左,学在右
096	听评课,为教师的专业成长铺路
097	走进英特,感受的不仅是震撼
098	细雨润物,微风不寒
099	胸怀天下择高处立,心系未来向远方行
101	冯明才先生的教育金句
104	那些人、那些事、那些景
106	因为爱,所以爱
108	活成一道风景
109	难以忘却的美好记忆
110	又见冯明才主任
111	于红尘中安放灵魂
112	赢得清晨,方能掌控人生
113	五分钟带来的差距,后悔都来不及
114	高效工作有技巧
116	楝树告诉你
117	教师,决不能"躺平"
118	中层干部的"四个秘诀"和"四个死扣"
120	幸福,很简单
121	阅人也是读书
122	养活一团春意思
123	遇见最好的自己
124	教育就是一场美丽修行
124	新高一的荷塘
125	心有雷霆,面若静湖
126	开学第一课:送给高一学生的五句话
127	学校中层干部的"三三"原则

129	考试成绩这样分析
131	秋雨里，听拔节的声音
132	秋雨中的曼妙独处
133	男人的侠客梦
133	你的努力，终将成就无可替代的自己
135	比体育还阳光的——小耿老师
136	这样的教师，学生最喜欢
137	这样的家长会，家长最喜欢
139	秋月也寂寞
139	$Y=F(X)$
140	最应该教给学生什么
141	高效课堂"十大最"
142	电影《长津湖》里的铿锵语言
143	心存温柔，皆是浪漫
144	活着
145	我在，心不寒
145	一天就这样开始
146	琢磨点"人"和"事"
147	亮剑精神铸造拼搏劲旅，雪狼勇气成就无敌雄狮
149	每天遇见不同的自己
150	教师三问
151	小习惯，大成就
152	"老杨心语"的元旦心语
153	情绪也是一种资源
154	灵魂温柔，满目皆是善良
154	雪中浪漫
155	神奇的微信朋友圈
156	开学前，教师应该这样做
158	人勤春来早，开局即决战
158	2月14日，说给自己听
159	父母和孩子，应该是怎样的关系
160	最美人间四月天
161	今天的我，有昨天您的影子
162	刀要在石上磨，人要在事上练

163	成长比成功更重要
164	眉间岁月
165	浅夏时光
165	只做第一个我，不做第二个谁
166	最曼妙的风景
167	一个特殊的日子
168	当风景遇上音乐
169	高考之前最重要的是心态
170	高考平常心，越平常越正常
171	夜梦轻轻
171	焦急地等待
172	有些话，让人醍醐灌顶
173	给儿子的信（一）
175	给儿子的信（二）
175	给儿子的信（三）
177	在感悟中前行
178	浅绿深蓝
179	高考成绩即将揭晓，请您勿扰
180	风来，花自开
180	咱是党的人
181	我失眠了
182	生活良人与事业贵人
183	堆云如山
183	总有人让你感动
184	流水不争先
185	新学期起点上的万语千言
186	盈月揽芳华，我们一直爱
187	修心渡己
188	金秋里的改变
189	在生活中遇见真实的自己
190	孝道
191	教育那些事
191	越自律，越优秀
192	为了那一米阳光

第三章　慧言会语

196	正而得泰，正道则泰兴
197	聊城正泰翰林高级中学"十五大德"
200	如何做一名成功的教师
202	抓铁留痕，行胜于言
203	雕刻时光　无问东西
204	凝心聚力，提质增效
205	写给放假前的孩子们
206	我的二十八年教育苦恋
208	平凡生命，极致绽放
210	家校共育，你我同行
212	赢在执行，胜在极致
213	母亲是女人最神圣的天职，父亲是男人最重要的工作
215	爱自己，是终身浪漫的开始
216	你若盛开，蝴蝶自来
217	高中三问
218	卓越从"规范"开始
220	最高标准，极致落实，抓铁留痕，追求卓越
221	未来可期，不负韶华
223	只有激情才能点燃激情，唯有精神才能振奋精神
226	艄公不努力，耽误一船人
227	初心如磐，笃行致远
228	曾国藩——曾经的笨小孩
230	2022年元旦贺词
232	踔厉奋发，笃行不怠，敢于担当，不辱使命
233	做最好的自己
235	所有问题的根源，都是管理的问题
236	十八岁的花季不下雨
238	卓越学生，成就自己
239	新学期送给教师的"六句话"

240　用奋斗擦亮青春底色，用实干成就时代新人
243　一年春作首，万事干为先
245　高考百日誓师大会上的发言
247　能用汗水解决的事情，绝不用泪水

第四章　时光知味

250　儿时的古漯河
251　过年
251　春日遐思
252　儿时年味浓
254　陪父亲看戏
255　品味孤独
256　暖暖的80年代
257　绒花树还是倒地了
258　纵有激情万千，能留芳华几何
259　再忆绒花神树，重拾紫陌芳华
261　回老家，走亲戚
261　时光都去哪儿了？
262　谁是谁的风景
262　独处，是一个人的清欢
263　最美欧若拉
264　乍见之欢与久处不厌
265　悠悠书卷气，淡淡梅花香
266　青山不老，为雪白头
267　陌上花开，缓缓归矣
268　最美的时光是在当下，最美的人生是在路上
268　童年暖暖的记忆
270　水泥板上，开出花来
271　最是书香能致远
272　人似秋鸿来有信，事如春梦了无痕
273　静好的不是岁月，是心态

273	不停流浪，向远方
274	落梅风骨，秋水文章
275	天幕红尘里的爱情
276	不辜负
277	赴一场四月的花事之约
277	掬水月在手，弄花香满衣
278	因为懂得，所以慈悲
279	悠然花开
280	遇见最好的自己
280	布谷声声
281	夕阳中的思绪
282	半卷荷影
283	立秋
283	让自己通透
284	天凉好个秋
285	最美的遇见，最好的自己
286	从心开始
288	千万和春住
288	让梦再多飞一会儿
289	教育感悟
289	活得通透
290	浅醉中年
291	人生的四种修为
292	我对家长说
292	人生就是一场修行
293	秋天画卷
294	世界再大，大不过一颗心
294	心中修篱种菊
295	没有健康，就失去了一切
296	一半是人间烟火，一半是天上烟花
297	知深浅，懂进退，有分寸
297	努力+感恩，一切皆有可能
298	与自己对话
299	见路不走

299　怎样才能活得通透
300　做一个有奋斗感的人
301　生命可随心所欲，绝不可随波逐流
302　气怨生病，心静添福
303　只言温暖，不语悲伤
304　最美书卷气
304　给心灵寻个安处
305　活得清澈
306　素心向暖，浅笑安然
307　为了健康
307　守得云开见月明
308　素简人生

第一章 高三日记

暑假应该这样度过（2019-07-13）

7月14日，距2020高考327天。

高三孩子的竞争并没有随着暑假的到来而结束，反而愈加升级，竞争战场由显性的学校转移到隐性的其他地方！与此同时家长也从老师手中接过了监管督促的接力棒！隐性的竞争往往比显性的学校竞争更能拉开学习成绩的距离！高考前这个最后的暑假，注定不同寻常！

一、给家长的建议

1. 学习计划最关键

暑假开始，和孩子一块儿制订合理的学习计划和时间安排。这是暑假是否充实，亲子关系是否和谐的关键环节。学习计划主要由孩子制订，家长可以给予适当的建议。学习计划的可行性一定要强，一旦实施，必须有效！家长严格监督，检查落实，持之以恒，切忌虎头蛇尾！

2. 借助外力，适合的是最好的

前几天，好多家长与我联系沟通，征求建议，如何充分利用假期时间实现弯道超越！假期学习的方式有很多，或一对一，或补习班，或网课学习，或学习小组等。学习方式没有最好的，只有最适合的！家长要根据孩子的学习成绩和性格特点，量体裁衣，切忌盲从跟风！如果孩子的自制力差，学习主动性不好，不建议上补习班。这种孩子，家长一定要跟上，最好陪伴学习。成绩很优秀的孩子，可以参加清北班或双一流班的拔高学习。有弱科的同学，一定抓住假期时间补习短板科目！

3. 适度管束，方法科学

假期再重要，毕竟是假期！孩子的暑期安排一定要张弛有度，紧张活泼！对孩子管束太严，事必干预，或放任自流、不管不问都是不对的。凡事多和孩子交流沟通、协商解决，切忌呵斥指责、强行压制，否则，非但达不到目的，反而有可能激化亲子关系，两败俱伤。亲子交流要注意方式方法，不能正襟危坐地谈判，而应轻松快乐地交流，可以散步时、骑行中、树荫下、河湖边等。生气的话，以后说；着急的话，慢慢说；批评的话，委婉说；伤人的话，不能说。

二、送给学生的建议

1. 抓住假期，弯道超越

凡事都有个轻重缓急，现在对于你们最重要的事情就是学习。十余年的暑往寒来，披星戴月，都是为了高考。功败垂成在此一搏！学习如逆水行舟，不进则退；成功似滚石上山，贵在坚持。在拼搏的时光里，你选择安逸，必将付出更大的代价。拼搏的汗水最无价，悔恨的泪水最卑微！假期，一定要制订合适的学习计划和时间安排，并不折不扣地执行落实。学习要张弛有度，生活应紧张活泼！

2. 安全第一，行事谨慎

注意交通安全、饮食安全，防溺水、防侵害，远离危险，远离诱惑！

3. 体谅父母，避免冲突

亲人是用来爱与呵护的，不是用来伤害的。越是亲近的人，带来的伤害越具杀伤力！体谅父母的良苦用心，弱化自己的自我意识。遇事，多些理解，少些叛逆；多些理智冷静，少些暴躁冲动；多些勤奋，少些懒惰；多些自制，少些任性……不要让明天的泪水为今天的任性买单。

离别是为了相聚（2019-10-18）

今天下午第二节课后，学生放假休息。开完单元分析会回到家，学校安静下来，学生走了，反而觉得累了。累，是身体的感觉，但心里轻松了不少！心无挂碍一身轻！船行河里不由己！好好享受一下难得的清闲与久违的自在。这两年，头发弥足珍贵了，质量也大不如前，白发越发多了。理论上讲，近视眼不应该老花眼，我却用实际行动证明了这是一个错误的命题。看书、做试卷，摘了眼镜，贴近了看，反而更清晰。人至中年，越发明白，平淡才是温暖的真实。这世上没有几件惊天动地的大事，最常见的反而只是平凡而又简单的小事，带着烟火味儿的小事，这些小事能坚持下来，也就不简单了。

人至中年，也逐渐懂得随遇而安，一切随缘。有些事情，无法改变，能做的就是接受。中年如醉人的秋色，厚重浓烈，沁人心脾，淡然飘逸，气定神闲。风来挥手笑，日落颔首息。一切都是存在的合理！

或许秋天里别离，是为了来年春天更美丽的相聚！

每天，披星去，戴月归，忙忙碌碌，没有闲暇，静心一想，又不知道忙了些啥，总感觉又是一天的蹉跎。生活一如东流的江水，日复一日地奔流不息，波澜不惊。日子，平平淡淡，也从从容容，如秋水般清澈透明，似红叶灿烂静美；风来，翩然起舞，欣然飘落，不喜不悲！或许，平淡才是生活的真实！鲜衣怒马的少年，指点江山的青年，已悄然远去。不争不抢，诸事顺遂，或许这就是中年。厌倦了逐名求利，憎恶了尔虞我诈，也见惯台上台下判若两人的两面小丑，更恶心口蜜腹剑、小肚鸡肠的假君子真小人。不再疾恶如仇，不再愤世嫉俗，一切的存在皆有道理，或者是为了让你学会某些东西而来。感恩遇见，感恩别离，感恩朋友，感恩对手，感恩一切，生活渐渐变得云淡风轻起来。逆境中不放弃，得意要沉淀，山高无言，静水流深，勿求别人能懂，只需不忘初心！自行自禅悟，且行且珍惜！

陪伴是最长情的告白（2019-11-02）

今天是2020年高考网上报名的第二天。

下午第二节课后离校小休，上了两节课，接待了四位学生家长。

每一次选择都是艰难的，更何况是决定孩子前途未来的高考。学生的轻描淡写与家长的郑重其事形成了鲜明的对比，孩子的高考，孩子倒好像成了局外人。家长自己当年的高考也没有像今天这么重视！每一个细节，每一个选择，家长都详细地询问，仔细地倾听。也有的家长对自己的孩子学习不管不问，或许是对学习的漠视，也或许是对孩子的放弃。家长冯先生，一有时间就到教室陪孩子学习。我非常感动，感动冯先生为了孩子的辛苦付出，家长不离，老师不弃，学生也定会争气！家长默默地陪伴与支持，远比对孩子的训斥和指责要有效得多。高三的孩子，更需要的是家长的理解、鼓励与指导！

孩子是灵敏的接收器，爱的信息使孩子温暖；正确的指导使孩子豁然开朗；理解的包容使孩子淡然；家长的紧张使孩子焦虑；家长的不满可能使孩子放弃！由衷的、发自内心深处的喜欢才是家庭关系的润滑剂。

苦累高三，家长万万不能缺席！陪伴是最长情的告白！

语言是有温度的（2019-11-19）

距2020年高考还有199天。

今天是高三上学期中段考试的第一天。时间的沙漏悄声无息，让你毫无觉察，但又让你措手不及。语言是有温度的，声音是有温度的！

爱与恨，怨与喜，在声调和语气中被悄无声息地体现出来，没有丝毫的藏掖。如果说笑容可以伪装，但声音绝对是诚实的！孩子犯了错误，有的家长在孩子面前强颜欢笑，试图伪装，但最后，往往以家长的忍无可忍、孩子的本色暴露而结束！孩子，是爱的接收器，容不得半点假。哪怕你对孩子的称呼多么亲昵，柔柔的声音未必是真爱，声色俱厉也未必是真恨。爱，是心与心的感知！电话通话，虽未谋面，情感已经真实传递到电话另一端，声音做不了假。文字，也是有温度的。同样做不了假。同样的文字，句读不同、语气词不同，其表达的情感也大相径庭。你的所想，在文字里都会有所体现。学生对老师的情感、家长对老师的态度、老师对家长的看法等无不从只言片语中得到淋漓尽致的表达。心口如一，言行一致，如此美丽！

追梦人（2019-11-28）

儿时的时光总是那么漫不经心，那么优哉。不像现在，总感觉朝阳才刚刚升起，转眼间就夜幕低垂。时间一天一天地飞逝，一如天上的流云，快得让人猝不及防，又惊得让人背后生凉。

6:00就再也睡不着了。与其干睁着眼胡思乱想，不如索性起床。洗漱完毕，溜达着去了操场，初冬的晨风让我把衣服裹得紧紧的。光秃秃的、孤零零的树木，孩子似的在暮色里朦胧着，天还没有丝毫要亮的意思。一号教学楼的大门已经打开，勤奋的同学开始零星地进入教室。

6:20来到操场，高三的体育生已经在体育老师的指导下做热身运动，寒冷对于这些有梦想的孩子反而成了一种激励和磨炼。这些怀揣梦想的孩子和老师给了我暖暖的感动。从朋友圈得知，今天（11月的第四个星期四）是西方的感恩节，我向来是不过西方节日的。但今天，却收获了意外的感动。其实，感动无时无处不在。班里的孩子时刻感动着我。吉庆与朝阳的激情，文哲的细腻与坚毅，冉旭的沉着与才华，雪贞的柔顺与善良，同硕的聪明与主见，盼盼的聪慧与上进，春蓓的自信与阳光，庆格的执着与细心，春茹的蕙质与努力，雪茹的细致与专注，智琦的勤奋与朴实，天琪的阳光与乐观，明宇的善良与内秀，立斌的担当与率性，宏宇的睿智与淡定，依然的慧中与秀外，际正的正直与热情……每个孩子都是一座高产能的宝藏，只要你去用心开发，总会有你想不到的惊喜与感动。能被感动的人，一定是有梦想的人；有梦想的人，也一定会把感动传递下去。正因为有了感动，这个世界才不冷漠，这个冬天才不寒冷。

高三，考试也成了家常便饭。月考已成过去，现在流行双周测。高三，要么在考试，要么在考试的路上，习以为常！

握别2019，拥抱2020（2020-01-01）

握别2019，不问曾经花开几许；拥抱2020，但求来年浅笑安然。

2019年，刻骨铭心的虚惊一场，好在天佑良善，结局尚可。有些事，不敢想起，更不想提及，从此尘封记忆。2020年，不求闻达，但愿平平安安！

少时，时光很慢，犹如负重耕耘的老牛，新年总是在扳着手指的倒计时中缓缓而至，辞旧迎新的日子里，那时只重迎新，不思辞旧，全是对未来的憧憬和对美好的期许。人至中年，时间快得让人有点不知所措，还未握手清晨，却已身处迟暮，总感觉昨天刚过完年，今天又开始准备年货。现在辞旧迎新的日子，不思迎新，更多的是活在回忆里。随着年龄增长，回忆的次数越来越多！人至中年，不求鲜衣怒马，只想诸事随缘；不再为见解不一而争得面红耳赤。见不惯的人，躲得远远的；看不上的人，再也入不了自己的眼睛！能说上话的人，就多说几句，说不上的，一句话也懒得说。人至中年，没有任何事能委屈了自己，能虚伪了自己。虚名浮利，过眼烟云，健康成了最重要的事情。余生很短，唯一不能辜负的就是心情与健康。

2020，多看书，让书香丰盈自己的灵魂；2020，多喝茶，让茶色禅悟生命的本真；2020，禁豪饮，可浅酌，没有任何事再让自己拼酒，也没有任何人能让自己买醉。不必要的应酬能推就推，不必要的酒局能躲就躲。2020，不负诗词，泼茶赌书；2020，坐看云起，浅笑安然！

写给高三的孩子们（2020-02-04）

今天是寒假第16天，距2020年高考还有123天！开学时间推迟，具体时间另行通知。心系同学们，寒假计划落实得如何，学习效率咋样，与父母关系如何？抓住今天，落实当下！孩子们，决定一个人最终高度的往往并非起点，而是拐点，机遇都在拐点。寒假就是你成绩的拐点，也是你提升的机遇。还是那句话，抓住了寒假，就赢得了高考；赢得了高考，就改变了人生！注意事项如下：

一、方向比努力更重要

寒假是查缺补漏、弯道超越的最佳机会。增分学科、增分知识点就是你的努力方向，不要学你愿学的，要学你该学的。

二、落实比计划更重要

放假前，大家都做了翔实的学习计划，假期延长，计划也要灵活调整。千里之行，始于足下，不落实，再好的计划也是零。自省才能自律，自律方能自强。十年面壁图破壁，一日看尽长安花！

三、方法比勤奋更重要

高考越来越近，时间越来越少，效率就越来越重要，学习方法越发关键。夯实基础，过电影：对照课本目录回忆、默写知识点，写不出的或者默写不顺畅的内容，就是下一步需要加强巩固的内容！

纲举目张，成体系：以学科或某个知识点为单位，绘制思维导图。先描枝（主干知识），再画叶（详细知识点），发散思维，写得越多越好。枝繁叶茂，则必根深蒂固！

高考真题，促规范：做有详细解析的高考真题。刷题注意事项：

其一，做题必做高考真题；其二，做题必须限时；其三，自己的答案要与标准答案认真比对，看答案要点是否齐全，表述是否规范准确！熟读唐诗三百首，不会作诗也会吟。

反思总结，提分数：多思考，多总结，力争一题多解、多题一解！

一题多解：做一道题，要考虑是否还有其他解法，哪种解法最好！

多题一解：把做过的对比总结，分门别类，什么类型的题有什么样的共性方法。灵活运用，触类旁通！

四、工欲善其事，必先利其器

利用多种资源，提高学习效率！三陶双师课堂、简单学习网等为我们提供了优质的免费教育教学资源，大家一定要充分利用，借力提高！

孩子们，今天是二十四节气中的立春，在这万物萌生、生机勃勃的春天里，让我们一起播种希望，春暖花开！

欲戴王冠，必先承重
——给高三孩子们的一封信

孩子们，你们好吗？今天有几个同学给老师打电话说想老师了、想同学了、想学校了。孩子们，今天是超长版寒假第26天，老师也想你们了！老师不单单是想你们，更担心你们，担心你们放纵自己，担心你们蹉跎时间，担心你们荒废学业！毕竟你们还有112天就要高考了，毕竟高考关乎前途命运，毕竟十余年辛勤耕耘到了功败垂成的关键时刻，毕竟父母近二十年期待，期盼你们成龙成凤！孩子们，距开学至少还有半月的时间。无论前面的26天假期你们充实与否，但是从现在开始，你们务必分秒必争，勤奋学习！老师嘱咐你三句话。

1. 尝试沟通，不要顶撞父母

老师知道，面临高考，你们压力大；长时间宅在家里，你们烦。但这和父母所承受的相比，不及百分之一。父母为了让你们多吃点、吃好点，挖空心思，变着花样给你们做饭，可你们一不合口就罢饭。你们能体会父母用心做菜，孩子一口不吃的感受吗？家长说话一不合心意，你们动辄给家长脸色。家长只能强压怒火，强颜欢笑。因为你就快要高考了，父母为了照顾你的情绪要迁就。人都说高三的学生不容易，但比高三学生更不容易的是高三学生的家长。他们要承受的，不仅仅是焦虑与陪伴，更重要的是对你们无理取闹的容忍。父母在你面前说话，要先看你们的脸色，再斟酌什么话该说什么话不该说。封建时代，大臣见了皇帝也莫过如此！孩子们，你们迟早会懂得父母的良苦用心。树欲静而风不止，子欲养而亲不待！不要让你们今天的任性，成为明天悔恨不尽的泪水。孩子们，老师那句重复过无数次的话，今天还要再重复一次：这世上，任何人你都有可能辜负，但你绝对不能辜负你的父母！孩子们，且行且珍惜。考上大学以后，半年回家一次，你一定会想爸妈的。多年以后，走向社会，你一定会明白，最疼爱最包容你的那个人，还是你当年最烦、最伤的那个人，那就是爸爸妈妈！

孩子们，亲人是用来疼爱的，不是用来伤害的！

2. 欲戴王冠，必先承重

孩子们，从小学一年级算起，你们也都上了十二年学了！四千多个披星戴月的日子，你们也曾寒来暑往，也曾风里来雨里去；也曾指点江山、激扬文字；也曾壮怀激烈，粪土当年万户侯！一路风雨，辛苦自知。孩子们，再咬咬牙坚持一下，不就是112天吗，四千多天都过来了，百余天何足惧哉！最难熬的时候，往往是最接近成功的时候，也是最最应该坚持的时候！俗话说：好钢用在刀刃上，关键时候不能掉链子。我们千万不能功亏一篑！风雨过后，必见彩虹！时间是这个世界最大的公平。放纵的孩子成绩只会越来越差，坚持自律的孩子则会越来越优秀。

  一个放纵的假期，就是一生的差距。学霸靠的不是智商，而是在其他人放纵的时候默默努力和持续自律。知乎有个问题："孩子需要经历些什么，才会明白学业的重要性？"高赞回答讲述了自己畏难辍学后的打工经历。文凭低，在餐厅打杂，洗碗、拖地、剁菜、搬饮料、倒垃圾、通厕所，拿着最低的工资，住着最差的宿舍，在别人的呼噜声中彻夜难眠。正如日本校园电视剧《龙樱》中，山本老师说的："当天真的你们被无情地抛入社会之后，等待着你们的，只有充斥着不满和悔恨的现实。"想起以前读书的日子，他才明白：原来读书不苦，不读书的人生才苦。他重新回到学校，刻苦自律，把高中落下的课补上，顺利上大学。读书很苦，自律很苦。但是通过读书获得的知识，通过自律获得的习惯，将使人的一生受益无穷。没有平白无故的好成绩，学霸之所以成为学霸，就是因为那份严格而无止境的自律。

  3.自律，是优秀人生的标配

  孩子们，自律是所有优秀的人的共性，是一个成功者必然拥有的品格。自律赢得的，不仅是一时的好成绩，而是更幸福更成功的人生。

  美国总统罗斯福曾说："有一种品质，可以使一个人从碌碌无为的平庸之辈中脱颖而出。这个品质不是天资，不是教育，也不是智商，而是自律。"养成了自律习惯的孩子，赢得的不仅是一时的好成绩，而是以后更幸福更成功的人生。

  《奇葩说6》中詹青云如愿以偿拿到了BBKing，答最后一个辩题的时候，她提到她仅用一个月的时间，就考上外界眼中相当难考的哈佛法学院。

  成功不是因为她天赋异禀，而是向着目标的一心一意和极度自律。小时候的詹青云成绩并不好，从乡村学校到贵阳一中，历经六次转学。后来以高考全省前十进入香港中文大学，而后考入哈佛读博，她付出了日复一日的艰辛努力、坚持与自律。陀思妥耶夫斯基说："如若你想征服世界，就得先征服自己。"自律，是优秀人生的标配。养成自律的习惯，收获的不仅仅是一个好成绩，而是一个受用终生的强大助力。孩子们，砥砺当下，明日可期！春暖花开相遇时，你已然青年俊逸！

你们的老杨老师
2020年2月15日凌晨 00:30

百日竞渡，破浪展雄风（2020-02-28）

距2020年高考还有99天。

高考是一场竞赛，是实力、心态、毅力的角逐，狭路相逢，勇者胜。

高考是一场收获，只不过是十余年的投入，现在才开始有回报。距2020高考还有99天，调整好心态，全力以赴，轻装前行！

一、感恩学习，拥抱高考

高考是很重要的改变命运的机会。十年磨一剑，今日我争锋。十年寒窗，功败垂成，在此一举。破釜沉舟，绝处逢生！狭路相逢，勇者胜。

每一个学生必须把"应该做"变成"我想做"。不想学习，从心里就会抗拒和抵触，肯定是学不好的。所以兴趣非常重要，如果你想提高成绩，就要倾注感情。

既然摆脱不了，索性就喜欢上它，张开双臂，拥抱高考。即拼上一百天，即使没有大成，也必有小就！

二、抵制不了诱惑，最好的办法就是远离诱惑

游戏、聊天、视频等网络的东西，诱惑力、杀伤力很强。最后一百天，千万不要把时间浪费在网络上，抵制不了的最好办法是：咬咬牙，毅然决然地离开。凡事有个轻重缓急，当务之急是高考，明年高考结束，你完全可以玩个尽兴！

三、不要追求完美，生活往往处处充满缺陷

别想着尽善尽美做一件事，就目前来说，就算是尖子生都很难是完美的，所以不要太苛求自己，尽力就好。高考不过是一个跳跃的平台，利用好就能"弹性"加速。保持好的心态，天天给自己加油，时时充满阳光，一鼓作气，坚持就是胜利！千万不要打击自己，每天都是一个全新的自己，你就成功了！谋事在人，成事在天。这一百天，你唯一需要做的就是坚持，再坚持！人生能有回搏，此时不搏何时搏！宁吃百日苦，不留终生憾！只争朝夕，勇往直前，你将必胜！十年磨剑，励志凌绝顶；百日竞渡，破浪展雄风。是骏马就要竭力去奔跑，是雄鹰就要勇敢去飞翔。请相信，若干年后，你会骄傲地说，2020年，我们打赢了这场战争，改变命运的高考之战。

别样的教材派送（2020-03-09）

距2020年高考还有89天。

春雨淅淅沥沥的，继而如丝如缕，地面上渐渐地有了积水。8:30集合学校体育馆。班主任分发高三学生学习用书。体育馆内一大堆成包的书，横七竖八、散乱杂陈。班主任施展乾坤挪移大法，闪转腾挪、双臂合抱、单手勾拽、隔空打牛、悉心查数，经过一番努力，一堆书变成了整整齐齐的16列，也即16个班级。

装车：班主任肩扛、背负、双手抱、单臂挟，一包一包的书，或躺在了后备厢，或坐在车内的座椅上。

开车：每辆车晃动着雨刷驶出了一中，消失在蒙蒙的细雨中，去寻找各自的"人员较少、位置适中"的合适去处。

发书：文化南路与文昌街丁字路口西南侧人行道，就是我选中的合适发书地点。

雨还在下，似乎比刚才更大了一些。风有点疾，虽然春寒料峭，但没有丝毫冷的意思。反而，脸上汗水不断，眼镜泛起了雾气，口罩变得黏黏的！临出门，妻子非得让戴上。

"请家长先签字，再领书！签字表格在车座位上。"我一边打开后备厢，一边发书，一边语音播报着发书程序。有的家长一遍又一遍地说着自己孩子的名字，有的家长，在一边静静地等着。靳立斌同学的爸爸拿来一些资料袋，并帮我开始发书。"杨老师，你发那边的三科，我发这边的三科。"稍事轻松了一些。袁雪贞同学的妈妈说："杨老师，你歇会儿，我帮你发会儿！"杜天琪同学的妈妈带来着一些资料袋，也加入了发书的行列里！有的家长帮忙指挥着，"先签字哈，签字再领书"。有的家长收拾着零散的包装袋子。家长们也都戴着口罩，有的家长本来不那么熟识，现在更是难以分辨！

雨还在下，暖暖的。我让到了一边，一直佝偻在后备厢盖儿下的腰，还真是有点酸痛。大约还剩了七八套书，我催促帮忙的家长抓紧领书回家，雨又有点大起来，能听到雨滴在衣服上的吧嗒吧嗒声。

家长离去，喧嚣后的难得宁静如诗般宜人。雨打在前挡风玻璃上，然后优雅地滑落，车外的远处雾蒙蒙的一片，缥缥缈缈，雨如酥，柳似烟！心无好恶，四时相宜！生活中无时无刻，总有你不曾留意的美好！

与孩子科学沟通（2020-03-10）

距2020年高考还有88天。有些家长说："如果再不开学，我这回是真的要疯了！"每个孩子的花期不同，家长有时最需要做的就是真心守望，静等花开！这并不是家长对孩子就听之任之，我们还要正确引导，科学施教，但不是一味地责备，盲目地期待。高三的孩子都有学习上进的愿望，有的孩子是因为基础太差，满眼的问题不知从何入手；有的孩子是自制力较差，学习耐力不足。距离高考不足90天，压力最大的不是家长，而是孩子。孩子最清楚，高考是他们必须面对的人生十字路口。

沟通是家长和孩子相互理解的桥梁，沟通需要方法。

一、选择沟通的时机

家长想要和孩子沟通，选择合适的时机是很重要的。一般可以选择一个轻松愉快的时机，但是也不要看到孩子心情比较好，精神比较放松就唠叨个没完，要注意交流的话题，不要在这时候唠叨孩子。可以选择和孩子心平气和地沟通一下最近有什么有趣的事情之类的，长此以往，孩子就不会抵触和家长沟通。家长与孩子沟通，最好是在孩子有心理准备的前提下进行。孩子有了心理准备，家长的批评才更容易让孩子接受。

二、把握沟通的频率

沟通的效果与沟通时间的长短和频率不一定是成正比的，所以有的时候家长要注意，不要太频繁和孩子沟通，否则会招致孩子的反感。沟通交流的时候把握一个度，不要时间太长，把想表达的话说清楚即可，不要长篇大论，注意多关心孩子的情绪。

三、注意说话的态度

接近高考的孩子心理压力太大，家长刚开始沟通的时候，会遭到孩子的拒绝，或者更加过激的语言。家长这个时候不要也"点火就着"，注意自己的态度，不要激化矛盾。尽量转移话题，转移孩子的注意力，淡化矛盾，等孩子平静下来的时候，找恰当的时机和孩子交流一下，帮助孩子反省。

叫醒你的不是闹钟，而是梦想和责任（2020-03-13）

距2020年高考还有84天。同学们：

我一名70后，自小学到大学一路走来，顺风顺水。1991年高考，1993

年参加工作,截至今日已近二十七年。今天之所以朝花夕拾,重温自己的高考岁月,目的很简单,就是想告诉我的学生们一个道理:叫醒你的不是闹钟,也不是高考,而是梦想和责任。二十九年前,我也像你们一样,处在十八岁的花季岁月。我参加高考并志在必得的理由很简单,也很朴实,那就是:逃离农村,端上"铁饭碗"。

一、最惊悚的事情是农村的麦收

当时的农村流行一句俗语:"人怕过麦,牛怕过秋。"麦收季节,气温都在35℃以上,树叶蔫着,一动不动。太阳底下,打场晒粮,一天下来,身上晒得不只是流油,还生生地褪掉一层皮,累得如同瘫了的狗。第二天,凌晨四五点钟,梦做得正好,该起床了。混混沌沌拿起镰刀去割麦子,满天的星光皎洁根本无暇顾及,疲惫让脑子里全是空的,什么都不想,什么也不会想,只剩下手在机械地挥舞,腿在机械地向前挪动。腰酸背痛,直不起腰来。弯腰不行就蹲着,蹲着累了就跪在地上一点一点地往前挪。割一会儿,就停一停,望一望地头,一垄一垄,一畦一畦,仿佛永远没有尽头,永远也割不完。那时候的麦收程序繁多。割完麦子以后,在用蒲草打成捆,然后装上牛车,运到晾晒的场院里,晾晒、碾压、收拾秸秆、风扬麦糠、晾晒入库。这是第一遍,如此这般,至少再要重新过上一遍流程,称之为"luan yang"(方言),有时还要过第三遍。那时候的麦收不仅累,而且持续的时间还长,至少一个多月。麦收不仅劳动强度大,而且要讲求劳动速度,所以有"抢麦收"的说法。麦收季节要抢收抢种的,不然一场大雨,可能一年的收成就泡汤了。那个时候,有人问我有什么梦想,我只有四个字:不干农活。

二、最呕吐的事情是捉棉铃虫

20世纪八九十年代,我们这个地方的经济作物主要是棉花,农民就靠种棉花换得积蓄和开销。麦子收完了,地里又种上了棉花,多年的农药滋润,棉铃虫有了抗药的本事,怎么也毒不死。为了消灭这个对棉花产量影响最大的生物,只能采用最原始的办法。天亮了,露水很大,棉花棵长到了脖子那么高,你趴着在花蕊里找虫子,找到了,一个个捏死。这时候,衣服早已被露水湿透,湿漉漉黏糊糊地粘在身上。然而这个时候仍然是一天最幸福的时候,等到太阳出来了,明晃晃地挂在头上,棉花地就变成了蒸箱,让人喘不过气来。那时候,棉花棵有的半人高,躺在棉花棵下,美美地睡一觉,也算是一种天大的享受。

三、最要命的事情是挖河清淤

如果说麦收能使人扒层皮,挖河指定能要你的命。当时,在农村,年满十八周岁就必须参加挖河清淤劳动。把淤泥从几米深的河沟底部搬运上岸，想想我就满身起小米疙瘩。我很荣幸，因为上学没有参加这项活动。但传说中的可怕也转化成了我学习的动力。

四、我的高考

高中时的我们，除了书本，对外界事物几乎一无所知，当然也不关心。

填报志愿时，对各种专业一窍不通，都不知是干什么的。先填志愿后高考的我们，更多的是看学校往年的分数线，估算一下自己能考多少分，然后瞎填几个专业就算了。高考的三天，也没有见到一个家长，大家该干吗就干吗。高考虽然不能一考定终身，但对大部分人来说都是人生中最为重要的一件事，上了不同的大学，读了不同的专业，生活的轨迹也从此大不一样。在某种程度上决定了一辈子的发展方向，甚至是前程。这就是我的高考故事，希望能带给你们一些思考。

人与鸟兽的区别是责任；人与咸鱼的不同是梦想。

孩子们，叫醒你的不是闹钟，也不是高考，而是梦想和责任。装睡的人，永远不会被唤醒。未来只有靠你自己去努力，去打拼。老师只能再陪伴你90天，家长也不会督促你一生。只有拼出来的精彩，绝没有等出来的辉煌。理想不会辜负努力，祝愿你们金榜题名，实现自己的人生理想与价值。天高水阔，实力会让你纵横驰骋世界，从此"天地庄周马，江湖范蠡舟"。

高三二轮复习的技巧（2020-03-14）

距2020年高考还有83天。

高三二轮复习正在进行，如何高效复习，建议如下：

一、明确二轮复习的四个目的

归纳答题模板。从全面基础复习转入重点复习，对学习重点、难点进行提炼，形成答题模板。

形成解题能力。将一轮复习过的基础知识运用到仿真模拟测试中去，把已经掌握的知识转化为实际解题能力。

提高应试技巧。要把握高考试题的结构，各题型的特点和规律，掌握解题方法，初步形成应试技巧。

构建知识体系。跳出教材，打破知识的章节界限，以高考考点为核心，构建知识体系，绘制思维导图。

二、坚持二轮复习的三个原则

选题要"精"，做题要"准"，纠错要"实"。

"精"指的是选题要有针对性，稳固自己的长处，弥补短处，长期难以掌握、无法理解和得分的知识点，可以适当放一放。

"准"指的是做题过程要确保会的题准确无误，不要因为表述、粗心而丢分。

"实"指的是纠错时，要深入剖析自己失分的原因（知识不牢、审题不清、方法不对、答题不准），并明确教训及以后的改正措施。

三、看淡分数，平和心态

别人考得好，说明他的问题在这次考试中没有暴露出来，任何一次考试的名次都代表不了高考的名次。自己考得不好，说明自己的短板暴露出来了，更有助于自己的进步。笑到最后，才笑得最灿烂。高考前，自信是最终胜利的保障。

四、抓纲靠本，有的放矢

抓纲，就是重视并熟知山东省的学科指导意见、考试说明，考试说明是高考命题的依据，是同学们备考最重要的文件。

靠本，指的是在最后复习阶段要注意抓基础，回归教材。放弃教材的复习，形同无源之水、无本之木。

五、品读高考真题，常态仿真考试

在演练真题后，要仔细对照答案，了解参考答案是怎么做的，我是怎么做的，对每一个答题步骤及给分情况都要多动脑，多思考，这样可以有效提高成绩。仿真高考，要从考试时间、答题顺序、书写规范、应试心态等方面去模拟，及时总结反思，不断完善，提升考试技巧。常考常练，做过几套真题后，你就会感到，高考题其实就是那么回事儿。

这样，在真正高考时会有一种似曾相识的感觉，这就是传说中的"题感"。

六、清晰认识自己，明确复习重点

弄清楚自己的强处和弱点，在老师的指导下，制订出个性化的学习方案。最大限度做到不偏科，最后复习阶段各科投入时间要有大致安排。时间紧，任务重，方向比努力更重要。

二十二年资深班主任送给孩子们的话（2020-03-14）

孩子们，今天我给你们说的话，不是作为老师的教导，而是作为过来人、作为你们的朋友对你们的建议。

一、拼搏是青春最亮丽的底色

孩子，别再混日子了，现在的你加倍努力，将来的你一定会感谢现在的自己。一分辛劳一分才，这世上没有不劳而获。无限风光在险峰，阳光总在风雨后。只有滴血的双手，才能弹奏出世间的绝唱。

二、在正确的时间里做最应该做的事情

作为学生，应该做的事情就是学习；作为高三的学生，最应该做的就是备战高考。80天咬咬牙，坚持一下就过去了。现在成绩越不理想，进步的空间就越大。这个时候，成绩好的同学进步起来反而更难。拼搏80天，你一定会有一个华丽的转身，即使高考不成功，也问心无愧，心中坦然。高考的天空可能没有留下你的痕迹，但至少你曾飞过，你曾努力过。孩子，凡是现在让你爽的东西，日后也一定会让你痛苦。那些让你开心的事情，让你痛快的东西，都是一时的，不可能让你爽一辈子。反而现在的苦一阵，可能会让你幸福一生。人生关键的只有那么几步，一步错，你的人生轨迹就有可能因此而改变。

有些人、有些事，一旦错过就成了过错，无法挽回。孩子，我宁愿欠你一个放纵的少年，也不愿看到你卑微的成年。孩子，学习不可能轻松，但学习最靠近成功！董卿说过：不读书，换来的是一生的卑微和底层。人生在不同阶段就有不同使命，对孩子来说，学习就是现在最重要的使命。

三、心怀敬畏，行有所止

孩子，你应该心怀敬畏，行有所止。古语有云：凡善怕者，必身有所正，言有所规，纠有所止，偶有逾矩，亦不出大格。孩子，你必须心存敬畏，尊师重道，并且时刻提醒自己勤勉努力。

要敬畏课堂，因为课堂是给予知识的地方；要敬畏知识，因为只有知识才能改变未来；要敬畏未来，未来的模样就藏在今天的努力中；要敬畏父母，因为父母是最关爱你的人。所谓父子一场，就是彼此渐行渐远，终将别离。子欲养而亲不待，树欲静而风不止。人间唯有孝敬父母不能等待。要敬畏生命，众生平等，生命可贵，生命坚强而又脆弱，世界因生命而精彩，因爱而温暖。比成绩重要一千倍、一万倍的，是心怀敬畏，行有所止。孩子，长大之后没有儿戏，校园之外没有温室。社会不会同情你的一无是处。明天的你，一定是你今天的影子。

孩子，来日并不方长，抓住当下，且行且珍惜。

如何缓解亲子关系（2020-03-16）

亲子关系现状：不说学习，母慈子孝；一说学习，鸡飞狗跳。

近日，余杭新桥一对父子因为孩子写作业的问题，引发父子战争，惊动了警察。山西作为母亲的李大夫，因为读初三的儿子学习退步，不肯上学，与儿子时常发生冲突。李大夫的丈夫因为担心孩子出事，晚上在儿子的房间休息。然而，丈夫起床后，发现李大夫已经跳楼身亡。

焦虑的父母、不爱学习的孩子，成了家庭不能承受之痛。

父母与孩子之间常剑拔弩张，这一个非常尖锐的社会问题，不是个案现象。父母的虚荣心和攀比心让孩子挫败；父母过分看重成绩，过度说教，剥夺了孩子学习的兴趣和热情；父母失控的情绪让孩子内心崩溃，无力学习。"不识庐山真面目，只缘身在此山中。"当局者迷，亲子关系紧张，根源是家长对孩子一厢情愿的过高期待、简单粗暴的管理方式和唯我独尊的家长作风。思路决定出路，家长们不妨换一个角度去看问题，说不定就会柳暗花明、豁然开朗。

一、学会放手，把学习还给孩子

孩子成绩有起伏，父母就会紧张，就会去指责、要求、命令孩子，给孩子各种施压。久而久之，孩子会误认为自己是为父母学习：我学习，是看你们的情分；不学习，是我的本分。把学习还给孩子，让他在学习中经历困难、挫折，锤炼他的毅力，让孩子获得战胜困难的勇气。孩子会从中获得成就感和乐趣，养成终生学习的习惯。不要怕孩子走弯路，有时，弯路才是孩子通往成功的捷径。

一位作者的书里写道："所谓父女母子一场，只不过意味着，你和他的缘分就是今生今世不断地在目送他的背影渐行渐远。"既然这样，何不学会慢慢放手，锻炼孩子独立生活的能力？当孩子不想学时，你可以告诉他："你什么时候想学就学吧，因为人生是你的。"

二、调整情绪，面对现实

哪怕有情绪，父母可以表达自己的愤怒，但不要愤怒地表达。当父母愤怒地表达时，孩子接收到的是父母的负面情绪，而不是父母说了什么。

一个充满负能量的孩子是无力学习的。真正摧毁孩子的不是作业、不是网课，也不是游戏，而是来自父母的负能量。我们懂得"条条大路通罗马"的道理，但具体到自己孩子的教育上，我们就只有"千军万马挤独木桥"这一条路了。教育要"易子而教"的道理就在于此。如果每一个孩子都必须要经历高中大学研究生，才可能成功，那是不符合这个时代的要求的。网红"李子柒"，向我们证明了一种可能：不读大学，也能成大才。哪怕孩子不能成大才，把孩子培养成一个健康快乐的普通人也不错。事实上，大多数孩子就是一个平凡的人，这就是赤裸裸的现实。家长们虽然不愿意，但不得不接受这个事实。

三、以身作则，树立榜样

"教，上所施，下所效也"，榜样的力量是无穷的。父母的行为对孩子起潜移默化的作用，终将影响孩子的一生。孩子是你的一面镜子，你什么样子，孩子就什么样子。通过孩子，父母首先要反思自己：要求孩子做到的，自己做到没有？父母把关注点放在自己身上，先搞定自己，努力改变、完善、提升自己。英国心理学家西尔维亚说："如果你自己都不准备有所成就，你也不能期望你的孩子去做什么。"解决亲子危机的最好方法，就是自己和孩子一起不断地学习。没有人生来就会做家长，做家长永远没有毕业的一天。孩子的种种颓废或放纵的行为，父母要理性对待、智慧引导。用耐心和爱心润物无声，化去剑拔弩张、硝烟弥漫的僵局，换来的一定是平和、安宁、温馨、幸福的家庭氛围。鱼游潭底，驼走大漠，雁排长空，每个生命都有适合自己的领地。父母不妨站在孩子的角度，多一分理解、多一分包容、多一分耐心。孩子的路必须孩子自己走，走弯路或许就是成功的捷径。每个孩子的花期不同，家长需要做的就是静等花开、守望相助、理解引导！

春天里的孩子不孤独（2020-03-20）

距2020年高考还有79天。

春天满满的深情。春风不解意，三月桃花寄。春风无言，梳绿千棵溪边柳，吹开万朵陌上花。春雨无声，绵绵柔意泽万物，款款深情润千红。春天孕育希望。"春分麦起身，一刻值千金。"一年之计在于春，在这诗意的季节，朦胧万物欣欣然张开了眼，赶趟儿似的急急赶来。

碧绿似海，柳如眼，梅似腮，桃如面。花海如潮，红似火，粉如霞，白似锦。柳发葱绿惹莺眼，花容锦绣乱人心。春天诗意盎然。岸柳青青油菜香，桃红李白迎春黄。莺飞草长芦芽短，小麦拔节日月长。

一弯浅笑，万千深情，尘烟几许，浅思淡行。春天一到，不仅花香四溢，更平添盎然诗意。流水缓缓融冬雪，时光轻轻扣春扉。春天款款而来，唤醒了沉睡的希望。春天是播种的季节，高三的孩子们，你们不是孤军奋战，冲刺高考的路上一直都有老师们的陪伴。

陪伴是最长情的告白。陪伴你的，除了老师更重要的还有家长。走进高三，有些同学变得越来越嚣张，父母却越来越谨小慎微，甚至有点唯唯诺诺，生怕一不小心触动你哪一条极度敏感的神经，弄得家里鸡飞狗跳。孩子们，请你一定要尊重父母，谨言慎行，说过的话、做过的事如同泼出去的水，覆水难收，你轻轻飘飘说出的话，会对父母造成莫大的伤害！鱼一直在水里游泳，却看不见水，人离开空气活不了，却看不到空气。父母的爱是那么伟大，伟大到她被世人歌颂；父母的爱又是那么卑微，卑微到孩子总是习惯性地忽视。

孩子们，高三的你们虽然很累，但你们是幸福的，因为春天里的孩子不孤独。

陌上花正艳，风清好扬帆（2020-03-23）

距离2020年高考还有76天。

学校安排高三班主任到校参加开学演习。脚步不听使唤，来到久违的教室看看。宣传墙栏、倒计时牌，一切如昨；桌凳讲台、标语条幅，旧貌依然。埋头苦读忽现，好似回到年前。依稀书声琅琅，隐隐笑语嫣然。隔窗检视，逐个数遍，看看是否到了"张三"、迟了"李楠"？

踮脚窥望，审视全班，查查是否瞌睡了"小明"、走神了"大全"？

你们原来种种的"烦"，现在想来还有点"甜"。旷课的你，迟到的他，其实并不是那么让人讨厌，只不过有点"小鬼儿难缠"。你们离开时，高考倒计时牌是长长的139天。而今距高考却仅剩短短76天。

你们离开时，朔风正劲，草木凋零。而今早已姹紫嫣红，莺飞满天。

你们离开时，一轮复习刚刚结束。而今二轮复习早已过半。

你们离开时，发疯逃离，刻不容缓。而今你们渴望返校，望眼欲穿。

在家63天的你们,是孜孜以求,岛瘦郊寒?还是蹉跎时光,心宽体胖?

昨日不可追,今朝战正酣。破釜沉舟,夺百二秦关;浴火重生,搏凤舞九天。十年面壁图破壁,一朝圆梦终生全。

没有比脚更长的路,没有比人更高的山。山登绝顶我为峰,我命由我岂由天。"潮平两岸阔,风正一帆悬。"不效鲲鹏凌云志,胸无大志枉少年。

2020高考,"十年磨一剑,霜刃未曾试"。

1166学子,"今朝试锋芒,高奏凯歌还"。

["11"指高三11班,"66"指高三(11)班的66名同学,"1166"预示2020年高考孩子们高中魁首,六六大顺。]

学会"七十二变",才过得了"八十一难"

(2020-03-26)

俗话说:"严师出高徒。"老师严格,受益的一定是学生;老师不严格,吃亏的一定也是学生。管你最严的老师,其实爱你最深。玉不琢,不成器!老师的教育,唯有严格,才能见效。有远见的老师都很绝情,真懂爱的父母都会狠心。一位资深老教师说:"家长与学校配合得越好,教育越会成功。我可以非常负责任地说,凡是家长不与学校配合的,结果都是悲剧,这在我的教育经历中无一例外。"可我们保护不了孩子一辈子。如果现在不狠心逼孩子学会"七十二变",将来谁来帮他挡"八十一难"?有远见的老师都知道,只有狠心地管,孩子才能真正成器。有远见的父母都明白,现在逼迫孩子,将来才不会留遗憾。温室里长不出参天大树,胡同里也练不出千军万马。舍不得让孩子吃苦,就别埋怨他不争气。教育需要严格且坚定的力量,古往今来都一样。在教育路上,老师和家长应该成为最好的搭档。没有完美的老师,也没有完美的家长,我们一起成长!有人说:"老师和家长,就像两支船桨,只有双方朝着同一个方向共同努力,才能让孩子向着我们期望的方向驶去,顺利到达胜利的彼岸。"教书的是老师,孩子从老师身上学到知识、学到纪律、学到规则。育人的是家长,孩子从父母身上得到幸福、得到安全、得到品格。

世上从来没有完美,再好的老师也做不到面面俱到,但老师始终怀着一颗为孩子好的心在尽心尽力。再好的家长,也需要不断进步,从来没有最好的教育，只有不断探索，不断寻找最适合孩子的教育。再优秀的孩子，也需要不断成长。知识是无限的，但每一张试卷的考试内容是有限的，每一天学习的东西是有限的，所以，永远不要骄傲。

不要高估自己，不要低估对方，互相配合，共同努力，只有当老师和家长合力汇成一束光，才能照亮孩子未来的路。老师做好领路人、家长做好榜样、孩子做最好的自己，这就是最好的教育。

眼前的一幕，潮湿了我们的眼（2020-04-18）

今天12:10走读生离校后，陪纪校长、崔校长一起到学校餐厅了解一下学生的就餐状况。一楼餐厅内饭菜飘香，悄然无声，如同教室上自习一般。学生们座次有序，专心吃饭，没有交头接耳，更没有喧哗嚷闹。吃完饭的同学按照标识有序地离开。

一切井然有序，步调行动整齐划一。据了解，分管餐厅的吴校长，多次给学生讲解就餐的详细要求、注意事项，并一次又一次地耐心纠正。

复学后，孩子们判若两人，成长了许多。目睹孩子们的进步，忽然间，眼镜蒙上了一层雾气。出了餐厅，崔校长也说感动得落了泪。这泪水，既是欣喜于孩子们瞬间的成长与进步，又是感慨于我们不分昼夜地辛苦付出。这感觉，就好像辛勤耕耘了一年的老农，看到了金色的麦浪，闻到了硕果的飘香。五味杂陈，甘苦自知。从4月14日下午高三住校生返校算起，今天是开学的第5天。第一天我6:00到校，最近几天6:30到校。每天都是接近23:00才结束一天的工作。每天到家，倒头就睡，开学的忙碌治愈了失眠。如果，现在能给我们一天开学前的一天时光，那种感觉堪比过年。班级管理工作千头万绪、纷繁复杂。

开学之初，教给学生各种行为规范、要求：入学路线、离校通道、就餐、如厕、接水等。开学后每天维持课下秩序；落实错时放学、错峰上学；落实走读生到家、离家时间。班主任，还要上课、上自习。既要抓学生管理，又要抓教学，提升学生成绩。AB分班教学，任课教师的工作量提升了一倍。老师们任劳任怨，依然踏踏实实地忘我工作。好多年轻教师，孩子小，一舍就是一天。上着课，还负责管理班级的工作。现在，高三年级36个班级，36个班主任。现在的工作量是平时的三倍多。老师们都是好样的！

大雁在天空中飞过，虽没有留下痕迹，但天空知道！春雨曾润泽万物，万物无言，但大地知道。春风不负遇见，化雨静待花开。

如何缓解考试焦虑（2020-04-26）

如何避免情绪焦虑？

一、学会排遣，情绪转移

当考试成绩不理想时，一定要保持冷静的头脑，找准问题所在，并制订改进的方案。可以求助老师，让老师帮着分析。毕竟，当局者迷旁观者清，况且老师经验丰富。在情绪不理想的时候，可以找一些自己喜欢做的事或者是自己喜欢的人进行情绪的转移。通过跑跑步、写写日记、和好朋友聊聊天等方式排遣一下。

二、合理作息，劳逸结合

对高考的学生来讲，都想取得好的成绩，所以在考前，都疯狂地复习功课，甚至有许多同学会熬夜学习。这其实是不对的，这样做最容易产生焦虑。最好的办法，就是形成一个固定的时间段，在那个时间到来后，必须上床睡觉，即使是睡不着，也得强迫自己不去想学习的事。

三、端正态度，认识高考

许多同学对高考的态度是不正确的，总觉得我一定要怎样，我不能怎样，给自己心理暗示，这虽然在某种角度来讲是好事。可是过度地运用后，就会形成学习强迫症，甚至在强迫症的情况下，因为不能做好一件小事，而产生严重的焦虑，最好就是端正自己的高考态度。

四、积极暗示，自我调节

法国大作家大仲马说过："人生是一串由无数的烦恼组成的念珠，达观的人总是笑着念完这串念珠的。"在我们的生活中到处充满着自我暗示法。例如，清晨你对着镜子梳洗打扮一下，如果看到自己的脸色很好，往往心情舒畅，这就是一种自我暗示。假如你是一位正处于"考试焦虑"的临考中学生，恰恰听说你的同学通过自我保健让考试焦虑情绪很快消失，你就会想，我也一定会告别考试焦虑情绪，做一个真正的健康人。

如何避免考试失落（2020-04-27）

距2020高考还有70天。

复学后，高三举行了两次统一考试，明天是聊城市第一次模拟考试。

每一次考试，几家欢乐几家愁，进步的同学喜不自禁，越来越有信心。

退步的同学情绪低落，容易焦虑。如何调节情绪、重拾信心呢？

一、平时考试的"失"，是为了高考更好的"得"

不谋万世者，不足以谋一时；不谋全局者，不足以谋一域。

立足高考，要有长远眼光，不要在乎一城一池的得失，千百次的小考失败，是为了高考的最后成功。笑到最后的人，才是最后的胜利者。

平时考试，暴露的问题越多，自己的收获就越多，进步就越快。问题平时暴露出来，总比高考时暴露出来要好得多。此时最关键的是，如何解决问题？这也是我们平时考试的目的所在。

二、大处着眼，小处着手

大处着眼：高考二轮复习必须打破章节界线，重新整合知识，跳出教材，俯瞰教材，构建知识体系，纲举目张。立足《学科指导意见》，研究高考真题，避轻就重，抓大放小，立足主干知识、高频考点，精准复习。小处着手：每一个知识点、每一个字、每一个单词都要不折不扣地认真掌握，认真落实。卷面要整洁，书写要规范。提高阅读速度、书写速度。

三、方向比努力更重要，方法比态度更重要

距离高考还有70天，时间紧任务重，学习效率则成了关键。学生要根据自身具体情况，找准自己的增分学科和增分知识点，时间用到刀刃上，提分才是硬道理。不必拘泥于形式（学习地点、学习科目、课堂与自习），务必追求高效。

四、平和心态，对于高考，淡化是最好的重视

谋事在人，成事在天。学生不要去担心、纠结高考的结果，给自己增加无谓的思想负担。但求耕耘，莫问前程。高考我曾努力，成功不必在我。从战略上淡化高考，在战术上重视高考。当然，只要自己全力以赴地去努力，高考一定会取得理想的成绩。

平和的心态，是高效备考、高考胜出的制胜法宝。

上阵父子兵，阅卷上课两不误（2020-05-02）

距2020高考还有65天。

2019年的冬天是个慢性子，迟迟不愿离开，这个冬天格外漫长。

2020年的夏天是个急脾气，火上房般地急匆匆赶来，刚入五月门，气温就已经飙升30多摄氏度。遇上"慢性子的冬"与"急脾气的夏"，2020年的春天显得格外受气，本来就有"春脖子"的说法，2020年的春脖子更是短得没法说。一树槐花，香气才浓郁了四五天，就风来花雨，如雪般零落了一地。

> 纷纷红紫已成尘，布谷声中夏令新。
> 榴花欲燃熏风醉，路人驻足入树荫。

历时四天的聊城一模结束了。今天开始阅卷，在平一中没有地理阅卷任务，学校安排帮助生物组阅卷。为了阅卷和上课两不耽误，请儿子出山帮忙，他负责阅卷，我负责上课。像我一样，儿子也是一个利索人，干活实在，不惜力气，早去晚归，一天阅了7580份试卷（少的阅了不到4000份），圆满完成任务。我问儿子干活咋这么卖力。

儿子说："今天把活干完了，明天就不用去了；老师们还要上课，挺累的，我没事，多干点活，能替老师们分担点就多分担点！"为儿子点赞，红包鼓励一下！下午，连续上了四节课。天气热，戴着口罩很是不舒服。虽然如此，学生们依然戴着口罩，认真学习，没有一个同学偷摘口罩。汗水顺着口罩流下来，用手抹一把，继续学习。孩子们，好样的！为孩子们点赞！五一劳动节，我们一直在劳动，上阵父子兵，全家总动员。五一小长假，我们没假期，全力备高考，汗出化作雨。累并快乐着。

如何提高高三学生的自信心（2020-05-03）

距2020年高考还有64天。

一、积极的心理暗示

距高考越近，学生压力越大，容易产生消极情绪，总觉得自己时间不够用、还有很多知识点没掌握好等。每当情绪消极时，要学会给自己一些心理暗示，例如我相信，只要努力了一定会取得理想的成绩，我能行、我会考好的等。

二、想法不能太多，行动不能太少

消极情绪的产生，主要原因在于想法太多，行动太少！我考不上怎么办？爸爸妈妈会不会怪我？越是到备考关键时刻，越要静下心来好好复习，不要过多地考虑考不上怎么办，在结果没出来之前不要自己吓自己，考虑这些问题。但求耕耘，莫问前程！谋事在人，成事在天！

三、不和同学比较模考成绩及排名

对于模考的成绩及排名不要太过看重，也不要和别人比较，做好查漏补缺工作就好。每次的模考发挥正常水平就是成功的，不要期待每次考试都能超常发挥。每次考试都有遗憾，我们需要做的就是把遗憾降至最低。

四、降低重心，查漏补缺

绝大部分学生，尤其是中下游学生，要以课本为本，对照课本的目录，回顾每一章节的具体内容，看看哪些内容已经彻底掌握，哪些内容还需好好复习一下。对于模棱两可的知识点要重点学习，坚决避免做"偏、难、怪"的题目！

五、保证良好睡眠，不搞疲劳战术

作息时间要规律，保证良好的睡眠。对夜猫子型的学生而言，晚上学习时间应适度缩短一点，要避免长时间熬夜以及打疲劳战。

每天23:30之前务必睡觉，以保证第二天的学习效率！

做老师，不能太像老师（2020-05-04）

距2020高考还有63天。今天早上一进教室，立刻感觉不一样，同学们都在认真读书，书声琅琅，无一例外。或许是昨天小晨会的功劳，或许是我的表扬起了作用。但是，有一个道理却是二十余年的教育心得：你的表扬，就是孩子的努力方向，也是孩子未来的模样。

根据"马斯洛需求层次理论"，人类需求像阶梯一样从低到高按层次分为五种，分别是生理需求、安全需求、社交需求、尊重需求、自我实现的需求。每个人都渴望被别人认可，得到别人的表扬，成年人如此，学生更是如此。他们得到老师的表扬，会欣喜、会激动，不仅拉近与老师的距离，还会自觉地把老师的表扬作为自己行动圭臬，举止标杆。或许这就是"亲其师，信其道"的道理。

如果一个老师拿起师道尊严，声色俱厉地批评学生，可能会引起学生的逆反心理，尤其是高中生，高三学生表现更为突出。以学生为友，平等交流，虽不像"老师"，却更像老师，起到意想不到的教育效果。这也是年轻老师的优势，与学生"打成一片"，同悲喜，共甘苦。

修行吧，前浪（2020-05-05）

今年的五四青年节，《奔涌吧，后浪》霸屏了。长江后浪推前浪，前浪迟早被拍在沙滩上。70后的我们，无须杞人忧天，担心下一代的未来。历史在发展，一代更比一代强。70后的我们，迟早要退出历史舞台。

作为人，前半生，力争不让生我们的人作难；下半生，努力不使我们生的人负累。余生最大的责任就是健康。把余生活成一场修行，努力做到三个字：定、静、放。

定，能生慧。古人常言："定能生慧。"不管遇到什么事情，宠辱不乱，波澜不惊，随机应变，应对自如，自然生慧。王阳明说："人须在事上磨，方立得住，方能静亦定，动亦定。"生活，是人生的道场。一个人在日常生活中磨炼多了，才会越来越沉稳，处变不惊，遇事泰然。

做人的最高境界，无非是掌控自己的内心。不管在何种境遇下，内心都能够如如不动，淡定从容，这样才能做到真正的"心定"。"心定"，宠辱不惊，看庭前花开花落；去留无意，望天上云卷云舒。"得之不喜、失之不忧"，达到心境平和、淡泊自然；于风雨中独处一房陋室，不悲不喜，不必刻意讨好谁，做真实的自己。

静，能看破。古人言："天地间，真滋味，唯静者，能尝得出。"当你看水时，只有安静下来了，才看得清；人心也是如此，只有你安静下来了，你才能成为生活的主人。人们都在欲望的漩涡中渐渐迷失自我，变得急功近利、心浮气躁，可以为了名利与金钱舍弃很多东西，包括底线、原则、自尊……当你的心静下来的时候，你便会发现，原来自己也是很坚韧的，可以从容面对人生中的风风雨雨。在痛苦中坚持，在烦恼中顿悟，在困惑中成长。

放，能自在。人生是一场不能回头的旅行，背上的负担越多，走起来只会更累，只要放下一些重物，人才能走得更远。只有当你懂得放下了，你才能拥抱更多。泰戈尔曾说："如果错过了太阳时你流了泪，那么你也要错过群星了。"取舍总在一瞬之间，不懂放下，只会让自己失去更多。人的一生，赤裸裸地来到这世间，最终也将赤裸裸地离开这个世界，很多东西没必要紧紧地拽着不放。当你紧握双手，里面什么也没有；当你打开双手，世界就在你手中。有位哲人曾说过："人的一生，既不是人们想象的那么好，也不是那么坏。"

只有"心定"，得失随意，一切淡然以对；只有"心静"，能识真我，看破世间虚妄；只有"放下"，心才自在，拥抱更多美好。

在高考前的最后28天里，一定要勇敢做自己，相信自己并超越自己，成为只有你自己才能制造的风景，以自己的方式绽放青春！最后，祝同学们学有所成，金榜题名。

励志苦干尽洪荒之力　洪流勇进展青春风姿
（2020-06-07）

——聊城二模主题班会

一、乾坤未定，一切皆有可能——向自信要分数

29天定乾坤，29天一切皆有可能。激爆潜能，挑战极限。奋斗的青春最美丽，幸福是奋斗出来的。世上最难的事，莫过于超越自我。超越是痛苦的，也是幸福的，每一次超越，都是生命的一次重铸。痛苦在于你若想"破茧成蝶"，就必须经受住每天早睡早起、卷子满天飞、考试考到麻木、一次又一次成绩起起落落的锤炼。幸福在于经受住考验后，你将迎来又一次人生之春——迈进象牙塔的大门。"当你觉得晚时，恰恰是最早的时候。"只要开始，便从不算晚。高考征程中最需要的便是自身的奋进，自信人生二百年，会当水击三千里。优于别人，并不高贵，真正的高贵应该是优于过去的自己，相信自己并超越自己！人类最大的悲剧就是给自己设限，要坚信一切皆有可能。

二、方向比努力更重要——向效度要分数

巴金说："从容思考，从速实行，方向永远比努力更重要。"每个同学都要思考一个问题，28天你的增分学科、增分知识点在哪里？最后冲刺时，应遵守"强科保持惯性，弱科强补"原则。即，优势科目应不断地练

习，让自己形成一种解题惯性，看到题目就能准确地判断考点是什么、应如何解题，不会在思考如何解题上花费太多时间，把节省下来的做题时间花在真正需要攻克的难题上；弱势科目应回归基础知识点，梳理知识点并逐一攻破，及时找老师讲解，不断查漏补缺。关注增分点，重点提高一两个学科，以总分优先，制定行而有效的措施，抓基础、抓速度、抓准确度和拓展延伸。查漏补缺，发扬优势科目，攻克弱势学科，力求能拿的分坚决不丢。

三、卷面整洁、条理美观——向规范要分数

考试应该做到稳中有快，准中有快，且快而不乱。要提高答题速度，还要提高书写能力。不仅写字快，还得写得规范，写得符合要求。比如，答题内容要写在给定范围内；改正错误时，要涂去错误重新再写，不要乱涂乱改；答题步骤从上到下，层层有序。因为答题主要以快而准为目的，所以有的考生在答题时不注意书写的清晰，字迹潦草到看不清楚的地步，乱涂乱改的结果使卷面很不整洁，教师阅卷时容易造成误解，甚至误扣分数。平常的学习中，要提高思维能力、语言表达能力、规范解题格式，也要把字写清楚。其实，思维能力强的同学，字也会写得快。总体要求：书写工整、整洁；言简意赅、要点明确；科学规范，使用学科语言；答案段落化、段落层次化、层次要点化、要点序号化。

四、方法比态度更重要——向应试方法要分数

在某种意义上说，考试也是心态的较量。

首先要自信，相信功夫不负有心人。其次要善于自我暗示：我一定能写出佳作来！即便心里有些紧张，也要沉住气，要自我提醒：有点紧张是正常的，这么重要的考试一点不紧张才怪呢！再说，适度紧张也有利于激发潜能。无论在备考期间还是在赛场上，调整好心态比什么都重要！

审题是关键。合理分配时间。考试要学会"量体裁衣，看分花时"，分值小的就少花时，分值大的就多花时。

先易后难，注意做题的顺序。会做的题一定要保证得满分不留空白，能得分的地方绝对不失分，不易得分处争取得分。要有足够的时间填涂答题卡。挤出时间进行检查。

五、每临大事有静气——向稳定的心态要分数

高考在即，不少同学正处于焦虑、彷徨当中，有如此心绪，实属再正常不过之现象。但我们应该明白与其活在自责和担忧里，不如当下就立刻行动，因为行动是解决许多事情之关键。世界上最亏本的两件事，其一为活在对过去的自责里，其二为活在对未来的担忧里。乾坤未定，一切皆有

可能。距离高考只剩下28天，但在此期间将会发生怎样的改变，会有何奇迹发生，非你我所能预见和限定。临渊羡鱼，不如退而织网。心动更需行动。想始终是问题，干才有答案。

千淘万漉虽辛苦，吹尽黄沙始见金。高考，是人生道路上的一条必经之路。十年利剑，百日策马闯雄关；一朝试锋，七月扬眉传佳音。一个人最大的超越不是超越对手，也不是时间，而是超越自己。

没有不行，只有砥砺前行（2020-06-09）

距离2020年高考还有27天。初夏校园的早晨，风儿在微微地吹，叶子在轻轻地摇，绒花在淡淡地散发香味，今年的绒花开得格外漂亮，校园的空气里都洋溢着向上的力量。听，草儿拔节的声音在风中流淌。

6:00，来到教室，打开门窗，让晨风吹进教室，给孩子们带来些许凉意。今天体育生体检，他们的话一如赛场上身姿一样活跃，叽叽喳喳地说个不停。韩益旺是第一个到教室的同学。齐吉庆、李新宇、刘朝阳、房修轶等同学陆续到教室。琅琅的读书声次第大了起来。

课桌上，满是孩子们自我激励的话。空气里，弥漫着浓浓的苦咖啡味道。四个电扇搅着闷热的空气在教室里来回窜动。有的同学用迷你小电扇正对着自己的额头，送来丝丝清凉。

努力的样子最美丽！每一个孩子都在为了自己的梦想而努力拼搏！

郭校长一如既往来到教室，站在讲台上，面带微笑，扫视一遍全班每一个同学，如农人享受秋后丰硕的田野。全校五十四个班级，如五十四艘飒爽英姿、乘风破浪的战舰，郭校长每天都要巡视几遍。

自6月8日开始，每周两次测验！老师们要当天完成阅卷，为了提高讲评的针对性，了解学生的答题情况，方便学生改进，老师们必须手动红笔批阅试卷，工作量比网上阅卷要大得多了。为了高考，为了孩子，全校教职工都在自己的岗位上努力地工作着。

年轻的时光，从来匆匆且不可逆。它既是这个世界上最宝贵的财富，也最应该成为我们自我增值的土壤。从现在开始，用剩下的时间去创造一个奇迹吧，没有不行，只有砥砺前行。

除了感动，还是感动（2020-06-11）

距2020高考还有25天。今天是把办公室由行政楼搬到2号教学楼大办公室的第四天。

陪伴是最长情的告白，我决定高考前一个月陪孩子们一程，在孩子们最艰难的时候。14:10，一如既往地到教室。不知为啥，一进教室就感觉到气氛有点异样。正在满腹疑惑的时候，随着班长袁雪贞同学的倒计时结束，全班同学全体起立，齐声说："祝杨老师生日快乐！"

随后，全班同学唱起了生日歌。天降的惊喜和突来的幸福砸晕了我，让我有点茫然不知所措。"谢谢同学们的祝福，谢谢！你们学习，让我到办公室偷偷地去幸福。"说完，我怀抱着鲜花，提着同学们的贺卡，快速离开教室。我不想让孩子们看到我流泪。

这届孩子是我带的第二十三个班级，担任的第二十三届班主任！我只是尽了一个教师的本分和一个班主任的职责，孩子们却给了我这么大的感动！

孩子们，你们是我永远的骄傲，也是我继续前行的动力！感动之余，我纳闷孩子们是怎么获得的信息。忽然间想起，前段日子齐鲁最美教师评选时，自己在公众号上发的一篇文章曾透露：2014届毕业生在高考结束的第三天，专门聚会为我过生日。多么细心的孩子们啊！高考冲刺这么紧张、这么劳累，你们还把这点小事放在心上。每每想到此，眼睛满是酸酸涩涩。孩子们都写了祝福的话，字里行间满满的真诚与谢意，让我这个老头子的每个毛细血管都流淌着感动与甜蜜！

细心的雪贞是班内学生的中流砥柱，极具凝聚性和向心力。冉旭，一个多才多艺的孩子，为我画了一幅自画像，从中能看出我是地理老师，还能看到一中的甲子亭，这是我收到的第二幅自画像。王文收同学，一个大男孩儿，怎会有这么玲珑的心思，做了一张非常精致的贺卡，每一个细节都用尽了心思，生日快乐的小船里边还藏着一封信。房修轶同学，一个不善言谈的男孩儿，更是多才多艺。为我画了一幅画，画上有一只燕子，一棵柿子树。寓意深厚，颇具匠心。我名字中有一"延"字，谐音燕子，一棵柿子树，莫不是祝我事事如意！多好的孩子们啊！你们是我的感动与骄傲，更是我前行的动力！

谢谢孩子们，我们高三（11）班所有同学永远都是一家人，不离不弃！

等你们高考结束，我邀请你们加入我的"桃李芬芳"微信群，那里有好多的师哥师姐在等着你们！

"桃李芬芳"微信群会越来越壮大，越来越芬芳！

有一种胜利叫坚持（2020-06-17）

距2020高考还有19天。

今天，和往日并无二样，晨风依然摇曳着叶子，绒花依然淡放着清香。

郭校长还是每见一个同学都打一个招呼，或者说一句鼓励的话；还是每见到一个老师，都送以真诚的微笑，或由衷的交流；还是每到一个班级，都用赞许与欣赏的目光环视每一个学生，或给孩子们送上一段激情四射的演讲。

教室里，益旺、吉庆、朝阳、新宇等同学依然在琅琅晨读。值日生，按部就班地认真打扫地面、清理窗台。每天早早来到教室的天琪同学把高考倒计时换成了19天。我把今日晨会的题目定为——有一种胜利叫坚持。心态是最后冲刺的法宝，坚持就是胜利。成绩优秀的学生，学习往往出现"高原期"现象，少安毋躁，平和心态，稳扎稳打，定能胜利。特长生和待优生感觉看这也不会，看那也不会，这纯属正常。能够正确认识自己的时候，也恰好是成绩突飞猛进的时候。

行百里半九十，越到最后越需要坚持，功败垂成，在此一举。有一种聪明——"好钢用在刀刃上"。最后时刻，寸阴寸金，看一个知识点，就有可能把记忆保存至高考。

最后的分秒，功败垂成，坚持则可能成，放弃则必定败。

有一种效率——"临时抱佛脚"。临近高考效率高，分秒必争必做到。

"不谋全局者，不足以谋一域；不谋万世者，不足以谋一时。"

要有大局观念，不计较一城一池的得失，心态淡然，坦然面对。

高考不仅是能力、毅力的较量，更是心态的竞争。

考试有技巧，方法很重要（2022-06-22）

一、考前5分钟——平复心情
腹式呼吸法，缓解紧张情绪，平复忐忑心绪，闭上眼睛，然后做深呼吸。让气流慢慢地呼出，呼气时对自己说"静心、静心、静心"。

二、拿到试卷不要着急做题
填涂基本信息。认真阅读试卷说明，弄清考试的基本要求。

看清试卷的页码顺序和页码总数，看有无发错试卷，试卷有无滞印和错印。大致了解试题的题型、题号、分值和答题要求，初步规划分配时间。

三、先易后难让自己树立信心
按题号顺序认真审题作答，遇到一时不会或是很烦琐而且分值又不高的题目，就先做个记号跳过去，继续往下做，直到把会做的题全部做完，再回过头去做那些一时不会的题目。

四、合理安排时间，提高考试效率
如果这个科目就是你平时的拿手科目，那么尽量先易后难地做，在确保做一道题目得一个题目的分数的情况下，适当地提高你的速度，为后来解决难题争取更多的时间。换言之，你千万不能"吊死"在一道题目上，思考超过三分钟仍然没有一点头绪的，最好放弃，以节约时间做后面的题。

如果这个科目是你的弱项，你就应该适当放慢速度，保证做一道，对一道。不求能全部做完，只求我会的我都能拿到分。说不定这样的效果比着急做完的效果更好。

做好时间预算，科学分配时间。以满分100分的试卷为例，原则上分值是1分的题目，应该在一分钟内做完，分值是5分的题目，一般应该在五分钟内做完；大题则根据你掌握知识的实际情况来确定，一定要确保能有时间填涂机读卡，最后能有十五分钟左右做全试卷的复查是最好的。

五、答题一定要规范
1. 字迹清楚、卷面整洁

你的字不一定要好看，但是一定要清楚。卷面书写字迹要清楚，排列要规整，字迹大小、行距宽窄要统一，符合书写成文的规范。每自然段开始时空两格书写，标点符号放在格内占一字的位置，而且千万不要把英语和语文的标点混用，一定要分清楚。

2. 格式正确、作图规范

格式一定要正确，注重细节。

3. 答案简明扼要

答案要简明扼要，该写的观点写全了即可得满分。写得太多、太繁，反而让评卷人找不到你要说的观点，弄巧成拙。

4. 不留空白，尽量作答

5. 了解评分标准，按要求答题

六、利用好你的草稿纸

每道题目的草稿要集中在一起，用笔框起来，并标明记号，而且字迹不要太凌乱，这在检查的时候能让你一目了然。如果出现了错误很容易发现是哪个步骤出现了问题，帮助你及时地纠正错误。

高考倒计时第九天的晨会（2020-06-27）

今天的高考倒计时牌突然变成了个位数，距高考还有9天。

教室的空气似乎都变得有点紧张，空调凌乱地送来丝丝凉气，几个贪凉的孩子又占据了后面的空位，尽可能地距空调再近一些。有些孩子的心随着高考的渐渐临近，也愈发有点不安起来。

晨会内容如下。

一、每临大事，有静气

高考最后拼的是心态，安心静气，按部就班，保持一颗平常心才是最最重要的。关键时候，拼的不仅是你的知识，不仅是你的基础，更重要的是你的一种心态，一种顽强到底的心态。所以，高考不仅是考知识，还是考命运。命运掌握在自己手里，两强相遇勇者胜。

二、行百里半九十，冲刺的时刻到了

考前几天是提高分数的黄金时刻，要充分认识这9天的重要性。有的同学高考失利，在很大程度上可能就是因为考前的最后几天出了问题。按理说到了最后9天，应该争分夺秒，应该全力以赴，但是事实上越是到了最后9天，有些同学越不想学了。最后9天危机重重，挺过来就是"机"，挺不过来就是"危"。这个时候，是超越别人的最好时刻。

三、最后三个任务

学过的知识（必须夯实）；做过的题（错题回看）；适当模拟（保持题感）。

四、营造浓厚、安静的班级学习氛围

全体师生都要不离不弃，坚持到高考。一个人坐在空空荡荡的教室里学习，和七八十个人坐在一起学习，那个气场是不一样的。如果同学们都在学习，你一个人在那个地方玩，看周边的同学都在聚精会神地学习，你会迅速收心的。但是大家都在玩，就你一个人在学习，那学习也很难继续下去，所以学习讲究一个场，一个氛围。

一个人成功的大小，并不是和别人比你做得怎样怎样，而是和自身的潜能比。做最好的自己，你就是最优秀的。

努力的样子最美丽（2020-06-29）

距2020高考还有7天，倒计时牌上显示的是"007"，活生生一个詹姆斯·邦德！早上，高三（11）班教室外，郭校长告诉我说："天气预报显示，高考期间最高气温一直在29℃以下，孩子们晚上可以睡个好觉，白天精力充沛地考试。感天动地，这是老天对孩子们的垂怜！"点点滴滴皆是爱，时时处处尽关怀。郭校长见到每一个学生都打打招呼，或拍拍肩膀，或说几句鼓励的话。早上，郭校长看到哪个班级窗户没有开，就开开窗户给孩子们送去丝丝清凉。7:30在餐厅吃完早饭和几个班主任交流，他们说郭校长正给高二年级逐个班开晨会呢！

脑海中映现一幕：几天前，一个老师满含泪水哽咽着告诉我，偶然看到郭校长在办公室吃泡面。她说，从未见过这样的校长；她说，不干好工作就对不起领导。

累，并不可怕！但是，被领导带动感染的累，却有点可怕，因为他可以让你义无反顾地付出，不顾一切地工作，累却不觉得累，累并快乐着。这或许就是我们中国人骨子里"士"（士为知己者死）的情结吧！

今天早上，范英峰老师在给班里的学生做思想工作。

在餐厅刚吃完饭时，范老师才到餐厅吃饭，当我们转到三楼，往下看时，他已经在和学生聊天了，揉了揉眼睛，才相信自己没有看错。这是什么速度啊！难道是分身有术？杜家琪同学脸上始终洋溢着微笑与自信，无论是学习还是做其他事情，永远是不疾不徐、有条不紊。

偶然发现家琪的桌子上插着个小旗，上面写着"终身学习以成才，肩挑使命以强国"。我立马想到一句话：吾辈岂是池中物，一遇风云便化龙。

坐在教室最前排的四个大小伙子，自左到右依次为齐吉庆、刘学旭、韩益旺、王乐岩。他们是最美"逆行人"，好多同学都为了凉爽往教室后面去靠近空调，而他们四个主动要求到最前面去，把自己完全"暴露"在老师的眼皮之下，不给自己留一丝退路。

破釜沉舟，百二秦关终属楚，为你们的精神点赞！

送给离校前的高三孩子们（2020-07-04）

骊歌清响，芳菲如雨，毕业的日子，我们选择了踔厉风发，挥挥手，你们将扬帆起航。

孩子们，不要失落！别离是再见的序幕。天地有感意，山水总相逢。

孩子们，你们高歌奋进，我原路返回。心有所信，方能行远。为师三年，牵挂一生。

孩子们，山再高，往上攀，总能登顶。路再长，走下去，定能到达。

孩子们，只要开始，就不算太晚。成功在诗里，更在远方。

孩子们，身体和灵魂至少要有一个在路上。要么读书，丰盈灵魂；要么锻炼，身体强壮。

孩子们，人生长河总有风浪，玫瑰在风雨中铿锵，人总是在风雨里成长。

孩子们，今后的日子，时刻都不要忘了微笑，微笑，才是生活真正的模样。

孩子们，我的手机号不会变，这样，你们就永远不会迷失回家的方向。

孩子们，有的同学，我们共处了1042天（高一的学生）；有的同学，我们共处了677天（高二的学生）；有的，我们共处了312天（高三的学生）。

纸短情长，嘱托的话我准备了几箩筐。

孩子们，一定记住，高考只不过是一场考试。

无论如何，桃李群（历届学生微信群）里你自芬芳。

鹧鸪天·送给高考的孩子们

骊歌清响唱《阳关》，誓言铿锵正扬帆。

甲子亭默无穷树，合欢树掩半片天。
苦和累，几千般，一遇风云化龙欢。
蟾宫折桂逢甘露，人生无处不青山！

高考考的不只是学生（2020-07-07）

今天是2020年高考的第一天。7:50乘车的同学在学校南门集合，8:00准时出发。孩子们脸上的笑容，还是掩饰不住内心不同程度的紧张和激动。和孩子们聊天，内容极力地避开学习和高考，更多的是肢体语言的表达。临近考点，路两旁的辅道上停满了各式的车辆，此刻不分优劣地出现在了同一个平台。无论是轿车、三轮，还是电动自行车。家长们有的低头看手机，有的三三两两地聊天，有的散乱地来回踱步；有的在树荫下扇着各式的印有广告的小扇子。同学们排着整齐的队伍，保持1米的距离，有序地经过测温通道、安检门、人脸识别系统，进入考场。作文题目一直是高考热议的话题，题目不易跑题，什么程度的同学都能写得轻松，怎样写出新意或许成了高分作文的关键。

高考考孩子，也"烤"家长。孩子们在教室里吹着空调，时间短得不能再短，时光飞逝，快得不能再快。家长们在考点外顶着烈日，时间长得不能再长，时如蜗牛，慢得不能再慢。

可怜天下父母心。三中考点外门庭若市，似乎陪考的家长比考生还要多。

11:30语文考试结束。12:30返回到一中。13:50一中南门集合出发，准备下午数学考试。最近，睡眠不足，血压有点高。

行善，也是为高考的孩子们祈福（2020-07-09）

今天是高考的第三天，也是山东等级考试的第一天。上午考物理、政治；下午考化学。我班有两个组合，史地生组合，今天没有考试，部分孩子们在教室认真学习。政史地组合，只有一场政治。

孩子们的情绪还是比较平静的，住校的同学依然按作息时间自习。一切如常，没有感觉到孩子们有什么不同，或许孩子们也没有感觉到有何不同。

高考之前，关于高考，给孩子们讲了许多。

高考是最好的选择，但不是唯一的选择。高考只不过是一场考试，是人生中的无数次考试之一，真正的人生考验才刚刚开始。

凡事脚踏实地，何必计较后果。做每一件事，我们必须脚踏实地，全力以赴，成败得失会受多种因素影响。但求耕耘，莫问收获。

放平心态，学会微笑。高考，测验的是成绩，人生，需要的是历练！人生走过的道路，每一步都算数，重要的从来不是结局，而是过程，是心态。甭管将来遇见什么，即将发生什么，放平心态，不要轻易动怒，不要随便抱怨。你的心有多平静，你的人生就有多祥和；你的心有多宽阔，你的世界就有多博大。

人生长河，必经风雨。一定要学会生活，学会健康，学会微笑，学会幸福。高考和平时的模考没有什么不同，只不过考试的地点不同而已。反倒是，家长紧张得不得了，谨小慎微，大气不敢出，把孩子当皇帝般供着。凌晨的一场急雨，使暑气荡然无存，或许是老天对高考孩子们的眷顾。5:00左右，睡意不存。卧床听雨，门前的风景却没有感觉到佳。或许最近太累，或许睡眠不足，或许对孩子们高考的牵念，血压很高，头上像箍了什么东西，有点发沉。既然睡不着，索性起床。擎伞慢行，空气清凉，雨滴滴在水洼里，漾起此消彼长的雨花，散发出浓浓的泥土香味。柳丝深处，飘出几声婉转的清鸣。突然，脚下一声闷响，我下意识地快速抬起脚来，一只小小的蜗牛瞬间没了，负疚感油然而生。雨后的地面上，好多蜗牛缓缓而行，轻脚慢行，恐再误伤那小小的精灵。

行善，也是为高考的孩子们祈福！

高考结束，给孩子们的一封信（2020-07-10）

亲爱的孩子们：

你们好！见字如晤。

今天高考就要结束了。对于高考时的你们，我并不担心，因为你们是经过风雨洗礼、身经百战的勇士。对于高考后你们的生活，我反倒有所忧虑，因为安逸比困苦更让人丧失斗志。

孩子们，在今后的日子，你们仍然要好好努力，高歌勇进。高考不是学习的结束，而是学习真正的开始。或许，从现在开始，就不会有人再像高中老师那样严厉地管束你，一切都要靠自觉，一切都要靠自律。分手之际，老师又不禁多叮嘱几句。

一、适当放松，回报父母

孩子们，近几天如果不想对答案，就先不要急于对答案、估分数，先没心没肺地快乐几天。高考延期，六科选三。志愿改革，专业优先。你们及你们的高考注定不凡，载入史册。孩子们，高三一路走来，你们太不容易了。好好休息，或来一场说走就走的旅行；或来一次不分黑白的酣眠；或来一次酣畅淋漓的踢球；或来一局惊险刺激的游戏！但一定要注意放松有个度！过度忙碌后的突然松闲，会让人茫然不知所措。正如马拉松比赛结束时，必须来一段短跑稍做缓冲。这个时候，给父母做一顿可口的饭菜，陪父母来一次促膝长谈。高三一年，比你们更不容易的，还有父母。再过50天，你们就要雏鹰展翅、远翔高飞，再回家时，或已是春节假期。大学毕业后，你们或许要在他乡工作，要成家立业，和父母就会聚少离多。

珍惜这段时光，好好地回报一下父母，陪陪父母！你看到的是父母十余年的无私付出，你看不到的是父母对你的担惊受怕、对你的叛逆容忍；你看不到的是父母深夜里的长吁短叹，是无人时的双泪长流，是打断和血吞下的牙，是你叛逆伤害、难以愈合的疤！

孩子们，过往不懂事是因为你还小；今天你已长大，你应该有所担当，为父母分忧，为父母撑起一片无雨的天空。你们亏欠父母的太多太多了！人至中年，父母家里家外都是顶梁柱，满眼都是依靠自己的人，而无人可以依靠。孩子们，借你的肩，让父母稍稍依靠一下！

百善孝为先，树欲静而风不止，子欲养而亲不待！不要让今天不加思虑的话，成为明天难以挽回的泪。孩子们，高考之后的你们，已是成年担当，已是翩翩才俊，你们更多的不是索取，而是与国与家的责任！

二、试卷小天地，人生大考场

孩子们，世界很大，考场很小；经历就是一种财富，何必计较成功得失。孩子们，你要明白，这世上好多事情我们不能左右结局，因为结局变数太大，我们只能选择脚踏实地、风雨兼程、一往无前！考试只是个点，人生才是条线。没有人因考试赢得所有，也没有人因考试输掉一生。成败转头空，青山依旧在，青春就是你最大的本钱。

试卷小天地，人生大考场。量化世界从来都是对真实世界的扭曲。你十二年的学习收获，岂能是一张试卷所能概括的？试卷不过一张纸，未来才是一幅画。千江有水千江月，万里无云万里天。何必预支焦虑，抬头即是无限。

孩子们，要么光明磊落地赢，要么心悦诚服地输。你在奋斗中得到历练与升华，高低、输赢已经变得不那么重要。孩子们，努力了，拼搏了，剩下的就是无怨无悔。人生除了拼搏，还有运气。孩子们，其实文凭不过是一张火车票。火车到站，都下车找活，才发现老板并不太关心你是怎么来的，只关心你会干什么。不会因为你是坐头等舱的就会比坐经济舱的先到达目的地。高考只是一站，人生路很长远。只要你心存梦想，你就生活在超越的空间里。考分高低从不决定幸福多寡。

孩子们，你们都是举世无双的孤版，谁也不是你人生的判官！不管你是星星还是萤火虫，你只要发出幸福的亮光，你就是最成功的人。

三、高考之后，填报志愿非常关键

高考，七分成绩，三分志愿。除了分数，最重要的就是志愿填报。分尽其用，科学填报尤为重要。同学们，一定要未雨绸缪、提前谋划。

今年志愿填报改革，"专业+学校"的模式，往年的报考数据参照性变弱，同学们必须在家长的参谋下，多方考虑，审慎填报。建议通过各种途径采集信息，通盘考虑。

不想说再见，因为我们从未分开。你们永远是我的骄傲！加我微信，加入我们的"桃李芬芳微信群"，你们的学长学姐在那里等着你们！我也在一中随时等你们回家看看！

爱你们的老杨老师
2020年7月10日

生活是一种平衡（2020-07-14）

今天，不是一般的充实！每一个分针都像上足了发条，滴滴答答地飞转。现在，唯一想做的，就是美美睡上一觉。昨天立斌同学给我发微信，邀我参加同学聚会，日子定在7月16日。我回信："公差在外，不能参加，你们好好玩，多拍点照片给我。"今天，立斌回信，聚会日期改在7月22日（我公务结束当天）。同学们邀请我一定参加。

立斌说："老师，同学们想你了！"一句话说得我鼻子酸酸的！

今天是7月14日,高考结束的第4天,也是我们分开的第4天。

孩子们,这个世界,概括起来就是一种"平衡",一旦"平衡"破坏,我们必须去快速建立并适应一种新的"平衡"。高考前的高三生活就是一种平衡,紧张而有规律,我们都是这个平衡体系中的一个分子。

高考结束,平衡被打破,大家必须重新建立一个生活体系!在新体系未建立之前,我们还会生活在昨天的回忆中。今天是老师的新平衡体系的第4天,我也在慢慢适应、慢慢改变。孩子们,一个人不能生活在昨天的记忆里,要活在明天的憧憬中。孩子们,宇宙是一种平衡,世界格局是一种平衡,国家是一种平衡,单位也是一种平衡,我们的进步实际上就是由一种平衡走向另一种平衡。不破不立,没有打破就没有改变,更没有进步!万事万物无不遵从这一法则。

孩子们,老师也想你们了!和你们一起的日子,已经成了我的一种生活方式!

虽然累点,但很美丽!虽然苦点,但很幸福!现在,想想你们的迟到、你们的逃课、你们的叛逆,就连有的同学上课玩手机的样子都那么耐看。孩子们,我们必须告别昨天,慢慢适应我们彼此不能相伴的日子。孩子们,且行且珍惜!

教育的幸福感觉(2020-08-04)

多云的天气丝毫不影响太阳的威力,酷暑疯狂地发威。绿植的须茎撒欢儿般疯长,快得似乎能感觉到它的速度,听到它伸展的声音。酷暑是绿植的最爱,却是我的最厌。酷暑与极寒,我更喜欢冰天雪地的清澈,如果再有傲雪的红梅,自然妙不可言。凌寒红梅,清蕊有泪,是梦里频频出现的桥段。从实验高中到一中,步行40分钟,T恤已湿了一半。我要履行9:30与孩子们的约定,今天填报本科艺术提前批次和文化课常规批次志愿。立斌来了,翔宇来了。我们有着特定的师生关系,在校时交流就很是流畅。现在毕业了,聊起天来更是如山间清泉般流畅,没有丝毫生分与拘束。说话随心所欲,交流谈笑风生,感觉甚是舒服。一个能让你舒服的人,一定是前生后世有过牵绊的人!千山暮雪,万古清辉,阻不住,也挡不了,一定会在不早不晚的时候欣然而来,给你春风般的惊喜。成功来了,浩琛来了。欣聊与调侃最是留不住时间。填完志愿,一块儿吃饭。每个人的互相爆料，使得过往的秘密都大白于人前。欢快的笑声比美酒更加香甜。爽朗的笑声，使得我这年过半百的人又回到我的从前。

孩子们都有着自己青涩、美妙的故事！毕业了，亦师亦友，距离使我们变得如风儿云儿般，卷舒自然。学生："老师，下学期，您还当班主任？"我笑着问："你们说呢？"学生："不能再当了，您不能再操心了，应该休息一下！"有点小自豪，我这班主任怎么当出了"父亲"的幸福。距离是美的体现。人们彼此不必靠太近，也不必离太远，只要一个转身的距离。不近不远，静静地看；不语不言，悄悄地念。朋友圈的一条信息，就能化解久违的疑团。多喝水，要防暑，轻轻地叮嘱，重如山。

14:20，实验楼四楼，给部分孩子讲了讲志愿，审慎考虑，不要留下人生的遗憾。学生："老师，最近这两天气温是不是还很高？"我有点纳闷，疑惑地答道："是！"学生："血压还高吗？"我口是心非地说："不高了！"学生："请您务必要保重身体！"

瞬间，幸福无比。

在收获时，悄悄地离开（2020-08-23）

2020年8月23日，一个收获的日子，本科录取查询揭晓。高三（11）班本科录取三十六人，超额完成高考任务。985高校一人，韩同硕同学630分，华东理工大学录取。211大学四人：崔冉旭，内蒙古大学；周盼盼，东北林业大学；潘雅琪被澳门科技大学和东北师范大学同时录取；史宏宇，新疆大学。

手机的微信提示音不停地欢声跳跃，一个个报喜的微信争先恐后、纷至沓来，如丹桂飘香，也似秋风送爽。孩子们在第一时间把金榜题名的信息与我分享，这种幸福，正如老农欣赏滚滚的麦浪。

一声声"谢谢"抵不住酸涩的泪光。

2020年的寒假，如一个世纪般漫长。枉闲了校园里的丁香，寂寞了教学楼前的海棠。校园里花谢了，你们回来了。AB班的教学，每天一个教案，四遍来回地讲。

高考延期，我们经受的绝不是一个月的考验。孩子们，让我们一起铭记这段不平凡的时光。孩子们，你们毕业了，我也要离开了（8月23日，区教体局委派到别校支教），一中的一草一木无不不让我们挂肚牵肠。披星戴月,七年时光,披肝沥胆,寒来暑往。

孩子们,让我们在收获的季节里挥手告别。孩子们,让我们铭记这一段美丽的时光。

第二章 杏坛拾遗

一个字的班会

每周日的班会是我班雷打不动的节目,是我和全班同学共同进步、自我反思的平台,是我们心灵的家园、理想的乐土,是学习的动力加油站,是智慧的百宝箱,是瞭望世界的知识窗……

有一次,我开了"一个字"的班会,收到了出乎意料的效果,学生和我都有受到莫大的教育和启迪。开班会前我在黑板上写了一个大大的"人"字,学生面面相觑,不知道我的葫芦里卖的什么药。我问:"由这个字大家想到了什么?"学生听后一脸茫然,陷入沉思,短暂的寂静后,学生你一言我一语地讨论起来。然后我让学生发言,王震同学站起来说:"人字由一长撇一短捺组成,说明每个人都有优点和缺点,金无足赤,人无完人,我们应该取长补短,不断地完善自我。我们应包容别人的缺点,学习别人的长处,这样才能与同学友好相处,建立和谐友好的人际关系。水至清而无鱼,人至察而无徒。"话一说完,全班响起了热烈的掌声。潘文哲同学站起来说:"人的结构为一撇一捺相互支撑组成,将一撇取走,捺就会趴下,将一捺拿开,一撇也会倒地。这说明人与人之间应相互帮助,搞好团结,众人拾柴火焰高,一个好汉三个帮,人心齐,泰山移,我们必须团结协作才能干大事、创大业。"潘文哲同学的精彩发言也赢来了全班的热烈掌声。学生的情绪立时高涨起来,我趁机给学生说:"大家看,人字上面加一横变成了什么字?"学生异口同声地说:"大!"我然后说:"每个人在社会都扮演着不同的角色,承担一定的责任和义务。作为中华儿女,我们有振兴中华的使命;作为子女,我们有孝敬父母的义务;作为学生,我们有刻苦学习、勇创佳绩的责任……人要敢于承担责任和义务,擅于履行责任和义务,认认真真做事,踏踏实实做人,仰不愧于天,俯不怍于地。敢承担责任的人就是干大事的人,这样的人就是'大人物',就'了不起'。如果这个人能承担更多的责任和义务,那他就是在'人'字头上加两个横,就成了'天',这样的人为国家、为社会、为人类做出了突出贡献,他会流芳百世,永垂青史。"学生掌声四起,点头称是。我趁热打铁又提出问题:"我们全班五十七名同学可以成为四类人,一是没有你不行的人,二是有你更好的人,三是有你没你无所谓的人,四是没你更好的人。大家考虑你自己是哪一种人,你争取做哪种人。"有的同学听后笑了,有的同学听后脸红了、头低了。我问道:"大家愿做哪种人?"大家齐声答道:"第一种人。"班会已近尾声,我总结道:"'人'字是在汉字中除了'一'和'二'外最简单的字，但是好多人穷其毕生也没有写好这个字，甚至写得一塌糊涂；然而有的人却用自己满腔热血写出了一个大大的'人'字。因此，我们要刻苦学习，认真做事，做人讲风格，做事讲原则，力争写好这个字，做一个堂堂正正的'人'。"学生目光如炬，信念坚定，非常激动地热烈鼓掌，下课铃声响起，班会结束。

一个字的班会让我和学生一起感悟了做人的道理，得到精神的洗礼、人格的升华。一字可谓千金，意义可谓深远。

课堂提问的技巧

课堂提问是课堂教学中常见的教学形式，是师生间的教学互动行为。它是教师根据教学要求设计问题，通过向学生提问并得到学生回答，以引导学生获取或巩固知识的方法。课堂提问是提高课堂教学质量的重要途径，是提高学生课堂自主学习能力和培养学生学习兴趣的有效方法。课堂提问处理得是否得当，对一堂课的是否成功起着事半功倍的效果。课堂提问有章可循，现将平时的教学感悟罗列如下。

一、精心设计课堂问题，提高课堂提问的启发性

课堂提问的问题应根据课堂教学要求、学生的年龄特征、知识基础精心设计。课堂上所提的问题是否具有启发性，是课堂提问是否成功的关键所在。所提的问题应有深度，不应是再知再现的概念性问题，局限于是与不是的简单判断，怎么样与不怎么样的低层次认知。应设计一些由因导果或由果索因的探究性问题、过程的概括性问题、规律的总结性问题，这样的问题能启迪学生思考，激发学生的学习兴趣，使课堂提问发挥它应有的作用。课堂教学中可将教学任务设计成若干层层深入、环环相扣的启发性问题，问题的提出及解决过程就是当堂课的教学任务的完成过程。为了提高课堂提问的启发性，要尽可能地避免以下几种情形：其一是将简单问题复杂化；其二对答案简单并明确的问题反复提问；其三，只顾自己提问，不顾学生是否有问题，脱离学生实际。上述做法往往出现启而不发或不启而发的情况。课堂提问的高妙所在不是就问题讲问题、就事实讲事实，而是通过提问让学生能举一反三、触类旁通，加深对问题的进一步了解，促进学生对课堂知识的深层次掌握。启发是课堂提问的要义。

二、深入研究教材，确保课堂提问的科学性

课堂所提问题的科学性，是课堂提问是否有效的基本因素，课堂中提的每一个问题都要合理。通过教材研究，学生研究，并根据教学目标、重点、难点，抓住关键，才能保证课堂所提问题的有效性。课堂中的每一次提问必须是科学的，无误的，为课堂教学所服务的。没有科学性的提问，对课堂教学毫无裨益可言，只能是浪费课堂时间，增加师生负担。课堂问题的科学性是教师专业技能的重要体现，是课堂提问的根本所在。

三、选准提问对象，避免课堂提问的盲目性

提问对象的选择是课堂提问效果的重要影响因素。所提问题的难易程度和学生已有的知识储备、能力水平是提问对象选择的重要参考指标。对于一些较为简单的概念性的问题可选择学习稍差点的学生提问，这样的问题很容易答出，可使学生品尝成功的喜悦，培养学习的兴趣，增强成就感，提高学生学习的动力。理由式或方法式的问题教材上没有现成的答案，需要由学生自己进行知识的再加工方能得出结论。这样的问题可让优秀学生回答，能刺激学生知识探索，方法思考的欲望，让其在问题的回答过程中巩固知识，提高能力。困难问题后进生答，会挫伤学生学习的积极性。简单问题优秀生回答，会使其顿感索然无味，学习失去挑战性，课堂注意力扭转。因此，课堂提问须因问题难易和学生实际而易。

四、把握提问时间，保证课堂提问的适时性

课堂提问的时间安排是否得当往往也会影响课堂提问效果。复习性课前提问，提问前应给学生一定时间去记忆掌握，这时学生学习目的性强，并有被提问的紧迫感，学习效果比较好。课堂问题出示后，要留有一定的思考时间，让学生去思考组织答案，然后再点名让学生回答。课堂提问切忌先确定提问对象，再出示课堂问题，以免使大部分学生不去积极思考而使课堂提问效果大打折扣。教师在课堂教学实际中要注意观察学生面部表情，当学生眉头紧皱，提出一个点拨性的课堂问题，会对学生有启发作用，使其茅塞顿开，豁然开朗，起到柳暗花明、峰回路转之功效。

五、丰富提问形式，增强课堂提问的灵活性

课堂提问形式有多种，有师生提问，生生提问；有口头回答，有定时试卷；有书面板演，有实验操作。在实际的课堂教学中，尽可能地多种形式并用，从而使课堂提问范围尽可能广，使学生尽可能多地积极思考，从而提高教学的实效性。

总之，课堂提问是提高课堂教学质量的重要方法，是师生互动的主要

形式。课堂提问只要问得准,问得巧,问得适时,一定会问出个课堂教学的满堂彩。

做一个受欢迎的教师

教师的受欢迎程度和教师的人格魅力有关。教师首先是人格之师。非凡的人格魅力往往是教师最吸引学生的地方。教师的人格魅力可概括为九个字:"端友宽、尊幽耐、博善公。"

端:即端庄。教师要衣着整洁、举止文明、仪态端庄、谈吐儒雅、行事有序。女教师忌浓妆艳抹,穿金戴银,服饰前卫,衣着暴露。男教师忌不修边幅,衣着随意。

友:即友善。教师要对学生友善,友善的前提是爱学生,没有爱就没有教育。以生为友,态度和善。亲其师,方能信其道。

宽:即宽容。没有不犯错误的学生,对于犯错误的学生,引导其知错、识错、改错,以此达到目的,并不一定要严惩。虽然说响鼓还需重槌,但春风更能化寒冰。宽容更能让学生接受,从而起到良好的教育效果。

尊:即尊重。尊重每一位学生,学生有独立的个性、人格及行为方式。千人千面孔,万人万模样。我们要尊重每一位学生,学会蹲下来倾听,和学生平等交流。

幽:即幽默。学生喜欢讲课生动风趣、幽默活泼的老师。古板呆滞、照本宣科的学究型教师是学生较厌烦的。

耐:即耐心。教师教育学生应如春风化雨、润物无声,切忌简单粗暴、武断专横。

博:即博学。教师应兴趣广泛、学识渊博,讲起课来深入浅出、浅显易懂,将知识与生活实际相结合。

善:即善教。教师应有较高的专业素养,有行之有效的教学方法,让学生乐学、会学、学会。

公:即公平公正。对学生要一视同仁,不能厚此薄彼,处理事情要一碗水端平,不能宽严有别。

每一次遇见都是最好的安排

参加工作以来，换了四个学校，于是有了四个第一届。对四个第一届的学生感情都特别深。感情深的四个第一届学生中，又有几个相交笃厚，志趣相投。书来信往，好不惬意。现摘录给学生回信中的三句话，与大家分享。

第一句话：让读书、写作永远在路上。

读书，美容灵魂；写作，导航生命。读书，使灵魂高贵，儒雅不俗。为将当为儒将，在商必是儒商。灵魂要多些书卷气，少点铜臭味。只有读书，才能使心灵宁静，才能在喧嚣浮躁、甚嚣尘上、利欲熏心的红尘中洁身自好，求得一隅安宁，寻得一方清净。夜阑人静，茶香袅袅，读一本书，思接千载，神游八荒，休管人间琐碎事，但闻书中笔墨香，该是何等惬意的事啊！

第二句话：每一次遇见，都是最好的安排。

人生的每一次遇见都是最好的安排！这世上没有无缘无故，也没有萍水相逢，今生相见，前世相欠。遇到的事，相识的人，定然是为教会你一些东西而来；否则，芸芸众生，大千世界，怎会有如此一段偶然？

第三句话：工作重要，生活更重要！

罗马不是一天建成的，工作也不可能一蹴而就。凡事缓一下，或许更好，不能急于求成。越是着急的事情，越需慢慢地办。要工作，更要生活。男人因为工作出色，更像男人；而男人因为家庭美满，才更是男人。以父母为佛，顶礼膜拜；以妻子为禅，同心共修；以子女为道，善循善诱。要家庭，就必须要健康，健康第一位。灵魂需要时刻在路上，终身学习；健康更需分秒在路上，毕生呵护。没有了健康，就没有了一切！

班级自主管理方法漫谈

学生是班级的主体，更是班级的主人。班级是学生成长的舞台。教是为了不教，管是为了不管。学生自主管理，事半功倍，一举多得，既能让班主任从烦琐的班级事务中解脱出来，又可以使学生的管理能力得到提高。

一、理论依据

1. 高中生已经接近成年人，具有了一定的是非观念和自律能力，只不过自律能力较差，需要他律的约束。高中生独立意识逐渐增强，渴望自由，渴望摆脱老师和家长长期以来事无巨细的参与和干涉。家长和老师的强烈干预和专政，往往引起学生的不满和逆反，事倍功半，甚至激化师生矛盾，恶化亲子关系。根据高中生的心理特点和认知规律，规则约束与自我监督，比家长和老师空洞的说教更行之有效！

2. 依据教育方法论，教是为了不教，管是为了不管。班主任管理班级，不是一味地死盯，更不是一味地盯死。而是给学生一定的成长空间，让学生自我管理、自我反省、自我成长，在错误中反思，在反思中感悟，在感悟中成长。这样的成长才是自然而又正常的成长。

二、制度保证及实施

1. 学生个人量化制度。

制定科学的、操作性强的《学生个人量化细则》。细则涵盖面要全，包括课堂纪律、卫生打扫、两操评比、学习态度、学习成绩等方面。个人量化结果一天一公示，一周一总结，一月一汇总。年终作为学生日常操行六项等级评价依据，结果计入学生综合评价档案，和高考挂钩。

2. 班级自主管理委员会。

班级自主管理委员组成：一省六部制。

一省：班长（负责班级全局，统筹协调各方面工作，对班主任负责。）

六部：学习班长（负责班级学习氛围的营造、学习方法的交流、学习成绩的提高；管理学科课代表；管理四个学习小组，学习小组组间竞争，组内合作。）

卫生班长（负责教室及卫生区的值日安排，结果检查。）

安全班长（负责班级及同学的安全工作，门窗、照明、空调、多媒体等的开闭。）

体育班长（负责一课两操的考勤、纪律等。）

纪检书记（负责学生个人量化结果的统计公示；班级日志的张贴、装订；班级自主管理委员会成员的管理公平公正性的落实。）

团委书记（对校团委负责；负责黑板报及宣传栏的落实。）

3. 值日班长和班级日志制度。

班级自主管理委员会七位成员，一周七天，轮流值日。值日班长负责该天班级的全面工作。自习时间到讲台协助老师维持自习秩序。填写班级日志，第二天上午第一节课前张贴到宣传栏。班级日志内容包括每节课提问未过关的情况、作业完成情况、班级考勤、自习纪律、课间操情况、自习打扫情况等。

4. 学习小组制度。

按成绩把学生划分为四个学习小组。学习小组组长对学习班长负责。每学习小组设一名学科小组长（语数英理化生政史地）。学科小组长对学习小组组长负责。学科小组长负责本组本学科作业的检查与收发。学习小组每月按月考成绩和纪律考核进行排序，评选优胜小组。组间竞争，组内合作。

三、实施注意事项

1. 自主管理的前提与核心是民主。《学生个人量化细则》必须经过全班同学反复讨论，全员表决通过后方能生效。班级自主管理委员会成员也必须民主选举产生。只有从学生中来，才能到学生中去。学生自己制定的规则更具说服力，更具执行力。民主是学生自主管理的精髓与核心。

2. 班级自主管理委员会产生，必须是集中前提下的民主产物。自主管理委员会成员条件：学习成绩或学习态度具有一定的引领作用；遵规守纪的模范带头作用；一定的组织管理能力；关心热爱班集体。民主选举自主管理委员会成员时，先确定符合条件的候选人。

3. 培养自主管理委员会成员的组织管理能力，树立他们在学生面前的威信和威望。扶上马，送一程。前期班主任要多给他们提一些建议，逐渐成熟后，大胆放权，放手管理。每周班会时间，让管委会成员上台发言，总结上周工作的得与失，安排下周的工作和任务。班主任事无巨细的管理，班干部的组织管理能力很难提高。自主管理委员会是班级管理的牛鼻子，抓住牛鼻子，让班级管理变得简单高效起来，也让班主任从琐碎的班级事务中解放出来。这符合二八管理理论，管理者80%的精力要放在20%的人和事上。

4. 家校共育，形成管理合力。班级日志是家校联系的纽带和桥梁。班级日志每天在家长微信群及时更新，让家长即时了解学生在校表现，发现问题，家长可以及时采取措施。班级日志和学生自主管理细则是学生头上的紧箍咒，班主任要时不时念一下，给学生提个醒。

附：茌平县第一中学高二（11）班《学生个人量化细则》

学生个人量化基础分为100分，根据制定的有关制度进行加分或扣分。最终得分＝基础分100分＋所加分数－所扣分数。根据同学的操行得分划分为ABCD四个等级。80分时第一次警告，并和家长沟通。60分时，要求其做深刻检讨，并通知其家长来校协商处理。每周统计一次，每月进行一次总结，且将统计结果张贴在教室。每位学生的量化得分作为学分和期末评定参考依据。

扣分细则

（一）出勤

1.提前三分钟进教室。迟到、早退每人次扣1分，无故旷课者每人次扣5分并说明情况。

2.无故不出操者每人次扣5分。有特殊情况需向班主任或体育委员请假。

（二）纪律

3.正式铃响后大声喧哗者，每人次扣2分。

4.课堂及自习闲话、看闲书、打瞌睡、睡觉者，每人次扣2分。

5.课间在教室及走廊来回跑动、追前追后、大声喧哗者，每人次扣2分。

6.不经请假，擅自离校或缺宿者扣10分。

7.寝室熄灯十分钟之后走动者扣2分，说话者扣5分。情况严重，屡次不改者，联系家长责成回家教育。

8.在公开的集会场合讲话或做其他事扣2分，被教师点名批评扣4分。

9.与教师顶撞发脾气者扣10分，奖励采用一票否决，严重者由学校处理。

（三）卫生

打扫卫生时间：两打扫（上午、下午第一节课前）三捡拾（上下午大班空及晚自习前）

10.值日生不按值日要求完成值日工作，组员扣1分，组长扣2分。

11.随地乱丢废纸者，座位周围有纸屑等杂物者，每次扣1分。

12.学校检查扣分者，扣所扣分数的二倍，并加罚值日一周。

（四）其他

13.带手机者每人次扣10分，手机由班主任代管，学期结束后由家长领回。

14.不服从班委管理者每人次扣4分。

15.不正当交往者扣20分，情节严重的送政教处并请家长到学校处理。

16.打架斗殴、抽烟喝酒扣20分，情节严重的送政教处并请家长到学校处理。

17.抄袭作业者扣4分，被抄袭者扣2分；未完成作业扣6分。

加分细则

1.助人为乐，做好事者，视事情大小加1—5分。

2.劳动卫生积极肯干，表现突出者，加1—3分。

3.班干部、学习小组长、课代表等工作认真负责，表现突出者加5—10分。

4.在学校各项比赛中，获奖者，第一名加10分，第二名加8分，第三名加6分，获奖即加5分。

5.在学校月考、期中、期末考试中，成绩优秀者加1—10分。

6.凡在月考、期中、期末考试进步者（年级名次）视进步大小加1—10分不等。进步最快加10分，其他加分=进步名次/进步最大名次*10。

7.关心班集体，维护班荣誉，每次加1—10分。

备注：①未尽情况另行补充，即日起执行；

②凡是个人行为导致班级扣分者，将加倍扣除个人量化分；

③当积分不足60分时，责令学生通知家长来校协助教育，并做书面检讨；

④对于屡教不改者责令家长带回家教育。

激情高考

《左传·庄公十年》中说："夫战，勇气也。一鼓作气，再而衰，三而竭。"高考如战场，士气关乎成败。狭路相逢，勇者胜！故而，要使学生时刻充盈斗志，激情饱满，方能狼入羊群，所向披靡。

前几天，和2019届高三年级主任付茂坤主任交流。他说2019年高考，整个高三赢在士气，所带班级胜在士气。学生时时都像打了鸡血似的，激情澎湃、活力四射，这样的学生在高考中能不胜出吗？

众所周知，衡水中学缔造高考神话，同时也缔造了天下第一操、激情早读、激情课堂、激情宣誓，高考神话和激情有着密不可分的关系。进入衡水中学，学生学习的热情近乎疯狂，整个校园满是励志标语、红色标语，让人血脉偾张，热血沸腾！这样的孩子，在高考中如李云龙所向披靡的野狼战队，攻无不克，战无不胜！

如何鼓舞学生的士气与斗志？

一、思想动员

让学生树立目标，用目标引领。将目标张贴班级宣传栏，让老师同学监督，切断学生后路，利用学生的自尊心破釜沉舟，置之死地而后生。将目标贴于床头桌案，时时警醒，自强自立，马不扬鞭自奋蹄。

二、氛围渲染

励志标语张贴于教室内外，教学楼外，让墙壁会说话，环境能育人！

三、宣誓刺激

通过早操宣誓、课前宣誓、交替领誓等形式天天强化学生斗志，一鼓作气，坚持不懈！

考试趣事

今天上午实验中学，环保局生态环境网格员考试监考，9:00—11:30，两个半小时。与此同时，我们的高三双周测紧张进行。下午语文考试监场，14:20—16:50，又是两个半小时。

监考是一项枯燥乏味的工作，不能说话，不能看书，不能长坐，不能久逛，不能……必须严肃考纪尽职责，必须明察暗访探"敌情"，必须斗智斗勇防作弊，必须和颜悦色"服好务"（不能吓唬考生），必须……有的老师调侃说，监考的感受还不如喝酒没有下酒菜的滋味好受些。

14:15分发试题。我按要求宣布指令："请同学按页码顺序排好试卷，检查有无缺页、污损的情况，并在答案卷的相应位置写上姓名、考号，考试开始方能答题。"

考试开始。我正襟危坐在讲台上，双目放光，就像黑夜里的两只探照灯来回巡视着全场。考试前半段时间，考生都在专心答题，这个时段监场任务相对轻松。身体和灵魂必须有一个在路上，这是我恪守的做事准则。于是思想就开始有点不安分地琢磨起来。

考试前世为何？考试是中国除"指南针、造纸术、印刷术、火药"之外的第五大发明。考试古称科举考试，源于南北朝时期，成于隋朝，一年举行两次，分别称之为"春闱""秋闱"。

考试今生如何？今天，考试与国人息息相关。生活开门七件事："柴米油盐酱醋茶"。另外还有一种说法，生活五件大事"衣食住行考"，这里的考就是指的考试。学校的考试种类繁多，频次极高。有课堂达标测试、自习限时测验、周测、月考、中段考、期末考、模拟考、仿真考，最重要的还是高考。社会上的考试，种类也是琳琅满目，有资质考、编制考、岗位考、职称考等。

考试作用如何？当今社会，考试意义非凡，之于国家是选才纳贤、考察评价的重要手段。对老百姓来说，是改变命运的重要途径。考试意识已经深深地刻在国人的骨子里，融进国人的血液里。有阳光的地方就有影子，古代就有范进中举的悲剧，即使在思想解放、社会开明的今天，高考也给好多人留下深深的记忆，挥之不去。不止一个人给我讲过类似的经历，高考后几年、十几年、二十几年经常做同样的梦，做梦参加高考，遇到了不会做的题着急紧张，恐惧万分，醒来一身冷汗，原来是一场梦。

想着想着，考试很快进行到了一半。有的孩子目光开始游移不定，时不时翻眼或者用余光看我，这就是有作弊想法的典型先兆。于是乎，我与之对视，狠狠地瞪着他，用眼光把他的那点想法消弭在萌芽状态！

环视全场，一个女孩子开始瞌睡，语文考试还能睡着，不可思议啊。走上前去，用书碰了她一下，一激灵，满脸通红，睡意也全被吓跑了。

据考试结束还有半小时，有的孩子做完了，开始认真检查，有的咬着笔玩，有的偷偷地向教室外看上几眼。

语文考试还是比较容易监场的，不同层次的学生都能做，只是得分不同而已。英语考试监场最难，也最容易作弊成功，是衡量教师监考能力重要科目，就像看厨师的刀工就来让他切土豆丝，看他的烹饪技术就让炒豆芽一样的道理。数理化考试，如果监考老师太严格，往往考场睡觉的学生多，不会做又不能找对点，睡觉或许是最好的选择了。想着想着，据考试结束还有十五分钟，于是我提醒学生注意把握时间，及时填涂选择题答案。最后十五分钟非常关键，有些孩子往往最后一搏，伺机而动。这时候，监考老师不能巡视，只需站在讲台上，注视全场，以不变应万变，这样比来回巡视更有效果。如果非要巡视，你可以冷不丁地猛回头，一般定会有收获，捉住作弊学生。

铃声响起，考试结束！

枯燥乏味的监考竟然也可以这么有趣！是啊，同样的事情，感受不同，关键是心态不同。平凡的生活同样精彩！

《小欢喜》大启迪

电视剧《小欢喜》中季胜利、刘静夫妇为了事业，长年在外工作，没有及时陪伴孩子的成长，造成季杨杨的叛逆不羁和学渣局面。高三一年的陪伴和付出，最终孩子有了一个圆满的结局，其原因就在于长情陪伴和有效沟通。

家长如何与孩子沟通？启发如下。

不要把自己当父母，更不要把工作职务带进家庭。家长要蹲下身子和孩子做朋友，平等对话，少说多听，少命令多商量，少主观臆断多客观调查。

不要把孩子当孩子。当今社会，信息爆炸，信息的来源渠道繁多。学生思想复杂而又前卫。孩子渴望独立和自由，对人和事有自己的看法和想法，他们希望被认可、被承认。他们已经不是父母羽翼下的乖乖孩子了。家长要以发展的眼光、尊重的态度、学习的姿态去对待孩子。命令、禁止、呵斥等的结局就是亲子关系僵化，家庭气氛紧张。

了解孩子兴趣爱好，走进孩子内心世界。《小欢喜》中，季胜利为了了解孩子，到赛场学赛车，以谋求与孩子的共同语言，有效沟通。

寻找与孩子沟通交流的适合方式和合适地点。谈话，不能太正式、太严肃。可以和孩子一块儿散步时、购物中进行交流，这样一般不会让孩子设防，封闭自己的内心。

除了谈话，也可以写信、视频等方式交流，有些话孩子当面可能不好说。《小欢喜》中季胜利就通过网络，以陌生人的身份与儿子交流，现实生活中剑拔弩张的父子，在虚拟世界里成了无话不谈的好朋友。

正确认识孩子，学会放手，成长不能代替，家长唯一能做的就是不离不弃地守望，静等花开。每个孩子都是独一无二的精彩，《小欢喜》中，行事独立、性格坚毅的季杨杨；成绩优秀、内心封闭的乔英子；阳光帅气、多才多艺的方一凡；乖巧懂事、刻苦上进的林磊儿等，每一个都在绽放自己独一无二的美丽，正是因为他们的不同才有了多姿多彩的风景。试想，如果每个孩子遵从家长的要求，千人一面，这个世界该是多么可怕。人生好多事情必须让孩子去亲力亲为，家长不能包办，即使包办了一时，也绝不能包办一世。只有经风雨、历雪霜，才能凌绝顶、见彩虹！

吃苦教育

有个牧场主人叫他孩子每天在牧场辛勤工作,朋友对他说:"你不需要让孩子如此辛苦,农作物一样会长得很好的。"牧场主人回答说:"我不是在培养农作物,我是在培养我的孩子。"原来培养孩子很简单,让他吃点苦就行了。孩子教育中有一个东西是万万不可缺的,那就是吃苦教育。

去年,《人民日报》曾发文"怒斥还在沉睡中的大学生:你不失业,天理难内容"。"少时享福,长大无福",泡在蜜罐里的孩子永远长不大。富养也从来不是溺爱和妥协,因为没有一种能力是在轻松、舒适和愉悦中产生的,幸福和圆满从来都是诞生于痛苦。

真正的教育不需要做过多的事,简单点,放手让孩子走出自己的保护圈。让他感受到疼痛,体会到生活的辛苦,他才能够成长,才能在日后独当一面。

张居正被万历皇帝清算的教育启发

万历皇帝在位四十八年,缔造"万历中兴"。张居正是万历皇帝的老师兼首辅。

张居正对小皇帝的学习抓得非常非常紧,就像严父对待爱子。张居正本来性格很严厉,对小皇帝要求很高,小皇帝读书他在边上听着,读错一个字,张居正马上就会声色俱厉地指出来。比如有一次小皇帝上课时读《论语》,把"色勃如也"的"勃"读为"背"的音,张居正听了大喝一声:"当读作'勃'!"把万历小皇帝吓得一下子从座位上跳了起来。

在所有的功课当中,小皇帝只有一项真正喜欢的,那就是书法,喜欢写字。十多岁时,小皇帝已能写出一手好字。所以他没事就写字,写完了赐给大臣。听到大臣们的称赞,他心里很满足。没想到张居正又不高兴了,板起脸来,对他讲了这样一通大道理:"帝王之学,当务其大。"当皇帝的,要专心学习政治,要研究大的问题,不能有任何业余爱好。你看,历史上那些有业余爱好的皇帝下场怎么样呢?陈后主、隋炀帝、宋徽宗都能写会画,怎么样呢?都亡了国。所以喜欢写大字很可怕,以后不要写了!从此小皇帝不敢再写字赐给大臣了。万历皇帝二十岁时开始亲政,他对张居正的仇恨瞬间爆发，亲政后的第一件事，就对他的老师进行了残酷无情的清算。下令抄家议罪，褫夺生前所赐的玺书、诰命等一切恩典，并将罪状颁示天下。

张居正对万历皇帝教育的失败，在今天也有很多启发意义。

张居正如同许多传统中国家长一样，教育手段只有高压和约束。它造成了万历皇帝的分裂人格，表面听话，内心叛逆。让万历皇帝幼小的心灵里深深地埋下了仇恨的种子，这也为他以后对张居正的清算埋下了伏笔。教育主张讲道理，摆事实，对学生要循循善诱、谆谆教诲，春风化雨，润物无声。现在的教育提倡和学生交朋友，相互尊重，相互交流。只有这样才能取得良好的教育效果。

有一则笑话。小白兔去钓鱼，第一天一无所获。第二天它又去钓鱼，还是如此。第三天，一条大鱼突然从河里蹦出来大叫："你要是再敢用胡萝卜喂我，我就要揍你了。"

你给的如果都是你自己"想"给的，而不是对方想要的，那么，即使你付出再多都没有价值。所有的付出里，懂得对方的需求最重要。

帝师张居正给了我们教训：作为老师，一定要守住一个教育的底线，你教的学生可以不把你当朋友，但绝对不能把你当成敌人。

也谈教育（2020-04-08）

二十岁时，我被命运推搡着，懵懵懂懂地走上讲台，成了一名教师。

对教育事业，我说不上热爱，但绝对够得上忠诚。二十七年来，一直恪守着一名教师的良心和良知，竭尽全力地上好每一节课，尽其所能地教好每一名学生。无论是初中数学，还是高中地理，都有过全县榜首的辉煌成绩。无论担任领导职务时，还是晋升高级职称后，一直坚守讲台，从未离开。一路走来，甘苦自知。体味教育，五味杂陈。

一、育人比教书更重要

"教，上所行，下所效也""育，养子使作善也"。"教"是传承，是言传身教，上行下效。"育"就是教人向善。"教育"就是传承培养孩子各种能力知识，让他们心中充满善和爱。育人先育德，成才先成人。德育为先，做人比做题更重要，高考成绩只是德育的副产品。

人有四品，有才有德，是优等品；有德无才，平常品；有才无德，是危险品；无才无德，是赝品。

二、教师只是一个凡人

教师是一个有七情六欲、食人间烟火的凡人，也为人子，为人父，为人夫。不奢望"天地君亲师"的耀眼光环；不渴求"一日为师，终身为父"的尊崇地位。教师只想认认真真、本本分分地当教书先生。

仰不愧于天，俯不怍于地。坦坦荡荡，不违道德；恪尽职守，不昧良心。

三、教育不是万能的

师父领进门，学习靠个人。教师的能力是有限的，教育自然也就不是万能的。"一样米养百样人""龙生九子，子子不同"，万事同理。

教育是一项系统工程，家庭、社会、学校三位一体，缺一不可。

当今外界的诱惑实在很大，教育的能力实在是太弱小了。

四、教育是慢的艺术

教育就像养花一样，一边养一边看，一边静待花开。每个孩子的花期、花色、花型不尽相同。"存在即价值"，必须正视孩子的差异。

千人一面不是春，万紫千红春满园。教育是科学，学校里面不能"拍脑袋"决定，也不能"拍桌子"骂人，更不能"拍胸脯"指使人。

尊重规律，尊重科学，更应该尊重人才！

一所学校的精神模样（2020-07-12）

早上推开宾馆的窗户，外面在下雨。7月的雨特别多，但大多为急雨，从未像今天，夏雨落出了春天般的感觉，轻似纱，渺如雾。或许是昨晚的酣睡褪去了四天高考的疲惫，或许是高考的结束让卸下了高三肩上的责任。

早餐时，和室友交流，谈到了学校管理。

一直认为，学校管理有三重境界：

一、衣带渐宽终不悔，为伊消得人憔悴——文化引领

文化引领是学校管理的最高境界，是有温度的学校管理。一个人有面相，也有心相，相由心生。一个学校有面相，也有心相，心面相融。一个学校的面相就是学校有形的建筑楼房、草木雕刻等。一个学校的心相，就是全校师生内在的理想追求和精神气质。

学校的心相就是学校的灵魂。校长，也应该成为全校师生的精神领袖。

校长及领导班子成员，累，冲在前；利，让在后。全体师生上下一体，勠力同心，定会攻坚克难，所向披靡。

现在的一中校园，感动无处不在。有一种感召叫率先垂范；有一种鼓励叫微笑面对；有一种感动叫服务教学；有一种精神叫干事创业！每一个老师心中都有一个教育梦，都有被认可的需求，都有一种"士"的情结，士为知己者死。

校长用思想引领学校，学校用文化熏陶老师，老师用学识教化学生，学生用行为宣传学校。学生成就老师，老师成就学校，学校成就校长；学生、老师，学校、校长在善的轮回中日益完善。

什么是一中精神？什么是六连冠精神？

是无私奉献、干事创业，还是团结奋进、追求卓越？一直在思考，一直在希冀，一直在努力！

二、三尺讲台非高台，一日难离烟火柴——经济激励

经济奖励是学校行之有效的管理手段，虽然很世俗，但是却有效。

重赏之下，必有勇夫。精神高台上的教师，也需要养家糊口，也要食人间烟火。教师既是精神的，也是物质的。社会主义分配原则就是：按劳分配，多劳多得，优劳优酬，平均主义大锅饭坚决要不得。

三、和尚自管僧人事，晨钟暮鼓三更樵——制度约束

制度约束是学校比较科学的管理方式。法治比人治要科学得多。我们往往缺的不是完善的制度，而是不折不扣地执行落实。

当然制度也很重要。制度的制定者必须一心为公，不能有意地偏袒某一人或者某一部分人。制度是对事不对人。学校管理，管住了事儿，就管住了人。管住了人，却不一定能把事情做好。学校管理是一项系统工程，文化引领、制度约束、经济奖励三管齐下，不可偏废。这时窗外的雨住了，山色清晰婉转，鸟儿欢快通透，雨后彩虹岂是一个美丽那么简单。

高考答题的误区（2020-07-28）

听来的总是轻轻浅浅，亲自经历了的才刻骨铭心。参加了高考阅卷，发现高考答题并非完全像其他老师说的那样。高考答题不在"多"，而在"精"。高考阅卷是"踩点（答案要点）给分"。有一个答案要点，就有一个得分点。基于此，老师就嘱咐学生，能答的就写上，坚决不能留空。

于是出现另一个极端：

一、一个观点重复说——得分点只是一个

为凑答案的条数，变着花样地重复一种观点。如："靠近铁路，交通便利。""地处沿海，四通八达。"

二、一个观点分开说——得分点可能为0

本来是有因果关系的一个观点，如果放在两条之中分别表述，可能就不得分。

如：农事安排错开，提高土地的利用率。分开说：a.农事安排忙闲错开。b.土地的利用效率高。具有因果关系的两句话，一旦割裂开来，就失去了因果依存关系，导致表述不完整，失掉分数。

三、抄袭照搬试题中的文字材料

不经自己的加工，原版照抄试题中的文字材料，这种情况一定不得分。高考阅卷时，不会有"辛苦分"。写得多，辛苦的不仅是考生本人，更辛苦的是阅卷老师。但老师会睁大眼睛，耐着性子把你的答案"忍受"完。在这种情况下，阅卷老师可能"漏掉得分点"。

高考答题不在"多"，而在"准"。

所谓答题"准"，就是答题规范，利用专业术语去答题，不要出现生活化的语言，内行人不能说外行话。

如：正确说法为"打坝淤地、淤地坝"。错误的说法为"拦住泥沙、把泥沙留下"。学习是一项严谨的活动，必须要注意语言规范、书写规范、步骤规范、思维规范。

习惯不是一天养成的，规范更非一日之功。好多学生高考不是输在学习成绩，而是输在学习习惯与学习规范上。学习习惯与学习规范是学习的根本与关键。"求木之长者，必固其根本；欲流之远者，必凌其源泉。"或许，明白了这个道理，才真正懂得了学习。

警惕"高一现象"（2020-08-01）

今天和几个朋友探讨高中孩子的教育问题，发现了一个普遍的现象：总有一部分孩子升入高中后成绩不理想，由初中的优等生，变成了高中的待优生。这种现象，我们不妨称之为"高一现象"，其原因有几点。

一、学习上——陡崖式的过渡

在学习内容、学习方法、学习难度等方面，初中到高中有很大的变化。这种陡崖式的改变使部分孩子很难适应，成绩低迷，情绪低落，由初中的优等生变成了高中的学困生。

学习内容。初中的学习内容较少，识记性的知识较多，知识大多停留在"是什么？在哪里？"的层面；高中学习内容增多，理解分析的要求提高，能力素养要求是"为什么？怎么办？"的水平。

学习方法。初中的学习通过"反复地记忆、机械地重复"，就有可能完成学习任务，取得较好的成绩，学生竞争拼的是态度和汗水。

高中对学生能力与素养要求较高，学生要"自主学习、合作探究"，经过不断地反思、总结、揣摩才能完成学习的要求，学生拼的是智力和心血。

学习难度。学习难度的急剧增长使有些孩子措手不及。

二、情感上——断奶式的改变

初中的孩子在原来自己学校小范围里都是佼佼者，都是属于重点保护对象，熊猫级别的，老师夸，家长宠。到了高中，全县的优秀学生都集中在一起，成绩位次不再像初中那么靠前，老师没有像初中老师那样宠自己。初中学习老师督促的多，多是"他律"。高中就不一样了，自主学习的要求增多，需要学生"自觉"，自己支配一些课余时间合理安排。这种断奶式的地位改变，使好多学生出现了极大的落差，学习积极性受到极大的挫伤，有些孩子情绪低迷不振，成绩一落千丈。

如何避免"高一现象"，实现初中到高中的顺利安全过渡？

合理安排暑假时间。福特说："大部分人都是在别人荒废的时间里崭露头角的。"充分利用这个暑假，做好由初中到高中的过渡。

未雨绸缪，顺利过渡。充分利用暑假期间补齐初中的短板，自行借阅高中阶段各学科的第一本教材，完成相应的课后习题。

高一年级的管理加强高中学习习惯、学习规范的培养；关注每一个孩子，一个都不能少。新高一，要拿出高三导师制的管理方式，全体任课教师分包学生，一对一帮扶，力争一个学生也不能掉队。

拓荒之牛（2020-09-01）

9月1日，开学第二天。5:30离开家，22:50回到家，迫不及待想做的第一件事就是冲一个热水澡，洗去一天的疲惫，换得一时的清爽！今天比昨天要幸福很多，因为昨天是开学的第一天。

昨天回到家已是23:30，雨下得有点欢，腻腻歪歪的衣服贴在身上，不知是秋雨打湿，还是被汗水浸透。今天学生给我发微信说："老师，二十年前，您是拓荒者；二十年后，您带着不服输的心再踏征程！"

正泰翰林高级中学是我工作的第五站，我不知道，这是不是我创业的最后一站。但我清楚地听到心底有一个声音：不断前行！

来到这里，所有一切都是全新的开始，也时刻充满挑战、布满艰辛。

这或许是一头拓荒之牛的宿命与幸福。拓荒者的骨子流淌着倔强的血液，躯体上昂着不服输的头颅。他尊重别人，并渴望被人尊重。正泰翰林高级中学里有的老师是我的学生；有的学生是我学生的孩子。我要把他们带好，也要把他们教好。

在这里，我不能负责孩子们的过去，但我一定保证孩子们的美好未来！

生活上我寡言，工作中我却健谈。我不喜欢用语言辩解，却能用行动说话！我是拓荒之牛，只知负重深耕。我是沙漠之舟，一直流浪的沙漠骆驼。

9月2日，开学第三天，又是披星戴月的一天。晚上查完宿舍，22:55出校门，学校大门口已经横上栅栏，门岗师傅已经睡下。打扰别人的休息，心里有点不安，临别道谢，心稍稍安。

今天，孩子们秩序井然，无论是就餐、学习还是就寝，"楼外疾走""按时就寝"等专项整治活动初显成效。今天上午召开了教师业务培训会，灵感突现，发明一词，曰"点点精神"。

解读如下：点者，小也。因其小，难入眼也。然，因其小，进者快也。

君不见，合抱之木，生于毫末；九层之台，起于累土。点者，微也。每天进步一点点，积跬步可至千里，汇小流乃成江河。小鬼可以当家，星火更能燎原。点者，希望大也，成长空间足也。没有春之嫩小，哪有夏之葳蕤。一滴水，可折太阳之光；一星火，可燎广袤之原！

今日微，明朝可著也！坚持，使之然也！

梦马酬壮志，汗泉养精神（2020-09-05）

今天，军训第5天，入职聊城正泰翰林高级中学的第17天。所谓"正泰"，正而得泰，正道则泰兴。翰林者，知识渊博之人也，大多翰林都会入阁拜相。正泰翰林，一个吉祥而又富贵的名字，一项宏伟而绚烂的事业。时时敬畏，铭记使命；处处尽心，砥砺前行。入职翰林，学校就成了家。入职翰林，家就成了宿舍。凌晨披星去，夜半戴月归。

一天一次的往返，伴随一次昼与夜的轮回。一路走来，辛苦自知。一切从零开始，现已走上良性发展轨道。

大局谋划：严格管理胜一筹，成绩提升有保障。让过程更加完美，让结局不留遗憾。施有温度的教育，育不设限的生命。

发展思路：小班化教学；封闭式管理；个性化设计，跟进式服务；家、校、生三位一体，动车化合力发展。《教学常规16条》《学生管理条例》《班主任例会制度》等一系列可操作性强的管理新规相继出台。

管理特色：小班化教学（每班三十五人）、封闭式管理、低重心运行、导师制服务、无缝隙跟进、家校共建。

专人负责、定时检查、及时公示等措施确保各项规定落地生根，有序展开。年级组、督察组、学生会三位一体的管理体系，互通短长，相互补充，确保了管理无盲点，对接无缝隙。学校发展有序进行，高效推进。向管理要效率，靠汗水出成绩，抓落实谋发展。

为学生的人生起步奠基，为教师的专业成长助力。发扬"点点精神""蜗牛品质"，奋力拼搏，又见星空。

听课后的反思（2020-09-16）

今天上午听了两节数学课，课题是《全称量词和存在量词》，执教教师分别是郭晓迪老师和赵田田老师。这两节课都非常精彩，体现了两位教师扎实的教学基本功和较高的专业素养。她们的课堂优点如下：

一、高度关注学生的"学"

学生是课堂的主人，是课堂教学的主体，学生的达成度和提升度是衡量课堂效果的主要标准。通过"阅读、讨论、表达、练习、思考"等形式，让学生积极参与、主动探究、高效学习。课堂教学，坚决杜绝教师"满堂灌""一人讲"的现象，不关注学生的接受状况，也不维持学生纪律。赵田田老师一节课提问学生二十四人次，学生讨论三次。郭晓迪老师提问十五人次，讨论两次。

二、走下讲台、走近学生

走下讲台，到学生中去，和学生一块儿完成教学任务，师生距离无形中拉近了很多。这两位老师，遇到孩子们答题受阻、思维不通的时候，没有苛责，没有恼火，而是心平气和地去步步分解，层层剥茧，循循善诱地引导分析，直到学生茅塞顿开，恍然开悟。临"危"不慌，遇"难"不乱，颇有老将风范。较高的课堂驾驭能力，备课时的付出可见一斑。课堂教学，没有预设就没有生成。只有课下的科学预设，才有课堂上的高效生成。边听课边思考，什么样的课堂才是高效的？君子之教，喻也！善歌者使人继其声，善教者使人继其志。

创建高效课堂，教师一定会做到"三有"，即：脸上有笑、心中有爱、目中有人。

脸上有笑。微笑是一种能力，更是一种力量。教师心中有暖，脸上有笑，本身就是对学生的一种感染、一种教育。脸上有微笑，脚下有力量。艰难与困苦也会给面带微笑的人让道。传递微笑，传递力量，本身就是一种教育方式。

心中有爱。没有爱，就没有教育。教师发自内心去爱学生，把学生视为自己的孩子，把这份爱化作一个赞许的微笑、一个鼓励的眼神、一个慈爱的拍肩，爱出爱返，学生知道谁对他是真的好。亲其师，信其道。教学成绩优秀的老师一定是一个心中有爱的人。学生是活生生的生命，而不是冰冷的学习机器。

目中有人。教师必须清楚，学生是课堂的主体，是课堂的主人。教师是课堂的导演，学生才是主角。学生的参与度和学习的达成度是衡量一节课的主要标准。如果把教材比作花园，学生就是采蜜的蜜蜂，教师就是养蜂人。

学生是课堂的主体，教师的课堂教学设计必须围绕学生展开，要做到"六让"：教学目标让学生明确；课本教材让学生阅读；教学新知让学生探究；课堂问题让学生回答；教学重点让学生感悟；教学内容让学生归纳。

个性课堂（2020-09-17）

今天听了一节化学复习课，执教教师是张静雅老师。这节课的容量很大，既有初中知识的回顾，又有高中的温习，学生的掌握效果很好。由此可见，张老师的备课很是充分。首先，备学生备得好。知识的深度和难度与学生的现有知识储备很是契合，适合的才是最好的。其次，备教材备得好。张老师对教材知识进行了梳理，重新加工组合，形成了知识体系，使学生对知识的认知有了一定的高度。再次，备课标备得好。现在高考注重对学科核心素养、核心概念、核心原理的考查。张老师这节课对高考的这一要求诠释得非常到位。最后，张老师特别关注学生的学，不仅关注学生的学习状态、课堂纪律，而且还关注学生的学习效果。听课时，脑海中闪现一个词"个性课堂"。老师的性格不同，课堂的风格也不一样，每一堂课都深深烙下老师的性格。有的课堂激情四射，有的课堂含蓄委婉，有的课堂缜密条理，有的课堂纵横洒脱……有个性的不仅是课堂，还有班级。每个班级的班风、学风等受班主任的性格影响极大。

每个班级都有自己的气场，不同班级会有不同的感受。有的班级课桌整齐，物品放置井然有序，班主任一定是一个条理严谨的人。有的班级名言警句悬挂于墙，班级制度详细严密，班主任一定是有领导才能的人。课堂是任课教师的责任田，班级是班主任的自留地。收成大小自然要看用心的多少、付出的大小。

天道酬勤，亘古不变。世间万事，贵在用心。只要用心，这世上就没有难事。心在哪里，收获就在哪里。心有多大，舞台就有多大。

教育，需要脚踏实地，来不得半点花架子，也掺不了半点假。你的每一滴汗水，都会在秋天里还你一份惊喜。教育是慢的艺术，急不得，也快不得，否则就不是艺术，既是艺术就绝非一日之功。温火慢炖，自然会飘香满屋。

打通"落实"的最后一公里（2020-09-18）

今天，入职翰林第30天。提升很多，一个月能得到春夏秋冬四个季节的收获。感恩遇到的一切，或者顺境，或者逆境，都是为教会你什么而来！

所有的一切，从无到有，从种子到萌芽，每一步无不是经过心血和汗水的浸泡。这份辛苦，这份幸福，只有我们自己清楚！

我认为学校管理有三个层次：

一、学校管理的最高层次是：文化引领

校长依靠个人的高尚人格魅力感动、精湛的业务水平感召、博大的教育情怀感染、无我的精神境界感化，校长是学校的精神领袖，想老师之所想，及学生之所及，不做师生的长官，只做师生的仆人。这绝对是幸福的教育天国。

二、学校管理的第二个层次是：制度管理

学校制定出相对公平合理的制度，然后不折不扣地执行。用制度去约束，用章程去规范。如此，学校也会步入良性的发展轨道。廉生明，公生威，无私无畏，无欲则刚，仰不怍于天，俯不怍于地。鬼神都会让路，前途定会坦荡。

三、学校管理的第三个层次是：人治

某些领导是制度的制定者，也是制度的践踏者。只认孔方兄（古钱币），不识贤良臣。任人唯亲，任人唯钱。顺我者升职，逆我者罢黜。谄媚者得宠，实干者刍狗。拍脑袋决策，拍胸脯保证，拍屁股走人。在职时趾高气扬，下台后灰头土脸。

文化引领，我们争取；制度管理，必须落实；人治，必须摒弃。我们最缺的不是制度，而是制度的不折不扣执行。

成功源于执行力，成功在于落实。为提高执行力，我们采取以下措施。

校长办公会。每周定期召开校长办公会，就发展中的问题共同商议，集思广益，制订最佳实施方案，避免一言堂，避免决策偏颇。

事务落实跟进表。工作任务落实跟进，定分管领导，定直接责任人，定完成时间，定时检查，延误追责。

层层责任分工（三级管理体系）。

业务校长—备课组长、教务员—教师—学生；政教校长—班主任、政教员—班主任—学生；校长—督导组值日—师生。

班级，可以这样管理（2020-09-21）

班级管理是一门学问，更是一门艺术。与人打交道是一门学问，与未成年的孩子打交道更是一门学问，不仅需要无比的耐心，更需要超凡的智慧。班级管理的三点想法：依法管班、自主管理、文化引领。

依法管班。《学生个人量化细则》是依据，学生个人量化分数是抓手。《学生个人量化细则》由班委会制定并落实，设监察班长负责实施。学生个人量化分数一天一公示，一周一总结。个人量化分数是模范评选、综合评价等级确定的依据。

自主管理。管是为了不管，教是为了不教，班级实施自主管理。自主管理以班委会为核心，以"班级日志"为抓手。班委会成员各司其职，各有分工。另在班委会成员中选出七名值日班长，每周值日一天，负责班级全天事务管理，填写"班级日志"，于次日上午第一节课前张贴公示。

文化引领。通过学习《弟子规》《三字经》等传统国学内容，让学生爱国、立志、明理、笃行，让学生自我感悟、自我反思、自我成长。

宣传栏、班会、晨会、板报、课前宣誓等都是文化引领的重要契机。力争活动能育人，环境会说话。

家校共建，刻不容缓（2020-09-21）

一位心理学家说过：孩子和父母之间必然会有一场战争，如果孩子赢了，这是一场戏剧；如果父母赢了，这是一场悲剧。

孩子和父母之间为什么必须有一场战争？如果必须有一场战争，为什么不能父母和孩子双赢？如何才能做到双赢？教育家马卡连柯说过："教育是一种合力，无论是家庭还是学校，都不可能独自承担起最精细、最复杂的造就人的任务，学校应该领导家庭。"如果学校能够指导家长开展科学有效的家庭教育，家长配合学校做好孩子的教育引导，或许这样的悲剧不会上演！这世上所有的工作都有上岗培训，唯有"父母"这个职业没有，每个人都是边学习边上岗。当父母学成合格毕业时，父母也该下岗了。

爱孩子是父母的本能，如何爱孩子却是父母的本领。这世上大多父母对孩子的爱是自私的，大多是简单粗暴的。大多父母看似为了孩子的未来着想，实质是为了自己的虚荣心，满足自己人前的面子。大多数父母不知道孩子心里想的是什么，只是一味地要求孩子必须做什么。我为你付出那么多，你为什么不给我争口气，你就应该好好学习。好多孩子对父母苦情式的教育，苦闷而又彷徨，苦恼而又无助。家校共建，刻不容缓！

我的一位领导，也是我的哥哥写给我的一封信，感动着我，警醒着我，也引导着我前行的方向，现摘录如下：

国家提倡实施素质教育，抓核心素养。真正的教育过程应该是像传统农业那样要深耕细作，而不是像工业，用一个模具制造出一模一样的产品。我们小的时候，老百姓种庄稼前先把地上的杂草清除掉，再均匀撒肥，深翻耙碎平整好才播种。现在正好反过来了，草不除，耕得浅，只施无机肥，不用有机土杂肥，导致土壤板结，庄稼的根系无法吸收到水肥。平时不精细管理，提前预防病虫，等到闹虫灾了再下重手猛喷药。虽然庄稼高产，但粮食的味道变了，吃了还对身体有害！

我们学校现在教出的孩子，就像现在的农民种出的庄稼，好看、产量大、个头高，但不经风雨，味道差！

真心希望你带领你的团队，用好你的文化引领理念。

文化引领是制度的刚性约束，是深厚的教育情怀，是科学先进的教育理念和有效的课堂教学，是真挚的人文关怀，是弯下腰来身份平等的心与心的交流。一日之计在感情，十年之计在制度，百年之计在文化！

高效课堂，从学习方式的转变开始（2020-09-26）

2020年9月24日。茌平区"区域联合教研"在茌平区第一中学召开。地理区域教研活动分同课异构和集体研讨两个阶段进行。茌平一中张海翔老师和茌平三中王翠翠老师执讲《内力作用及地表形态的变化》。两位老师的课堂异彩纷呈。

张老师驾驭课堂游刃有余，信手拈来。课堂立意有高度、有深度、有境界，听来如沐春风。课堂最大亮点：教学不是给予，而是引导学生一步一步地去发现，充分体现了教师的主导作用和学生的课堂主体地位。板块的边界类型和构造地貌，张老师通过大小不同的小汽车来演示，让学生去发现、去探究，形象直观，既激发了学生的学习兴趣，又启迪了学生的思维。为说明背斜顶部受张力的作用，采用折小木棍的方式来说明，别出心裁，效果良好。自制教具是张老师的课堂特色，也是其落实地理实践力的亮点。王老师的课堂朴实无华，非常接地气，高考要求落地生根，课堂效果非常明显。读一读、问一问、思一思、议一议、说一说、做一做等传统的教学手段永远都不过时。

区域教研第二个阶段——集体教研。

区地理教研员张华老师，就如何"确定课堂教学目标"引导老师们结合两节课进行集体教研。

如何确定课堂教学目标？

数量精简。一堂课不超过三个教学目标。

定位科学。教学目标的制定必须依据课标和学情制定，贴近高考，适合学生实际学情。

要求明确。教学目标必须有不同程度的动词来界定，如识记、理解、应用等。

识记：层次较低，要求记住，会背就行了。

理解：就是要求能够领会，不仅要知其然，还要知其所以然。

应用：层次最高，要求不仅能够理解，并且要融会贯通，运用知识，解决一些比较复杂的，或者与生活密切联系的问题。高效课堂必须从学生学习方式的改变开始。传统课堂的"教师的讲""学生的听"是低效的。高效课堂中，学生一定是学习主体，学生一定积极参与，学生一定高度紧张，学生一定思维活跃。

校如棋局（2020-09-27）

一所学校如一盘棋局。学校管理实际上就是在下一盘棋，个中道理有诸多相似的地方。全校上下一盘棋。独行者快，众行者远。校长是一所学校的核心，应该把全校师生紧密团结在自己周围。校长的凝聚力在于高尚的人格魅力和深厚的专业素养，而不在于政治手腕和上不得台面的所谓御人伎俩。学校不是官场，校长也不应该是政客。校长应该是全校师生的服务者，是为教师倒水、搬板凳的人。校长最重要的工作，是让老师生活无忧，安心工作；其次才是业务指导、工作安排。

优秀的校长会放手让下属干工作，而不是指指点点。干好，成绩是下属的，不会与下级争功；干不好，责任是自己的，不会让下属挡枪。

学校发展有规划。下棋高手目光长远，走一步看五步，不计较一城一池的得失。所谓不谋全局者，不足以谋一域；不谋万事者，不足以谋一时。校长应该胸怀世界，家国天下，做一个大气派的人。校长应该谋不可众，利不可独，做一个高格局的人。实施有温度的教育，让师生幸福，这才是教育最真的模样，也是一个校长最应该做的。

依法治校，学校必须讲规矩。每个人必须有一个准确的定位。不要逾矩，也不能越位，否则秩序就会乱套，阴阳颠倒，乾坤错位。

校如棋局，人同棋子。你是"炮"就要隔山打物；你是"车"就要长驱直入；你是"马"就要跨日出击；你是"卒"就要步步为营。位置不同，责任不同，摆正位置，做好自己的分内之事，管好自己的人，看好自己的门，办好自己的事。分不清职责，定不好位置，这是干工作的大忌。学校是教学的地方，教学务必实实在在、踏踏实实，不能走形式、搞过场，社会上那一套在学校不能出现，否则只能误人误己。

基于核心素养下的听评课（2020-09-27）

核心素养成为深化课程改革的关键词，教材和教学都应当以发展学生的核心素养为纲。围绕发展学生的核心素养改进听评课活动，可以有效提高教学质量。

一、基于核心素养的听评课

1. **教学目标**。课堂没有预设就没有生成。听评课要从关注"三维目标"转变到关注"核心素养"。关注核心素养，不仅要关注具体学科核心素养，还要关注更上位的学生发展核心素养，要更加关注育人价值。这节课这么上有没有育人价值？有什么育人价值？

2. **教学内容**。选择什么样的内容来达成目标，我认为要实现从关注学科概念到关注核心概念和跨学科概念的转变。

核心素养是综合性的，跨学科概念对于学生形成核心素养非常重要。听评课活动中，要关注执教教师是否重视学科核心概念和跨学科核心概念。

3. **教学活动**。听评课时应该从关注探究转变为关注探究与实践，既关注探究又关注实践。探究主要是要解决"是什么"和"为什么"的问题，是关于自然界现象的一种解释；而实践是要解决生产、生活中需要解决的实际问题。科学教育在重视探究的同时也要重视实践。

4. **教学方式**。在情境创设方面，要关注作为导入环节的情境设计到作为问题解决型学习任务的真实情境的转变。过去我们评价一堂课的情境创设，往往看导入环节是不是设计得巧妙、生动，是不是能够引起学生的兴趣。但按照核心素养的要求，作为情境创设要尽量真实。所谓真实，就是指在现实生活、科学研究中真实存在的情境。

过去，我们要培养学生的创新精神、批判性思维。现在，必须要让学生产生疑问、提出问题，然后去分析解决问题。能不能让学生在更多思考的基础上提出问题，应该是听评课重点关注的部分。

5. 教学评价。教师在教学过程中是怎样评价学生的？有哪些手段、做得怎么样？在这方面，听评课要实现从关注评价的促学功能到关注评价的育人功能的转变。

二、从听课到课堂观察：观察什么、怎么观察

关于听评课，比较专业的说法叫课堂观察。观察什么？怎么观察？

观察什么呢？崔允漷教授曾指出课堂观察的四个维度：学生的学、教师的教、课程实施、课堂文化。

怎么观察？包括课前准备、课上观察和课后交流三个方面。听课者在课前的准备非常重要，如果不准备，往往收获很有限。比如，如果观察的主题是提问，要把提问解构成若干个观察点：提问的数量、类型、层次，提问的目的、提问的方式，学生回答的方式、类型，教师候答的时间，教师理答的方式……

三、关于一堂好课的标准

好课没有标准答案，但有共同要求，那就是以学生的发展为本，以提升学生的核心素养为旨归。

第一，知识要学活。

第二，思维要活跃。能不能调动学生的思维、激活学生的思维是非常关键的，学生如果只是被动地听老师讲，那肯定活不起来。

第三，思维要灵活。如果思维总是钻牛角尖，不会换角度来思考，没有发散性，那种思维再活跃也不行。

第四，要有有效的学生活动。学生活动既要包括探究活动，又要包括实践活动。

第五，要联系现实生活。即使学习非常微观的内容，也要联系现实生活。

第六，启迪人生，引导学生创造未来生活，这是最高的要求。

还不了你一个青春，就给你一个未来

（2020-09-28）

今天上午在高一（5）班听课，随手翻看了学生的《成长记录》，一句话让我眼前一亮："我还不了你一个青春，那我就给你一个未来。"这句话是迟连策同学在《给母亲的一封信》中写的一句话。连策感恩父母的含辛茹苦，因妈妈日渐增多的白发感慨而发。他立志发奋读书，以优异的学业成绩来回报父母。连策在《成长日记》中还给弟弟写了一封信。言辞谆谆地嘱咐弟弟务必要好好学习；务必要听妈妈的话；务必要照顾好奶奶；务必要中午和晚上给爸爸打一个电话；务必迁就姑姑家的表弟。还承诺弟弟，放假回家后，请弟弟吃饭、给弟弟发红包。连策的《给爸爸的一封信》，或许由于学习紧张，还没有写完，但已情透纸背，感动满满。

感人心者莫先乎情。有了情，就有了感动。多么懂事的孩子！多么有责任心的孩子！孩子的世界，或许我们大人永远不懂或许正是因为我们的不懂，才有了家长和孩子间的代沟，才有了孩子的叛逆，才有了父子间的战争、母女间的争吵。批评孩子时，我们一定要把自己当成孩子；表扬孩子时，我们一定要把孩子当成大人。孩子不是我们的私有财产，更不是我们扬眉吐气、人前显贵的工具。孩子，只不过是借助我们来到这个世上。孩子成全我们，让我们成了父母，而不是我们成全了孩子，让他们成为孩子。

每个孩子生来都是一座金矿，只不过我们视而不见。在与别家孩子的比较中，暗淡了金矿的光辉。

问题孩子的背后一定有个问题家庭，或者有个问题父母。因为，家庭是孩子的第一所学校；父母是孩子的第一任老师。

双语（英语、汉语）《成长日记》是聊城正泰翰林高级中学学生管理特色。

《成长日记》一举三得。

其一，《成长日记》提高了学生英语和汉语的作文能力和书写水平。

其二，《成长日记》是学生心情倾诉和压力宣泄的对象。多年之后，更是学生美好回忆的承载。

其三，《成长日记》是师生交流的纽带。学生学习时间紧，教师教学任务重，师生间交流的机会少，《成长日记》正好弥补了师生间的时间差，有利于班主任老师了解学生的思想动态，及时发现问题，采取解决措施。

高一（5）班班主任高琳琳老师的评语既有中肯的批评与鞭策，又有激扬的表扬和鼓励，春风化雨，对学生的关爱在文字间跳跃，在岁月里闪光。琳琳老师，为你点赞。

闲置了诗情，只剩下远方（2020-09-30）

今天下午第二节课后放假。最高兴的是孩子们。每个孩子的脸都灿烂成一朵花。或许，兴奋早已开始了好几天。9月6日，军训结束时，孩子们回家休整了一晚上。连续三周的学习把孩子们给憋坏了。

老师们连续一个月也没有休息了。校园静了下来，鸟儿的歌唱很是动听。入职翰林，披星戴月不再是一个成语，而变成了一种生活。

中午在办公室眯一会儿，沙发不仅是用来坐的，还是用来睡的。入职翰林，就没有陪妻子吃一顿饭。

家，变成了宿舍。妻子埋怨说："你卖给了翰林！"

我说："怎么说卖给翰林，应该是送给了翰林，卖的话是要收费的，可我们没拿一分钱。"妻子无奈地苦笑。手机里，全是翰林高中的学生和老师的照片。每天不是备课、上课，就是听课，满脑子除了工作还是工作。生活怎一个充实了得。

浪淘沙·孤独暗生

寂寞了心情，夜静楼空。
草香浓浓秋虫鸣。
月冷辉凉桂花轻，闲愁暗生。

抛却这浮名，难舍曾经。
疏影横斜月弄影。
回眸一盼若惊鸿，莫道无晴。

每个孩子都渴望成功（2020-10-05）

新入职班主任如何去管理班级，分享如下。

第一，依法治班，制定严格的纪律。无规矩不成方圆，接手新班级必须制定严格的纪律，让学生知道什么该做，什么不该做，从而形成好的学习习惯、积极向上的班风。

第二，走近学生，尊重每个孩子。严格的纪律，在人性化管理下才能发挥最大的效果。班主任要从内心里去欣赏每个孩子，发现他的优点、赏识他的努力和进步。各任课老师尊重每个孩子，认真备课，调动学生们的积极性。对重点学生要跟踪辅导，走到学生身边，走进学生心里，在不断的鼓励下，孩子们表现越来越好。

第三，反复强化，落实是关键。班级管理缺乏的不是制度，而是对制度的不折不扣落实。一个习惯只有经过反复强化，坚持21天方可形成。海尔总裁张瑞敏曾说："把简单的事情做好了，就是不简单；把平凡的事情做好了，就是不平凡。"我们所缺乏的就是坚持，坚持下来就是胜利。

第四，家校共育，形成教育合力。孩子的教育，家长绝对不能缺席。家长，比教师更了解孩子，及时把孩子的具体情况告诉老师，有利于提高教育的针对性和时效性。只有家长和老师站在同一战线，共同对孩子负责，才能帮助孩子走向成功。家长的眼里只有一个孩子，而老师眼里有所有孩子。家长要体谅老师的难处。一个孩子在老师眼里可能是几十分之一，但在家长眼里却是百分之百。老师也理解家长的心情。

严在当严之处，爱在细微之时！我们要用赏识的眼光看到每个孩子的优点，也要能清楚地看到孩子们身上的不足。一个孩子的成功取决于家庭、学校和社会的合力。只有家校共同努力、彼此信任，才能托举起一个孩子的明天！

菩萨心肠，霹雳手段（2020-10-21）

所谓管理，就是刚性的"管"和人性的"理"。总而言之，就是菩萨心肠，霹雳手段。"管"，就是制度约束，规则强制。学校要形成一套完善而又操作性强的规章制度，让师生行有所规，言有所矩。有了制度，关键就是落实。我们最缺乏的不是完善的制度，而是制度不折不扣的落实。制度的落实离不开霹雳手段，雷霆措施。惩的目的是"戒"，不仅让当事人"戒"，也要让其他人"戒"，不能"戒"的惩罚伤人伤己，徒害无益。"理"，就是人性化的管理，以人为本，菩萨心肠。想师生之所想，及师生之所及。为教师成长搭台，为学生的腾飞奠基。三等校长管门岗房，二等校长进课堂，一等校长进心房！

马云说校长有三大任务：学校未来规划；组织机构和文化建设；教师的专业成长。学校要行有温度的教育，育不设限的生命！"给孩子最适合的教育，让每个孩子成为最好的自己"是我们的办学理念和不懈追求。只有梦想才能点燃梦想，只有幸福才能成就幸福。只有教师幸福，学生才能幸福，教育才能幸福！

学校要关注教师的工作与生活，为教师创设良好的工作环境，为教师排忧解难，只有解除教师的后顾之忧，教师才能安心工作，幸福教育！

立足高考的教育，是功利的、短视的教育。瞩目未来的教育，才是真正的教育。立足孩子的长远发展，植根孩子的人生幸福，让孩子学会生活、学会健康、学会幸福。这才是"以人为本"的"理"的精髓要义、核心主旨。

管理就是领导的决策力和教师的执行力的完美结合。施有温度的管理，办有幸福感的教育，我们一直在努力！

再访杜郎口中学（2020-10-23）

十二年后，再访杜郎口中学，她已经由一所学校成长为教育集团，杜郎口高中今年首次招生。杜郎口高中的早操是5:45，为了能观摩早操，凌晨4:30起床，简单洗漱，接上陈、田两位校长，5:00准时从县城出发，驱车东行。黎明前的夜色浓得还没有化开，启明星在车窗上闪闪耀目。深秋黎明前，冷意横生，不免让人瑟瑟，如临霜的芦花。

5:27到达杜郎口中学。有几个学生跑步进入教室，匆匆晨读。有个学生边跑边用毛巾擦拭着头发，可能是刚刚洗过头。教室里的学生渐次多了起来，没有闲聊，时间在学生看来如赶飞机般紧张，各自专注晨读，好像教室里的同学都是陌路人。

5:45，早操在夜色中开始，没有体育老师的统一指挥，各班体育委员就是早操长官。随着带头班级体委的"起步跑"，跑操开始。没有音乐，整齐划一的踏步声音打破了黎明前的寂静，也开启了学生一天紧张有序的学习。这种场景，曾在衡水中学的参观学习中常见，但与之不同的是，衡中有体育老师的统一指挥，有激扬的跑步音乐。相同的是，两个学校的早操都在夜色的笼罩下进行。真正令人震撼的是杜郎口的无声就餐。晨读后，学生排队到餐厅就餐，边走边齐声诵读诗词。到餐厅楼下，四列纵队分成两路到水管处有序洗手（学生餐前必须洗手），然后单排有序到二楼就餐。

值日学生已经分餐完毕。学生到自己固定的位置上就餐，没有嬉笑闲谈，更没有喧哗打闹，杜郎口的学生吃饭都那么专注。吃完饭，每个学生用自己的专用抹布把餐桌擦拭干净，把餐盘和碗筷放到指定位置。收残桶变成了摆设，学生们都是光盘行动。

学校的德育教育渗透到学生生活和学习的每一个细节。细微之处见真教育。用餐时间十六分钟左右。值日学生负责把地面拖干净。一顿饭没有见到一个餐厅工作人员。学生的自主管理可见一斑。

教师展示，一直是杜郎口中学的保留项目，一坚持就是十几年。教师展示，上午、下午课前共进行两次。

展示第一阶段是韵律健身舞。张代英校长和老师们一块儿舞动青春，舞出健康，也舞出了教育者的激情。律动的音乐、优美的舞姿，我们也深醉其中，陈校长也情不自禁地踩着乐点陶醉。

第二阶段是文本和才艺展示。一位新入职的地理老师文本展示了地理知识，并精彩演绎了一首流行歌曲。还有一位语文老师文本展示文言文诵读，才艺分享了电视剧故事。杜郎口中学的老师们幸福地教育学生，同时也在享受着教育的幸福。我所苦苦寻觅的幸福教育答案就在眼前。学生学习的敌人是依赖，教师教学的悲哀是包办。学生是学习的主体、主角、主人。杜郎口中学把时间还给学生，把空间还给学生，把自主还给学生，把快乐还给学生，满足学生的表演欲，使学生得到认同感，获得成就感，激发学生的学习兴趣。让学生的自我价值得到体现，增强了学生的学习动力。杜郎口的课堂是激情的课堂，是展示的课堂，是学生探究的课堂。教室的墙壁里里外外是黑板，黑板是学生的作业本，是学生的展示台。杜郎口的课堂激情四射，绝无走神和瞌睡现象，学生时刻如张满的帆、上足的弦。杜郎口除了先进的教学理念，还有科学的教育理念。学校不仅立足高考，还为学生的终身发展奠基。自己的事情自己做。学生力行自主管理、自我服务，早操、就餐、就寝等皆有体现。以人为本，关注生命。这才是教育最初的模样。或许我们已经走得太远，以至于忘记了为什么而出发。再访杜郎口，让我找到了教育的初心，期待与你下次相见。

感谢张代英校长，感谢韩士义校长，感谢张彬校长，感谢杜郎口中学。不说再见，还会再来！

没有瞌睡的课堂（2020-10-24）

高效课堂一定是学生高度活跃的课堂，思维活跃、眼睛活跃、嘴巴活跃、手脚活跃，总而言之，高效课堂一定要让学生动起来，片刻不闲。刘佳老师的地理课堂就是"动"的课堂。听课所思，汇总如下。

拍拍手，画重点。课堂上，只要刘老师拍拍手，学生就明白老师的意思，开始画重点了。无论是课本还是教辅，画出重点，让学生的学习目标具体而又明确。

抬抬头，长精神。一堂课，刘老师数次让学生抬头看黑板、看白板，甚至让学生看自己。其目的就是避免学生瞌睡，让学生始终在自己的宏观调控之下。

站起来，背一背。需要记忆的知识点当堂讲解，立即记忆，当堂达标。大声背诵知识点，学生必须站着。一堂课，学生可能起坐数次，精力高度集中，最大程度避免学生分神和瞌睡。

拿张纸，默一默。为了掌握全班学生的达标情况，尽可能做到全面覆盖，课堂让学生默写。

多层次强化记忆效果。对于教学重点，先让学生背一遍，再让学生说一遍，然后让学生默写一遍，最后让学生查阅课本增强记忆。识记、口述、默写、核对等多层次检查措施联合强化记忆效果。特别是最后核对课本，对比正确答案，充分利用学生默而不得的急切心理，使学习效果大大提高。

课堂引入清新靓丽。好的开端等于成功的一半。一节课引入得好，可以引人入胜，起到事半功倍的效果。一堂课的引入就像一篇文章的"凤头"，要清新靓丽，让人眼前一亮，兴趣油然而生。刘老师采用诗词（李煜的"一江春水向东流"，和李白的"黄河之水天上来，奔流到海不复回"）引入，既有诗意，又切合本节课的主题，激发了学生的学习兴趣。

高效的课堂，学生是主体，是主角，是主人。课堂上，教师必须调动学生的学习积极性和主观能动性。课堂上教师的连续讲解时间最长不要超过十分钟。学生自己能解决的问题，教师决不能包办。学生要尽可能地自主学习，自主学习的四大秘诀就是：任务要具体、落实要到位、检测要严格、奖惩要适度。自主学习中，教师就是任务的布置者、问题的点拨者、落实的检查者、奖惩的落实者。

教师要做唐三藏，学生方成孙悟空。

水深不语，人稳不言（2020-11-16）

很欣赏的一句话："人生在世，有两种事应该尽量少干：一是用自己的嘴干扰别人的人生。二是靠别人的脑子思考自己的人生。"闲谈莫论人非。最讨厌，家长里短，蜚短流长，对别人指指点点。子非鱼，焉知鱼之乐！你没有生活在别人的世界里，更没有资格对别人妄加评论。别人的生活，你不懂，也与你毫无瓜葛。凡事要有主见，别人的脑袋解决不了你的事情。鞋舒不舒服，只有自己知道。自己的生活，自己做主。做人做事，凭的是良心，把得住原则，守得住底线。

仰不愧于天，俯不怍于人！不必解释，也无须辩解。昔日寒山问拾得曰："世间有人谤我、欺我、辱我、笑我、轻我、贱我、恶我、骗我，如何处置乎？"拾得曰："只是忍他、让他、由他、避他、耐他、敬他、不要理他，再待几年，你且看他。"

时间无言，能解决一切事情，什么都会输给时间。不争不抢，不疾不徐，不嗔不怒，不悲不喜，不近不远。拈花一笑，婆娑释然。

干好自己的事，何须多言！守住自己的心，沉默是金！

用文学浸润，用法制警示，用规划引领（2020-11-21）

2020年11月21日下午第三四节自习，三个会议依次进行。

一、翰林湖畔文学社成立大会

翰林湖畔文学社成立，是继"宏大杯·阳光少年"中学生作文大赛之后，茌平区教育界和文学界又一盛事。今年8月，在作文大赛的启动仪式上，我提出建议，希望学校建立文学社，培养学生读书、写作的好习惯，让孩子们多一些书卷气，少一些铜臭味。婆娑红尘，最美还是书卷气。翰林湖畔文学社，由聊城市茌平区正泰翰林学校书记孔祥庆书记亲自取名。正泰翰林位于天鹅湖畔，"湖"灵性婉约，自古就有"文思泉涌""上善若水"之说，皆与水有关；"畔"厚重实在，由湖到陆，由文学的唯美浪漫到生活的烟火气息，很是清新靓丽，也很接地气。翰林湖畔文学社，由聊城正泰翰林高级中学语文组负责具体筹建，语文组组长李丽老师做了大量准备工作。感谢语文组的辛苦付出，感谢茌平区作家协会的鼎力支持。滋兰树蕙，永续华章。愿翰林湖畔文学社，在正泰翰林学校这片沃土上开出芳香高洁、清纯婉约的花儿，结出红彤彤、黄澄澄的果儿。

二、法制报告会

茌平区人民检察院曹应冰检察官给学生们做了一场别开生面、精彩生动的报告。曹检察官讲了四个案例：冲动误伤、哥们义气、早恋恶果、网络沉迷。案例具体生动，深入浅出，以案释法，依法论事。感触最深的是，曹检察官对"面子"做了精彩的定义。所谓面子，就是你的行为、能力必须要和你的社会地位相匹配。一名检察官的面子就是以事实为依据，以法律为准绳，公平公正地审核案件；一名教师的面子就是精研业务，高效施教，关爱学生，为党育人，为国育人；一名学生的面子就是遵规守纪，刻苦学习，成绩优秀，做一名优秀的社会主义事业接班人。为更好落实报告会精神，我对同学们提出以下要求：一是希望同学们加强学习，全面发展，严格遵守国家的法律法规、学校的校纪校规，使自己成为一个遵纪守法的人。二是希望同学们从我做起，从小事做起，从现在做起，珍惜青春芳华、美好时光，自爱、自重、自勉、自强，做一个对社会有用的人。三是希望同学们做文明人，说文明话，行文明事，在最合适的时间里做最应该做的事，做一个温文儒雅的人。四是以"面子"为题，写一篇听后感，思考探讨什么才是真正的面子。

三、生涯规划讲座

"生涯规划讲座"，主讲人李金鹤院长。李院长是求学宝高考报考研究院首任院长、首席专家，人民网、中国教育在线、新浪（腾讯、网易、搜狐）网教育频道高考专家组成员，众多教育机构志愿填报首席讲师。

幸福生活是奋斗出来的，幸福生活也是规划出来的。

既要埋头拉车（学习），也要抬头看路（规划）。

古人云：富不学，富不长；穷不学，穷不尽。要想改变口袋，先要改变脑袋，问心做事。旅游需要导游，人生也需要导师。

没规划的人生叫拼图，有规划的人生叫蓝图；没目标的人生叫流浪，有目标的人生叫航行！

大树底下不长草（2020-11-22）

今天的联考表彰暨家校共育会，会期周一就确定了，会场也预定在操场。前两天的冬雨让气温骤降。小雪节气，雪虽未至，气温已到冰值。几经勘察和讨论，第一会场定在学校餐厅一楼，第二会场在各班教室。第一会场，内容主要是颁奖和优秀代表发言。第二会场，学生成绩分析（包括中考在内的五次成绩对比）、家校交流。

关于孩子的教育，随想总结如下。

大树底下不长草。家长、老师好比大树，学生好比小草。家长、老师事事包办，孩子永远不会长。小鸡必须自己啄壳而出，蚕蛹必须自己破茧成蝶，外界的帮助，看似爱，实则是害。

教育是农业，不是工业。每一个孩子都是这世界上的唯一，有的是花，有的是草，有的是树……孩子们的花期不同，不能比，更没有必要比。教育孩子是农业，要不违农时，要遵循规律，要因人而异，要百花齐放，要万紫千红，要静等花开。教育不是工业，更不能是生产线，产品都是千人一面，毫无个性可言。现在的教育模式，是工业化时代卖方市场的产物。后工业化时代是买方市场，个性化要求多种多样，这就使得教育也必须改变现状，办适合每一个孩子的多样化教育。

家长必须和孩子共同成长。家长必须放下手机，拿起书，和孩子一起学习，共同进步。家长必须努力工作，谨言慎行，事事做榜样，时时当楷模。而不是提要求、横指责，要指方法、会欣赏。家庭是孩子的第一所学校，父母是孩子的第一任老师。每一个熊孩子的背后，必然有一个或者两个不靠谱的家长。有的家长做榜样，有的家长做教练，有的家长做保姆。

越自律，越自由；越努力，越幸运。成绩优秀的孩子，一定是一个自律的孩子。懂得自我约束，才会有更大的发展空间，才会有更自由的人生。天道酬勤，越努力，越幸运！机会往往垂青那些时刻准备的、勤奋的人。

雨天没伞，别无选择，只能努力奔跑！牌不如人，抱怨无益，只有技高一筹！

人生就是一个字——熬（2020-12-18）

　　人生就是一个熬字。学生都要冷桌子热板凳地去熬，披星戴月、宵衣旰食地去熬，趋之若鹜般去追赶一场鲤鱼跃龙门的赛事。唐僧师徒，熬过了九九八十一难，最终熬成了佛。成功的路上并不拥挤，因为能熬到最后的人并不多。很多人都知道竹子定律。前四年，竹子仅仅长了3cm。而从第五年开始，竹子以每天30厘米的速度快速成长，只用了短短六周，就长到了15米的高度。竹子定律告诉我们，人生不仅需要储备，更需要熬，熬过那3厘米，才能出人头地。

　　激情早读，初见成效。自习督导，学习秩序井然。一天三次的跑操，不仅让学生跑出了士气，还跑出了健康，跑出了学习效率。老师们与学生一起跑，让激情点燃激情！我们不做哗哗作响的溪流，我们要成为静水流深的大海。干与不干看表格（过程用表格说话），干好干坏看数字（凡事量化，用数字说话）。凡事有布置，有方案，有检查，有量化，有反思。让过程更加完美，结果才会不留遗憾！

　　生而为人，必要有所为。或立德，或立言，或立功。人生，无非轰轰烈烈大干一场，然后大笑一声，扬长而去。感恩给我们搭台子的贵人，是他们给了我们干事创业的舞台。不忘初心、砥砺前行，牢记使命、枕戈待旦！一个人一生属于自己的机会并不多，机会来了，必须牢牢地抓住，殚精竭虑，倾命而为。这或许就是"士"的情节。

　　我们必须创造性地、积极主动地开展工作。有为才有位，而非有位才有为。张爱玲曾说过：出名要趁早。我认为，干事创业更是如此。

　　每日之始，今天要做的几件事按轻重缓急排出顺序。每日睡前，反思检点一下一天所为有何所失，有何所得。每天反思自己，只有不断修正自己，才能完善自己。人生就是一个不断自我完善的过程。

　　我一直坚信，管理就是"赋能"。给干部赋能，搭台子，压担子；给教师赋能指方向，教方法；给学生赋能，激潜能，注动力！

　　管理就是严肃的爱。管理就是做好无数小的细节工作。

　　管理就是决策、落实和坚持。管理就是率先垂范。

　　凡事就是一个"熬"字。熬得住，最终会出彩；熬不住，中途就要出局！

于无声处响惊雷（2020-12-25）

聊城市教体局小学教研室冯明才主任视导我校后谈了三点感受。

区委区政府领导对教育的高度重视；翰林学校硬件设施高端、大气，有档次；学校领导有先进的教育思想、浓浓的教育情怀。然后冯主任从办学思路、学校文化、阳光体育、高效课堂、学生才艺等五个方面，对我校做了精彩的解读。

一、正确认知教育，明确办学思路

1. 什么是教育？

教育不能急功近利，更不会一蹴而就，教育是慢功夫。教育是农业，不是工业，更不能批量生产。教育就像一粒种子，需要土壤，需要阳光雨露，慢慢地破土萌芽、拓枝散叶，然后开出芳香美丽的花儿。教育是慢的艺术，需要耐心等待，静等花开。

2. 如何办好一所学校？

办好一所学校有三大法宝：思想、落实、坚持。

首先，学校从领导到教师必须统一思想，提高认识，形成合力。其次，学校必须把顶层设计落实在教师的行动上，教师再贯彻到学生身上，让学生有获得感和幸福感。第三，关键在落实，学校各项工作从不好到好，从不规范到规范，一直要坚守下去，矢守一生。创业不易，守成更难。

二、文化是学校的灵魂

翰林学校走廊文化做得很好，一层一主题（思想道德、传统文化、现代科技、祖国河山、放飞梦想），层层有特色。

一所学校必须注重文化建设。校长有六大职责：规划学校发展，建设育人文化，领导课程教学，引领教师发展，优化内部管理，调适外部环境。2019年6月23日发布的第26号文，《中共中央国务院关于深化教育教学改革，全面提高义务教育质量的意见》指出：学校要文化育人、课程育人、实践育人、协同育人。文化育人排在了第一位，可见营造育人文化的重要性。学校文化可分为物态文化、制度文化、精神文化，也可分为校园文化、走廊文化、班级文化、办公室文化、功能室文化等。文化，就要文而化之，内化于心，外化于行。文化，会让人产生思想；不同的思想产生不同的行为。文化不仅仅是挂在墙上，更要渗透在全校师生的血液中，铭刻在全校师生的骨子里。

三、立德树人，五育并举

阳光体育无论是理念还是做法都很好。四年级上学期设立阳光体育超市，让学生自由选择。四年级下学期明确选择，照顾了学生个体差异。体育教师在进入操场前，必须提前进入角色，教师的一举一动、一颦一笑必须透着十分的精气神。教师，既是力量的代表者，也是形象的代言人。面容有微笑，行动有力量。体育课必须让学生养成锻炼意识，并上升到生命的高度。热爱运动，就是热爱生命；拥有健康，才能拥有未来。

2019年6月23日的第26号文，《中共中央国务院关于深化教育教学改革，全面提高义务教育质量的意见》提出了学校的三项重要工作：

第一，树立德育为先、全面发展、面向人人、知行合一的教育质量观。

第二，构建德智体美劳全面培养的教育体系，突出德育实效，提升智育水平，强化体育锻炼，增强美育熏陶，加强劳动教育。

第三，着力在坚定理想信念、厚植家国情怀、培养奋斗精神、增强知识见识、提升综合素养上下功夫。

四、以生为本，创建高效课堂

1. 强调握笔姿势，狠抓立规养习。

必须规范学生的坐姿、握笔姿势，严格落实"一尺一寸一拳头"的要求。关注孩子的视力，重视孩子的身体健康。立规养习要狠狠抓，时时抓。全体老师协同抓，形成合力。

2. 教师必须树立"以学生发展为主"的理念。教师是课堂教学的组织者、引导者、参与者。课堂上，学生必须动起来，用眼去观察，用手去书写，用口去表达，用脑去思考，多个器官都调动起来。"教师讲，学生听"的教学方式是物理变化，知识从教师的大脑到了学生大脑，只是位置的变化。"学生亲自去做，去发现"，是化学变化，这才是学习的真正发生。

3. 关于高效课堂的经典三句话。

第一，愉悦和谐是基础，积极主动是核心，全面发展是目的。课堂的全面发展，就是"知识与技能，过程与方法，情感态度和价值观"的全面发展。

第二，把目标带进课堂，让内容走进生活，把方法交给学生，让师生充满激情。教师要用激情点燃激情，用精神振奋精神，用品格提升品格，用素养助力素养。

第三，施教之功，巧在激趣，妙在授法，重在练化，贵在养习。

五、百花齐放的学生才艺

学生诗词背诵，不仅要背、背熟，还要张口就来、灵活应用。多搭建展示的平台，让孩子不仅熟练背诵，还要声情并茂、绽放生命。关于才艺展示，孩子表演的不应该只是技术，还要是音乐的律动，"转轴拨弦三两声，未成曲调先有情"。学生的才艺，要注意其普惠性和竞技性的区别。像跳绳、背诵等活动，可以开发为校本课程。

没有问题，就是最大的问题（2020-12-29）

每天到学校的第一件事就是到教室转一转，看一看班主任的到岗情况，看一看学生的学习状态，总能发现一些问题。

天亮之后再到校园里转一转、宿舍里转一转，也总能发现一些问题。

把问题一一记下来，反馈给具体的负责人，限时整改。每天，中层领导都应该定时地到自己负责的部门或场地去看一看，发现问题，解决问题。班主任，每次到班级，至少要发现一个问题；否则，这一趟几乎就失去了意义。没有发现问题，是工作的最大问题。发现问题需要高度负责的工作态度。只有想着把工作干好的人才能发现问题。得过且过、敷衍塞责的无心之人永远看不到问题。只为成功想办法，不为失败找借口。

发现问题，需要敏锐干练的工作能力。中层干部首先要详知自己的工作职责和工作要求。班主任要知道学校班级管理的具体要求。发现问题必须要有敏锐的观察能力。班主任到班级，一定要看一看桌椅是否整齐，卫生是否洁净，物品是否整齐；学生精神状态是否饱满，学习是否专注等。

一个好班主任，就是一个好班级。班主任的磁场就是班级的气场。学生的言行一定有班主任的影子。班级，是学校的基本单位。班主任，学校发展的中坚力量。

一个教师没有问题就不会进步。一个领导者没有问题就不会提升。

我们必须要有问题意识，工作要在发现问题、解决问题中推进，能力也会在发现问题、解决问题中得到提升。增强问题意识，让每一分钟的工作时间功效都发挥到极致，这就是工作效率。

激动而又幸福的泪水（2021-01-03）

2021元旦贺词，字字珠玑，掷地有声。"征途漫漫，唯有奋斗"，这是前进的号角。"三牛精神""为民服务孺子牛，创新发展拓荒牛，艰苦奋斗老黄牛"，这是时代的召唤。

人活一世，绝对不能草木一秋，必须为尘世留下点什么。人虽离开江湖，但江湖还要有我的传说。一个人一生干事创业的机会并不多，有了机会必须牢牢把握，干出一番成就来。今晚，和明阳校长聊天，我们达成了这样一个共识。明阳校长有想法、有能力、有思路、有干劲，多才多艺，脚踏实地，谦恭好学，关键有一腔干事创业的热血豪情。曾经看到明阳两次落泪。第一次，聊城市教育教学工作会上，衡水十三中的励志视频，明阳坐在我右侧，唏嘘有声，这是感动的泪水。第二次，12月31日下午，元旦文艺汇演，明阳用右手摸了好几次眼睛。落泪的，不只明阳一个人。我们这是激动的眼泪。

自8月31日开学，122天以来，我们与孩子们朝夕相处，同学习，共生活。早操、早读、早餐、上课、午饭、午休、上课、晚餐、晚自习、晚就寝，不分昼夜，一直守候。从挥汗如雨的夏日到秋高气爽的秋夜，再到滴水成冰的冬季，我们见证了孩子们的点滴进步，也倾注了我们无微不至的心血付出。看着孩子们精彩的节目、出色的表现，澎湃着我们的心潮，也激动着我们的泪水。只有刻骨铭心的辛苦付出，才有难以克制的夺眶泪水。

2021，艰难方显勇毅，磨砺方得玉成。敢于创新，下先手棋。狭路相逢，打舍命仗。

2022，我们来了。我们一定发挥老、中、青队伍的梯队优势，赋能管理，激发年轻教师的青春活力，点亮莘莘学子的锐利朝气，形成"九牛爬坡，个个出力"的奋斗合力。

我们来了。改变从现在开始，学习仰望星空的情怀，凝练穿山越海的眼光，修为海纳百川的胸襟，领悟高屋建瓴的思想，行稳致远，未来可期。

点亮自己，光明前程（2021-01-14）

子曰："德薄而位尊，智小而谋大，力小而任重，鲜不及矣。"

南怀瑾说，人有三个基本的错误不能犯：德薄而位尊、智小而谋大、力小而任重。

入职翰林，一直在努力的路上。"做什么"和"怎么做"是一直在思考的两个问题。

"做什么"——仰望星空。作为校长，必须"仰望星空"。既要观全局，还要知未来，更要站得高、看得远、想得深。"不谋全局者不足以谋一域，不谋万世者不足以谋一时。"必须给学校一个定位、一个方向、一个规划。校长必须是学校的顶层设计者。知己知彼，立足实践，怎样才能独辟蹊径，怎样才能脱颖而出。不好高骛远，不驰于空想，不骛于虚声，扎扎实实地从一点一滴做起，一件事一件事地落实，一步一个脚印地向前走。"一万年太久，只争朝夕。"做事情得抓住机遇，争分夺秒，有一种时不我待、争先恐后的精气神。"静如处子，动如脱兔。"看准机会，迅疾出手。今天的事今日结，眼前的事马上办。

"怎么做"——剑胆琴心。小榻琴心展，长缨剑胆舒。开展工作，既要风风火火闯九州，又要春风化雨暖人心；看似无情决断，实为有情操作；既要有雷霆万钧的魄力，又要有和风细雨的耐心。菩萨心肠、霹雳手段。琴心就是做事情要有绣花功夫、工匠精神，要有钉子的毅力、韧性和耐心，久久为功、持之以恒。不以一时一事论成败，静下心来，耐住寂寞，坐得冷板凳。

回首向来萧瑟处，也无风雨也无晴。静下来思考，坐下来学习。给过热的脑子吹凉风，给过急的心理浇盆水。鲜花簇拥时要多一分淡定，急功近利时多一分从容，眼花缭乱时多一分宁静。

人生，必须成点事（2021-01-17）

2021年1月16日15:40，寒假前的最后一次休息。喧嚣的校园瞬时静了下来。中央空调的风口呼呼地吹着暖风，声音比平时好像大了好几个分贝。沏一杯茶，慢慢地品上一小口，让茶香在空中多氤氲一会儿。舒缓而又纯净的古筝曲《琵琶语》，柔柔地在空中翻了几个滚儿，飘进耳郭，轻轻地敲着耳膜，如春风拂面，让身心无比轻松。久违的感觉突然飘忽而至，让人有点怀疑这种感觉的真实。办公桌上的毛笔寂寥地在笔架上垂着，自8月20日以来，从未吸吮半点文墨。忽然，一种莫名的、百无聊赖的孤独油然而生，不知何来。闭上眼睛，品味孤独，或许也是一种别样的享受。有人说，孤独是生命圆满的开始。

幽植众宁知，芬芳只暗持。从人群中脱离自我，从喧嚣中回归宁静。

人，总是要做点事情的。否则，枉在这世上走这一遭。无平台，独善其身，学习积累；有机会，通达事业，擘画宏图。蚌，只有经历了足够的磨难，才能结出璀璨夺目的珍珠。梅花，只有熬过了寒冬，才能傲然挺立。

做好自己，脚踏实地，心怀希望，不要着急，最好的总会在最不经意的时候出现。托尔斯泰说过：人都是为希望而活，因为有了希望，人才有生活的勇气。始终满怀激情、斗志昂扬地投入工作，年复一年日复一日，何事不成。

身体和灵魂一直在路上。

家长最应该给孩子什么（2021-01-18）

家长最应该给孩子的三件礼物：阅读、自由、身教。

第一件礼物是阅读。阅读可塑造孩子的智力、品质。每一位家长最大的愿望是孩子一生健康、幸福。读书的灵魂，一定是高贵的、芳香的。阅读可拓宽见识，让人获得超越日常生活的知识。苏联教育家苏霍姆林斯基说："一个不阅读的孩子，就是一个学习上潜在的差生。"

一本好书，往往会教导人向善、向真、向美。一个人最美的气质，就是书卷气。一个爱读书的孩子思想会更成熟，人生境界会更美好，会有更好的自我疗伤的能力。

第二件礼物是自由。给孩子选择权、尝试权与犯错权。自由不是"放任自流"或"无法无天"。给孩子自由，也不是对孩子放任不管，而是给孩子"三权"：选择权、尝试权、犯错权。哲学家弗洛姆说："如果没有尊重，爱就很容易堕落为统治和占有。"一个被管制太多的孩子，他失去了探索和认识世界的机会，也就失去了自我认识和调整的信心。一个自由的人，才可能成为一个自觉的人。孩子的人生还要孩子自己去走。不同的选择，会付出不同的代价。

　　第三件礼物是身教。家长的行动比语言更有说服力。言传不如身教，行胜于言。虚荣的家长不可能教给孩子踏实，刻薄的教师也不可能教会孩子宽容。一个时刻看手机的家长，永远培养不出读书的孩子。

　　一个物质至上、享受第一的家长，不可能培养精神富贵的灵魂。

　　父慈子孝。上梁不正下梁歪。明天的孩子一定有今天父母的影子。孩子，是父母的复印件。一个问题孩子背后一定有一个问题家庭。

用"心"开拓德育新境界（2021-01-20）

——聊城一中学生发展中心陈玉芝主任

　　1月20日9:00，茌山学校报告厅，聊城一中学生发展中心陈玉芝主任专题报告：用"心"开拓德育新境界。会议收获如下：

　　心理健康的五项标准：认知正常、情绪稳定、行为适当、人际和谐、适应变化。

　　人生就是不断告别的过程。告别昨天，拥抱明天；告别故友，结识新朋；告别故乡，奔赴新城。这个世界唯一不变的，就是一直在变。变局即开局，是挑战也是机遇，适应新环境，采取新举措，才会有新成绩。

　　教育的前提是构建和谐的师生关系。亲其师，信其道。没有爱，就没有教育。喜欢一个老师，就会喜欢一门学科。讨厌一个老师，就会讨厌一门课程。

　　家长必须知道：包办代替不了成长。给孩子讲一百次道理，不如让他承担一次后果。好多事情，必须让孩子亲力亲为，有些风雨，必须让孩子自己去经历。

　　心理健康教育的目标：防患未然；对象：全体学生；方法：活动体验。

　　师生达成一致，必须经过师生双向的交流。

　　第一位的家庭关系不是亲子关系，而是夫妻关系。夫妻关系会严重影响亲子关系。亲子关系往往是压倒孩子的最后一根稻草。教师，尤其是班主任老师，必须了解每一个孩子，关注每一个孩子的家庭背景。

　　学生行为的改变、习惯的养成，不能只是倡导，必须有相应的措施。很多东西，走着走着就丢了，必须不断地唤醒，不断地强化。

　　教育的本质是唤醒学生的内驱力，教育的方式是协同，是项目化学习。

现在的教育已经不是给学生水的时代了，教师必须引导学生如何去寻找水源。

教育理念必须更新。

发展观：学生是在成长中的人；系统观：成才的关键不只是在智育。

教育观：是协同而不是传授；管理观：管理是科学，不只是经验。

学生为什么恋爱。学生早恋，不只是荷尔蒙的冲动，更重要的是"被欣赏"的心理需求。学生为什么讨厌家长？因为在家长那里得到的往往是苛责、求全和指令。

孩子为什么失去了学习的动力？家长和老师给学生讲学习的目的，考个好大学，找个好工作，过上好生活。为什么不起作用？根据马斯洛的需求理论，物质需求是人的最底层需求，现在孩子的生活已经很幸福，何必再努力。这种学习动机已经失去了激励作用。

不是现在的孩子一代不如一代，而是我们跟不上时代。我们不能用昨天的经验教育今天的孩子，解决明天的问题。

现行高考背景下的剧场效应（2021-01-24）

教育内卷化，说白了就是教育内耗。教育内耗，类似于剧场效应。

什么是剧场效应？在一个剧场里，大家都在看戏。每个人都有座位，大家都能看到演员的演出。忽然，有一个观众站起来看戏（可能是为了看得更清楚，也可能因为身高较矮），周围的人劝他坐下，他置若罔闻。于是，周围的人为了看到演出，也被迫站起来看戏。最后全场的观众都从坐着看戏变成了站着看戏。第一个站起来的人又看不到戏了，于是他就站在椅子上，于是全场的观众又都站到了椅子上。一种空前的奇观出现了，某处的椅子不是用来坐的，而是用来站的。高考就是一场戏，每年高考人数基本上是固定的，也可以说是上面案例中看戏的效果。每个学校、每个家庭、每个教师、每个学生都是观众。为了固定的高考名额，我们一直以竞争的焦虑，不断焦虑地竞争，不断地相互内耗着。于是，学校在焦虑，家长在焦虑，老师在焦虑，学生也在焦虑！

寒假可以自由，就怕你付不起代价（2021-02-02）

一、每一个虚度的假期，都是通向平庸人生的滑梯

寒假有可能是孩子发展的"分水岭"。每一个自律的假期，都是"弯道超车"的好时机；每一个虚度的假期，也都是平庸人生的滑梯。不怕同学是学霸，就怕学霸过寒假。如果不努力，孩子们的差距就会被寒假无限制地放大。优秀的孩子往往自律，平常的孩子常常放纵，自律和放纵将会出现学习上的天壤之别。在学校，有老师管着，孩子们都在努力地学习。回到家，家长管的程度却不尽相同。每一次逃脱父母监督后的欢呼雀跃，都会化为不努力的恶果。废掉一个孩子最快的方式，就是让他随心所欲地度过假期。

二、寒假身自由，开学心难收

美国的研究人员已经发现：假如孩子放假时不学习，将会出严重的成绩倒退。丢失了一个月左右的学习成果；阅读水平倒退两个月；开学后整整一个月都在弥补这种滑坡。春节放假返校后，总有学生玩心不退，迟迟不能进入学习状态。还有的学生成绩滑坡，一蹶不振，更有甚者产生辍学的想法。

三、寒假中出现安全事故

不长庄稼的地里肯定长草。俗话说：闲则生非。不学习的孩子多会惹是生非，给家长招惹麻烦，制造事端。"金牛山的纵火事件"就是很典型的例子。

家长在寒假中应该如何做呢？每一个优秀自律的孩子，背后都站着严格管束的家长。

寒假，想培养出一个优秀的孩子很简单，请给他恰到好处的管束。

管得太严也不好，管得太松也不好，我们一定要了解孩子，因材施教，找到最适合孩子的教育方法。

监督孩子的学习。不纵容孩子偷懒，不放任自己偷懒，父母每天要定时督促孩子学习。延迟满足孩子的心愿和欲望，鼓励他先把手头的事情做好，分清事情轻重缓急。结合学校的要求，家长和孩子一块儿制订一个切实可行的学习计划，督促孩子执行，监督孩子是否按时落实。

狠抓孩子的习惯。一旦发现孩子有坏习惯萌芽，就要立即遏制纠正，用好习惯取代坏习惯。家长首先要以身作则，先严格要求自己，为孩子树立好的榜样。学习要学得投入，玩耍要玩得痛快。学之大忌，就是边学边玩，学不专心。

严管孩子的手机。不要放任孩子玩手机，也不要放任孩子过度娱乐，引导孩子多做有益的事情。最好给孩子制定规则，约法三章，通过规则教会孩子自我管理。家长要以身作则，放下手机，拿起书，给孩子做表率。

老师，我想您了（2021-02-03）

人生总有那么多感动，令人时刻萦怀，铭记于心。好的风景，立刻分享给你；坏的消息，永远隐瞒于你。默默地关注你，不言不语，不离不弃。悄悄地注视你，同喜同悲，同风同雨！

最好的感谢，是在没有功利关系的事后。孩子毕业了，还想着你，才是真正地想着你。常常感动，一直高兴。大学放假的孩子们说："老师，我想您了！"为人师，最大的感动莫过于此。想干点事儿，想干点大事儿，不枉此生！孩子们，你们是我前行的动力。因为有爱，才有动力，因为有动力，才会有所节制。陈道明有一句名言："我认为节制是人生最大的享受。物质上和精神上的释放都是容易的，但节制是困难的。因此，生活的最高理想是适度，而不是放松。"艺人繁星点点，我独崇拜陈道明。陈道明有芙蓉品质、清莲性格，不随波逐流，不谄贵媚俗，不迷失自我，一直是文艺圈里的涓涓清流，幽幽兰香！

真正高级的人生，不是欲望不断满足，而是生活有所节制，并对未来有着长期的规划。

有人说，一个人有多大作为，看他晚上八点以后在做什么。我说，一名教师在教育之路上能走多远，就看他假期里在做些什么。假期，学生不仅可以拉开差距，教师也照样会相去更远。放假，不是放纵；休息，也不是休止。身体和灵魂，至少有一个在路上。节制口腹之欲，才能有苗条的身材；节制懒惰之性，才能有无限的风光。节制贪婪之想，才能有万古的清名！不忘初心，不失真我！我们不能忘了为什么而出发。人生最大的幸福就是，衣食无忧地做自己最喜欢的事情。

"让人生的每一分钟都有意义。"这是我恪守的人生信条。

如何接手新班级（2021-02-28）

利用首因效应，开展破冰行动。新班主任与学生见面的第一印象尤为重要，社会心理学把这种现象叫作"首因效应"，也称"第一把火"。良好的开端是成功的一半，如何点燃第一把火，为学生留下难忘的印象。破冰活动往往从以下几方面展开。

一、明确愿景，熟悉学生，建立归属感

班级愿景是班级建设的方向和目标。只有师生方向明确，对班级未来建设目标明晰，才能激起学生的学习热情，才能培养出主人翁意识和健康的心态。入班第一天，抽时间让学生进行自我介绍。每个学生走上讲台，说出自己的姓名、年龄、爱好、特长、愿望以及对新班级、新老师的希望，主要是给学生一个锻炼和展示的机会，让每一个学生敢于站在讲台面对大家讲话，培养学生的自信心，也便于师生之间互相了解。

二、善于观察，了解学生，尽快记住学生（最好一周之内）

班主任拿到分班名单时，一定要勤进班，多找学生聊天，善于观察学生的行为举止、性格态度、人际关系，为接下来安排座位、确定班委、安排值日等班级事务奠定基础。

三、立规养习，用制度说话，公平对待学生

制定班级学生量化细则，订立契约，照章实行。学生犯了哪一类错误，该接受哪种惩罚，如何实施惩罚，包括时间地点都有明确的规定，都有法可依，有规可依。这种"丑话说在前面"的方式，让学生知道犯错后将受到什么惩罚，给他们一个可视的标准，让他们更加主动地了解行为界限，明确是非观，从而注意自己的言行，降低犯错的概率。可谓"防之于未有，治之于未乱"。

四、树立威信，以才引人，以威服人

让学生敬畏和信任，就是教师的威信。具体到教师的影响力，一是专业能力，让人钦佩；二是人格魅力，让人喜欢；三是威慑力，让人害怕。接手一个新的班级时，班主任首先会先介绍自己。尤其介绍自己比较难忘的经历，既可以给学生以启迪，又可以拉近与学生的距离，亲其师，信其道。

五、慧眼识珠，选贤任能，找好助手

好的班委会是班主任的好助手，于班级管理事半功倍。

公开竞聘班长和委员。向原来班主任了解学生情况，多找关心集体、有领导能力、愿意付出的苗子，然后在班里举行公开竞聘。让大家心服口服。

轮流做值日班长，让人人参与进来。事事有人做，人人有事干。

做好培训和指导。班主任对新班级班长、值日班长、小组长都要进行管理方法的实时指导，帮助他们在同学面前扬名立威，并力争同学们的理解与支持。培养班干部采取四步走的战略：牵着走，扶着走，放开走，跟着走。实际上最简单的办法就是让他做事，在做事中锻炼他、磨炼他、指导他。每次班会时间让班干部总结上一周的工作，对本周班里出现的问题提出可行性的建议。锻炼他们的语言表达能力。另外一点就是组织班级活动，如演讲比赛、朗读活动等，发现他们的特长并因势利导。

一个良好的班集体必须有铁的纪律做保障。一个良好的班集体，也一定有一个良好的开始。

学校，我真的喜欢你（2021-03-01）

我与学校有着不解之缘，除了七岁之前的岁月，我一直都在学校，并且将不会离开，除非到我不得不离开的那一天。我与学生也有着不解之缘，这一生，我不是做学生，就是教学生。如果我是小草，学校就是我植根的沃土；如果我是飞鸟，学校就是我展翅的蓝天；如果我是游鱼，学校就是我搏鳍的大海。我离不开学校，一旦离开了学校，我就如同无根的草、无天的鸟、无水的鱼。

在学校，我学会了珍惜。珍惜工作。工作就是职责，职责就是担当，担当就是价值。我感谢那些让我独当一面的贵人，因为那是机会、是信任、是平台；我也感谢那些冷漠我的人，因为那是激励、是沉淀、是蓄积。单位无论大小，一把手只有一个。那些能够在一把手面前推荐你，说你好话的人，是你生命中的贵人。珍惜现在。在学校已经拥有的我会珍惜。时间久了，我会及时调整自己，使自己在重复的工作面前有一种常新的感觉。失去了的，才会感受到价值；而一旦失去就不会回来，这往往让人抱憾终生。

在学校，我学会了担当。我从不把属于自己的工作推给别人，因为我知道，这不是聪明，而是愚蠢。推诿是一种逃避，是不负责任，更是无能，这会让别人从内心深处瞧不起你。责任一定不推诿，矛盾绝对不上交。

在学校，我学会了沉淀。学校是我一生的根据地，也是我一辈子存在的证明。沉下心来，专心教学，潜心育人。有机会了不得意忘形，没有机会或者错过了机会也不要患得患失。最后的赢家往往是那些慢慢走过来的人。

在学校，我学会了合作。在学校老年人有老年人的优势，年轻人有年轻人的优势。万万不可互相轻视，那是"自相残杀"。相互搭台，好戏连台；相互拆台，必定垮台。

在学校，我学会了勤勉。能多干一点就多干一点，总有人会记得你的好。千万不能带一个不好的头，更不要破坏学校的规则。那样就是拆一把手的台，也就是拆自己的台。破坏规则的第一个人就是始作俑者，就是罪魁祸首。

在学校，我学会了理解。我理解学生，学生是最不容易的人，有些孩子不是不想优秀，也不是不努力，只是他们不擅长学习而已，春花秋月各有美丽，何必千篇一律。我也理解老师们有太多的无奈，也肩负着太多的不易，教室外擦去伤心的泪水，课堂上绽放灿烂的美丽。

在学校，我学会了远离。尽量远离那些鼓动你不工作的人，鼓动你闹矛盾的人，那是在让你"吸食毒品"，你在消磨的时候，他却在暗地里努力，然后不声不响地把你远远甩在后边。远离那些整天牢骚满腹的人，负能量就是侵蚀你的精神鸦片。

我爱惜学校，就像英雄珍视荣誉，也似鸟儿爱惜羽毛，知恩图报，饮水思源。

爱的样子（2021-03-13）

场景一：教育无处不在

总有那么几个孩子不喜欢运动，跑操时被安排在操场边上站成一排"读书"。我走到他们身边："同学们向后转！""请大家把主席台两侧的标语读一下！"他们读道："热爱运动，就是热爱生命；拥有健康，才能拥有未来。"孩子们若有所思，似有所悟："老师，我们明天一定参加跑操！"教育何必书中求，感化无处不存在。

场景二：春风化雨

开学后，实施"六选三"。同学们就要"小别离"，离开原来的班级、原来的老师、原来的同学。几多不舍,几多难离。虽是短短的五个月,师生、同学之间依然结下深深的情谊。真心换得真情,厚德赢得厚谊。

同学之情,战友之谊,无不是在同甘苦、共奋斗时结下的。3月11日全体学生会上,明阳校长分享了与高一(4)班的别离场景,感人肺腑,催人泪下。只有真情地付出,才能体味真情的感动。男儿有泪不轻弹,只是未到伤心处。翰林校园,感动无时不在,真情时时荡漾。高涨的工作热情、浓浓的师生感情、淡淡的苦楝温情,横斜的清辉月影,无不让人入心萦怀。

场景三:真爱无言

中年夫妻,爱情更多地被亲情取代。春节开学后,又是披星去、戴月归的日日往复循环,家重新恢复年前宿舍的角色。5:30的闹钟,被定成了每周七天的重复。年前,爱人骑电动自行车意外摔倒后,电动自行车换成了电动微轿车。车虽小,配置却不低,轿车该有的功能应有尽有,比我的座驾舒服高级很多。爱人虽然取得了驾驶证,但也没有增加一丁点对车的好感,驾驶技术可想而知,轿车能开出电动自行车的速度,这也是一种难得。关键是,火暴脾气的人能开出这么温柔的速度,更是难上加难,罕见得不得了。一天5:35,霜冻。车前窗上结了一层厚厚的霜,用一张废弃的卡把我的车刮干净,然后又把爱人的车刮干净。又电话告知,开车时先打开暖风空调,等把残霜完全融化后,再启动雨刷,摆刷干净前窗户后,再驱车前行。

又是某天的5:40,来到家属楼后,看到一辆比较长的箱货车停在爱人车旁边,这种情形,她肯定是开不出去的。经我一番左倒右进,把她的车调整到能顺利开出去,然后上班。

无言地付出、无声地牵挂、温情地守望,行胜于言,这样的爱或许更深厚、更久远。

干在左,学在右(2021-03-14)

全体教师会上的讲话:干好工作的"十六字箴言"。

尊重领导。给领导面子,就是给自己面子。领导提拔的人,一定是昨天的自己。

团结同事。个人成长的三个途径:自我学习、同伴合作、专家引领。

静坐常思己过，闲谈莫论人非。同事是相处时间比家人还长的人。同事"两不深交"：搬弄是非的"饶舌者"不可深交；唯恐天下不乱者不宜深交。同事相处诀窍：相互欣赏、相互包容、相互理解、相互成就。

干好工作。教育是事业，不是职业。教育是成就学生、幸福自己。学生可以原谅你的能力低，但绝对不会容忍敷衍渎职。做教育必须全力以赴，追求极致，绝对不能尽力而为，求得心安。教师要做到"五有"：心中有爱、眼里有光、脑中有法、手中有活、脚下有力。

管住自己。用理想信念引领自己；用榜样模范激励自己；用纪律制度约束自己；用工作实绩幸福自己。

分享四条经典语录：

安全必须确保万无一失，否则会一失万无。

领导艺术：铺路不占道；放权不推责；指导不代办。

工作上：把别人的教训当成自己的经验。

怀才不遇，实质上是情商不够。

听评课，为教师的专业成长铺路（2021-03-16）

今天下午第三节，高一（1）班教室，物理老师张雪婷的公开课。

这是一节习题讲评课。对于一位新教师而言，是一节不错的课，亮点纷呈。张老师教学基本功扎实。教态大方自然，收放自如，可谓"心中有爱，眼中有光，话语有暖"。

人的表达力，要靠55%的面部表情+38%的声音+7%的言辞。

雪婷老师的教态明朗、快活、庄重，富有感染力，举止从容，态度热情，热爱学生，师生情感交融。教学语言准确清楚、精当简练，生动形象，有启发性，语调高低适宜，快慢适度，抑扬顿挫，富于变化。

课堂开始，首先点评学生的做题状况，为教学的针对性做了铺垫。凡事预则立，不预则废。高效课堂一定是精心准备的课堂。

课堂教学没有预设，就没有生成。课前三问：教什么、怎么教、教到什么程度。本节课教学预设科学，目标定位准确，课堂内容主要讲解了三个例题，课堂生成较好，达成度较高。用橙子比作地球，用橙子的切面来说明地球的纬线平面，进而说明物理上的"同轴传动"，化抽象为直观，变复杂为简单，可见雪婷老师是用了心的。教学过程中，引导学生获取和解读有用的题干信息，体现了高考的要求，不仅注重知识的传授，还注重解题能力的提升。一节课，雪婷老师提问学生二十四次，提问率70%左右，体现了"学生为主体，教师为主导"的课堂原则。

教学建议：一是学生讨论可以解决的问题，绝不要通过讲授来完成。听课、做题、相互讨论、学生讲解等方式的学习效率依次递增。二是注意书写规范。板书中的比号"："、等号"="极易混淆。

走进英特，感受的不仅是震撼（2021-03-19）

对英特学校慕名已久。孔书记今早的一个电话，终于得偿所愿，有幸现场学习，短短一上午的参观学习，也使我终于懂得"闻名不如见面"这句话的真义。震撼之余，更多的是对教育的重新审视，对学校管理的再次认知。收获，怎是一个"丰"了得。早上在去聊城的路上，一直思考学校为什么取名"英特"。经百度，方知真义。所谓英特，就是指才智杰出的人。英特学校，目极国际教育视野，根植本土传统文化，运用现代教育理念，培育烟火幸福情怀。

我把英特教育概括为"三精"。

一"精"曰：精神

一走进英特第一小学，一砖一瓦，一草一木，无不气场十足。再读全校师生，更感"精气神"十足。从课堂教学到阳光体艺大课间，再到师生综合素质展示，精气神被英特师生诠释到了极致。每一个英特人心有梦、眼有神、面有笑、言有力。每一个英特人如沐春风、自信满满、语言铿锵、才华横溢。

二"精"曰：精致

英特学校的每一项工作务求精致。学生读书、写字都有规范；教师教学、研讨皆有章法。学校特别重视习惯养成教育，以"叠好被、扫好地、洗好手、排好队、吃好饭、读好书、写好字、健好体、学好艺、做好人"为目标抓手，规范学生的生活和学习行为，培养良好习惯，为孩子的终身发展奠基。全校师生坐有姿、立有形、行有规、走有范。每项工作务求极致，抓铁有痕，踏石留印。追求卓越，执行到位，凝心聚力，落实到位。

三"精"曰：精英

英特的孩子确如其名，才智出众。跆拳道打得有模有样，诗词诵得有声有色，魔方转得有条有理，戏曲唱得有板有眼，文章读得有声有情。真没有想到，电视上的孩子能在生活中看到。

英特告诉我们：只要用心，一切皆有可能。做事，要么不做，要做就做到极致。担当作为，狠抓落实。

英特学校的愿景：当我们的学生离开学校的时候，让他们带走的不仅仅是丰富的知识、创新的精神、实践的能力，更重要的是强健的体魄、完善的人格、宽广的气度、真诚的情感、广泛的兴趣、良好的习惯，以及对母校和老师的深深眷恋。

细雨润物，微风不寒（2021-03-25）

今天，曾经的学生给我发微信："老师，现在您全身的每一个细胞是不是都充满着洪荒之力，正能爆棚，您真是一头不知疲倦的老黄牛。"

学生庞光鹏发来微信报喜："老师，我考上研究生了，广西大学的研究生。现在学生终于可以有勇气给您说一声，您的学生2017年没有发挥好，没上理想院校，但终究还是可以上岸211。"

教师最大的幸福，就是看到自己的学生功成名就。此生最大的愿望就是：一定要干点事儿。我自己想干点事儿，也希望我的学生们干点事儿。翰林的校园，春正好，花满园，细雨润物，微风不寒。空气中氤氲着希望的力量，充满着花开的声音。

孩子的每一声问候，如春风里微笑的花儿。你爱孩子，孩子们也会爱你。春华秋实，播种和丰收的因果关系亘古不变；四季轮回，理想与现实的矛盾较量从未停歇。春天的美丽在于冬天的厚积。著名作家在给儿子的一封信中这样写道："我要求你读书用功，不是因为我要你跟别人比成就，而是因为，我希望你将来拥有更多选择的权利，选择有意义、有时间的工作，而不是被迫谋生。如果你优秀，你便拥有了大把的选择机会，否则你只能被迫谋生。"李嘉诚也这样说："读书虽然不能给我们带来更多的财富，但它可以给我们带来更多机会。"如果老天善待你，给了你优越的生活，请不要收敛自己的斗志；如果老天对你百般设障，更请不要磨灭了对自己的信心和奋斗的勇气。不要在最能吃苦的时候选择安逸，没有谁的青春是在红地毯上走过的。等待意味着挥霍，行动才是最好的诺言。生活中最大的杀手往往不是耀眼的成功，也不是痛心的失败，而是悄无声息的平淡。想要有所作为，必须敢做难事，且立即行动。老天不会亏待每一个勤奋的人，但也绝不会饶过任何一个懒惰的人。

你吃的苦会铺成脚下的路。奋斗是生命的形式，而智慧则是生命中最绚丽的花朵。为了理想，你们必须"苦干"，在参与、体验、合作、思悟中学习，让课堂有掌声、笑声、欢呼声、争吵声，努力做一名格局远大、人格健全、乐观向上、感恩负责的新时代高中生。

没有谁能随随便便成功，奋斗永远是成功最亲密的战友！

人生最大憾事就是在回忆过往的时候，无奈地说一句：我原本也可以。

草木蔓发，春山可望。让我们重整行囊，义无反顾，风雨兼程，向光出发。

胸怀天下择高处立，心系未来向远方行
（2021-03-28）
——冯明才主任学术思想报告会观感

十天前，欣闻冯主任3月28日在茌平一中有场报告会，甚是高兴，欣喜又多了一次向冯主任聆听学习的机会。按照孔书记的要求，安排靳奉禄主任带四位教师负责学生周测，其余教师全部参加学习。

7:45，早早来到一中报告厅，第二排最中间落座，朝圣般等待冯主任的到来。8:00，冯主任在宋区长、姜局长、何主任等领导的陪同下，准时到场。冯主任身材伟岸魁梧，面容和蔼可亲，眼神矍铄深邃，步伐坚定有力，一袭黑色风衣帅气而又庄重，透着一股威严的浩然正气、一份心中生暖的亲和。冯主任有胸怀天下的教育情怀、源自内心的教育热爱、启智润心的教育智慧、心系未来的教育眼光、舍我其谁的教育担当、持之以恒的教育坚持、极致绽放的教育落实，深深折服了我。瞬间有了一种拜师的冲动。相比于冯主任这个称呼，我更喜欢冯先生，以后我还是称呼冯先生的好。

高山仰止，景行行止，虽不能至，然心向往之。冯先生将是我余生学习的榜样，天不悲悯，相见恨晚。六个小时的报告，时间飞快而过，如正

值高潮的一首曲子，戛然而止，不免生出意犹未尽的遗憾来。如果不是担心冯先生劳累，我会祈求时间再多飞一会儿。冯先生的报告分为三部分：构建先进的办学思想体系；构建丰富的学校课程体系；构建全面的落实保障体系。冯先生的报告既有高屋建瓴、高瞻远瞩的宏观顶层设计，又有落实操作、落地生根的微观实施方案；既有理论的高度深度，又有方案的细化实化。

冯先生的报告字字珠玑，句句经典，铿锵有力，掷地千钧，旁征博引，深入浅出，时而是跌宕激扬的钢琴曲，时而是舒缓委婉的小夜曲；时而话语严肃庄重，时而言谈诙谐幽默。会场不时响起热烈的掌声，掌声里有浓浓的敬意、深深的折服、大大的震撼，还有隐隐的心疼（冯先生太累了）。

下午的报告直接从14:30讲到17:00，中间没有休息。报告结束，冯先生坐在椅子上，疲惫在一个六十岁的人身上一览无余，他一直用洁白的手帕擦拭着额头的汗水。站立六个多小时，您的膝盖怎么承受得了，您怎么能忘了您还有膝盖滑膜炎！六个多小时的声如洪钟，您的嗓子怎么受得了！您工作起来总是那么执着忘我，那么夙兴夜寐。

看着冯先生，我嘴角抽搐，鼻子发酸，双眼盈泪，心里阵阵发痛。

有人说，平庸的人有一条命：性命；优秀的人有两条命：性命和生命；卓越的人有三条命：性命、生命和使命。冯先生，就是那种有三条命的人。朱华贤在《大道无术》一文中指出："大道无术胜有术。大道者，用崇高的威望感召人，用典范的言行影响人，用突出的才智征服人。这样的大道者，无须殚精竭虑于'术'，无须苦心积虑于'法'，但管理起来必定潇洒自如，一呼百应。"冯先生就是有"大道"的教育家。您是思想上的引领者、管理中的实干者，既懂得仰望星空、胸怀梦想，又甘于脚踏实地、探索创新，高举教育理想主义的火把，带领聊城师生从容、自信、娴静地走在通往幸福人生的道路上。"有境界，则自成高格。"您有情怀、有追求、有担当，您有着一颗简单、纯粹、不渝的教育赤子之心。您寄语教师：回头有一路的故事，低头有坚定的步伐，抬头有清晰的远方！

余生，我一定做像您一样的教育者，仰望星空，脚踏实地，心之所向，素履以往。

冯明才先生的教育金句（2021-03-31）

1. 校长的样子就是老师的样子，老师的样子就是学生的样子，学生的样子就是教育的样子，教育的样子就是未来国家的样子、民族的样子。

2. 评价就是引领。

3. 教育就是影响，教育就是示范，教育就是改变。

4. 教育就是帮助每个孩子找到他自己的生命方式。

5. 教育，是让所有的鸟儿都歌唱，不只是百灵鸟；让所有的花儿都绽放，不只是牡丹花；教育是让本来不同的学生都成为最好的自己，成为美丽的不同！

6. 小学教育是播种快乐的教育、播种梦想的教育、播种希望的教育，是静待花开的教育。

7. 小学教育是思想孕育思想的教育、人格提升人格的教育、传递爱与责任的教育，是用"六年影响一生"的浸泡熏陶教育。小学教育是培养习惯的教育、培养规则的教育、启智固本的教育，是用"六年奠基人生"后劲制胜的根基教育。

8. 学校应该是教师发展的沃土，学生成长的摇篮，师生栖息的家园。

9. 教师承担着传播知识、传播思想、传播真理的历史使命，肩负着塑造灵魂、塑造生命、塑造新人的时代重任，是教育发展的第一资源。教师是肩负着国家富强、民族振兴、人民幸福的重要基石，必须坚持立德树人，着力培养担当民族复兴大业的时代新人。

10. 教师要用思想育人，用品行育人，用知识育人，用情感育人。

11. 课程方案是学校的育人方案。一草一木总关情，全天生活皆教育：叠好被、扫好地、洗好手、排好队、吃好饭、读好书、写好字、健好体、学好艺、做好人。

12. 学校要将"七彩阅读"进行到底，将"立规养习"进行到底，将"课堂创新"进行到底，将"学科活动"进行到底，将"特长发展"进行到底，将"五育并举"进行到底，这就是学校，这就是教师，这就是课程。

13. 学生的九大基础素养：丰富的知识，创新的精神，实践的能力，强健的体魄，完善的人格，宽广的气度，真诚的情感，广泛的兴趣，良好的习惯。

14. 我们今天陪伴孩子走过的失败和迷茫，养成的优秀品质和习惯，获得的智慧和力量，在孩子的身上体现出来的就是笑容、优雅、自信、博爱、奉献；学习力、沟通力、合作力、创新力，这些都会成为孩子腰间的佩剑，伴他一路天涯，陪他千帆竞进。

15. 学校的精彩在于她的文化，学校的品位在于她的精神。

16. 没有思想，学校就没有灵魂，就没有前进的路标和行为指南。

17. 校长应该站在时代发展的最前沿，做好顶层设计，构建办学思想体系，决定学校的发展思路、管理方式、教学行为、价值取向。

18. 一位好校长，成就一所好学校；只有校长有思想，学校才会有特色。

19. 校长成为思想者、设计师、实践家、创新派、引路人。

20. 特色鲜明的学校，必然是培养目标和育人体系独具特色的学校，而与之相适应的也必然是学校课程文化的丰满、适切和个性化。

21. 课程是学校内涵发展的核心地带、实现教育目标的核心载体、学校特色的重要支撑；课程是教师专业发展的重要途径；课程是学生全面而个性化发展的重要通道。

22. 开好国家课程，夯基、启智、养习，面向全体，花开满园才是春；创新校本课程，激趣、挖潜、扬长，因材施教，一枝红杏出墙来。

23. 课程方案决定学校形态，是学校的育人方案。课程变革是学校实现内涵发展的关键。学校顶层设计的思想都必须通过课程才能与教师和学生发生关联。只有通过课程才能形成包括目标、内容、实施方式、评价等在内的教育链条，也才能整合学校所有的教育资源，达到为学生服务的目的。

24. 课程结构决定孩子的素养结构，只有完善课程，才能从根本上坚持"五育"并举，更好地促进每个学生全面而个性化发展。

25. 用课程改变学校，用课程引领教师，用课程培育学生。

26. 学校制度建设的关键不仅在于制度的优质生成，更在于制度的高效执行。

27. 用制度约束人，用制度引领人，用制度激励人，用制度成就人。

28. 校长履行"六大职责"：规划学校发展、营造育人文化、领导课程教学、引领教师成长、优化内部管理、调适外部环境。

强化"三大建设"：思想建设、作风建设、业务建设。

执行"工作四化"：规则规范化、系列方案化、课堂教学化、积极主动化。

29. 教师：以高尚人格陶冶学生，以博爱之心感化学生，以博学多才服务学生，以模范之行引导学生。做学生人生发展的引领者，做学校特色发展的促进者，做自我终身学习的实践者。

30. 培养教师队伍

● 用"三大发展，四项职责"提升教师队伍整体水平。

三大发展：精神、素质、能力。

四项职责：教育、教学、教研、教改。

● 用"目标引领，措施推进"培养青年骨干教师。

半年入门、一年上道、两年成才；

洗脑子、结对子、压担子、搭台子。

● 教师要做个人成长的主人。

有理想、不放弃、能研究、会反思，能干、能说、能写，与同事家长学生和谐共处。

31. 教师成长四要素：领导支持、专家引领、同伴互助、个人奋斗。

32. 最美的生活方式，不是躺在床上睡到自然醒，也不是在家里无所事事，更不是走在商场里随意购物，而是和一群志同道合的人奔跑在追梦的大路上。回头有一路的故事，低头有坚定的步伐，抬头有清晰的远方！

33. 教学贵在引导、重在转化、妙在开窍。

34. 年轻就是力量，有梦才有未来。

35. 青春的支点是奋斗，青春的亮点是奉献。

36. 高标准才能办出高品位的学校。

37. 没有预设的课堂是不负责任的课堂，没有生成的课堂是不精彩的课堂。

38. 教师教学"五有"：胸中有标、腹中有书、目中有人、心中有法、手中有技。

39. 教师爱学生，不是口头上的"我爱你"，而是行动上的"在一起"。

40. 教师必须做到：用激情点燃激情；用精神振奋精神；用思想孕育思想；用素养提升素养。

41. 以追求卓越的境界、迎难而上的担当、一抓到底的激情、常抓不懈的执着、开拓创新的精神，真做教育，做真教育，为党育人，为国育才！

42. 教师好好学习，学生天天向上；家长好好学习，孩子天天向上。

那些人、那些事、那些景（2021-04-07）

——张鑫琦同学写给翰林高中老师的信

作者介绍：

张鑫琦，聊城正泰翰林高级中学高一年级学生，翰林湖畔文学社社长。小荷才露尖尖角，她文笔细腻，情感真挚，文字如林下风，似谷中兰。鑫琦知书达理，每见老师，鞠躬问好，印象颇深，深得老师喜爱。

信件原文：

因为那些人、那些事、那些景，我想我爱翰林（高中部）。中考之后，我从没想过可以回翰林读书。刚进翰林高中部，除了李灿老师我不敢再接触任何一个老师，生怕三年后的高考再辜负了他们的期望，但没想到，还是有很多老师很多同学悄悄变得重要。是的，没错，不可否认，我喜欢他们，爱这儿的所有。先是李灿老师的再次出现，完美诠释了缘分这个东西。第四年了，我和她认识四年了。她进步真大，有能力了许多，有担当了许多，从昔日那个大姐姐教师的形象升华到了一名真正的教师。幸好有她在，在学校我才多了一个依靠。我给李灿老师的信已不下五封，信里是满满的爱，是光明正大的偏爱。对她的爱不用多说，一个眼神足矣。其他老师我称为"您"，因为你在我"心"上；而李灿老师，我称为"你"，并非不敬，而是我永远在"你"后面。她一直关注着我们，不论学习还是其他，那大大咧咧的性格里还藏一丝微妙的细心。她会越来越好，一定会。

杨延勇老师关注到我了，可能也是因为作文。每次见到我，他都会"鑫琦，鑫琦"地叫着。有人投来羡慕的眼光，有人倒是习以为常。我也很喜欢杨老师，没有原因，就是喜欢。像学校里高官的校长，又像家里尊敬的长者。很神奇，对杨老师只有喜欢没有怕；很幸运，被关注也被期待着。

12月1日那天，我们有了自己的班主任，靳俸禄——靳老师。只属于我们的班主任。初识靳老师，只觉严肃，后来才发现智慧的精明里好像还带有一丝收到糖的害羞。我也不知道怎么就受到了靳老师的关注，也是靳老师的一句"学校领导都夸你"，我才意识到自己被人"围观"。

无论是综评组长还是入团申请，每个名额都有我。上学期期末临时选的生活委员，看似随意，又因综评的填写变得非同寻常，感谢。靳老师对我的信任好像已经超出了旁人的想象，对此，我好像只有感谢可以说。终于我也体验到了被完全信任的感觉，真好。靳老师跟我说过很多开导性的话，什么"不破不立"啊，什么"已经很好了"，学生铭记在心。

高树琛，高老师。我好奇高老师内向的性格，好奇他对体育的热爱，更好奇的还是他少年老成而又朝气蓬勃的干净气质。3月24日那天，我确定喜欢高老师。原因也很简单，我第一次见一位体育老师记住了大部分同学的名字。不管有意还是无意，至少我可以确定他对我们上心了。谁说少年难以担当大任？这不就有一位神奇少年。少年就是少年，有干净气质的少年；少年不愧是少年，闪闪发光的少年；少年应该是少年，应有微笑的少年。

崔春燕老师，那个可盐可甜的女孩。简单叙述：一张海报，一杯奶茶；一张贺卡，一句鼓励；一次谈心，一句安慰。人物概括：可霸气可温柔，有能力智商高，受欢迎做自己，她叫崔春燕，精英般的传奇人物。

田明阳老师很爱翰林，爱得放肆。每次激情的演讲，每次激情的领誓，都毫无保留地展现着他对翰林的爱意，表达着对每位翰林学子的期许和鼓励。在翰林高中部，田明阳老师是少有的元老之一，他陪了翰林三年零七个月，陪了翰林的所有改变，我想他比其他人都更爱翰林。

还有很多很多。像张彦哲老师、申思老师等，这些全校同学的最爱，说多了倒会有一种争宠的感觉，说少了只言碎语的又难以表达那份喜欢，那就留到下一个话题吧。

12月1日我在翰林看到了二十年的第一场雪，12月4日看到了流星，12月5日看到了北斗七星，那是最美的雪，最亮的星。翰林给我的，全是惊喜。

任金新老师没有教过我，我对他也只有人和名能对起来而已。记得一件关于任老师的事：上学期的优秀班主任领奖，任老师在台上用手比了个"三"。那天很明显地感觉到，周围很多同学都沸腾了，那是他的三班。果然，爱是相互的。刚进翰林高中，心里的失望占80%。我失望这里没有了昔日一起冲刺的同学，失望这里困住少年的规章制度。刚开始，我认为这里阻挡了少年们无所畏惧的心，到后来，我才发现这儿给了我们更大的舞台。高中部换了很多老师，其中不免有我喜欢的。我不知道下一次分别会在什么时候，所以只好在下次分别之前爱好每个人，不等真的分开了才察觉。

三年后的毕业照上会有他们的面孔，会成为回忆的一隅。我喜欢糖，但不喜欢吃糖，所以我喜欢把我喜欢的糖给我喜欢的人。信中的老师大部分都收到了我的糖，少部分还没来得及给。

此信致我爱的翰林，致让我成长的翰林。因内容太多，打印太贵，这封信我只打印了两份，一份在李灿老师手里，一份在靳老师手里。

可自己看，也可给其他老师看。此信的所有内容，只是单纯地表达对翰林的爱和对老师的喜欢与感谢，并无他意，更无讨好和显摆之意。

高一（8）班，张鑫琦
写于2021年3月27日—2021年4月2日

因为爱，所以爱（2021-04-19）

最近几日特别忙，从东方既白到弯月西垂，不曾出过学校半步，往来于办公楼、教学楼、行政楼之间，标准的三点一线。教育教学工作一如既往地有序展开，广播操、校歌的初步成形，首届春季运动会顺利召开，宣传材料筹措工作也在有条不紊地推进。校歌已经完成了三个版本，还在修改之中。最近几天，一直在陪宋老师拍摄宣传材料。深深为宋老师一丝不苟的精神和精益求精的品质所折服，这或许就是"匠人"精神。20:30，送走了宋老师，就有了写点东西的冲动。自上周末的教育名家高级写作研修班结束，文字一直在寂寞，我也始终孤单。

因为爱，所以爱。因为爱，所以才有了几十年如一日的坚守与不舍。

我爱教育，也爱翰林。爱，是一份责任，更是一份担当。

我对翰林的孩子有一份责任，必须让他们成人、成才，做最好的自己。我知道，孩子们喜欢我，我也喜欢他们。孩子们的每一次打招呼，六十度的语言醇厚而又浓烈，眼神也满是春的清澈和温暖。

我对翰林的老师有一份责任，他们既有夏日的热烈，又有春天的朝气，对他们专业的引领就是我的一份使命担当。称呼我老师的声音远远比称呼校长更响亮。下午，和明阳校长谈了接近两小时，这是兄弟间对话，也是战友间磋商，我们有很多相似的地方，明阳有我年轻时的模样。领导培养的干部一定是昨天的自己。这句话有一定的道理。

第三节课，准备"管理人员述职会"的述职词，我是第一个述职的。

忽然一阵困意袭来，难以支持，害怕晚了第四节的会，定上闹钟，小憩了五分钟。因为拍摄，中午没有午休。自5:30到现在，还没有休息片刻。想起妻子常说的一句话："你有老有少，身体不是你自己的。你身体不好，工作不能那么拼，你怎么拼得过那些年轻人。"

因为爱，所以爱。爱是一份责任，更是一场自我消耗的苦恋。

统一思想会上的讲话。

一、在其位要谋其政，在其职要尽其责

明确自己的职责，要有责任心，要有使命担当。什么是责任心：时时不放心、事事不放心。

二、岗位是一种稀缺资源

珍惜机会，珍爱平台，机会并不多。铁打的岗位，流水的员工。中层干部实行竞聘上岗、优胜劣汰、动态管理。

三、赢在执行，贵在坚持，胜在奉献，优在感恩

没有执行力，就没有竞争力。请示问题不要带着问题请示，要带着方案请示。汇报工作不要评论性地汇报，而要陈述性地汇报。干好工作十五字方针：责任不推诿，矛盾不上交，任务要完成。诸葛亮从来不问刘备为什么我们的箭那么少；关羽从来不问刘备为什么我们的士兵那么少；张飞从来不问刘备兵临城下我该怎么办。如若万事俱备，你的价值何在？没有成绩，没有态度，没有付出，你干的事情人人可干，机会为什么是你的？积极主动工作，不要指一指转一转，不要做陀螺，要做发动机。有一种优秀叫坚持。简单的事情重复做，重复的事情用心做。细节决定成败，所谓成功，就是把小事做细做透。

奉献是大智慧，奉献是舍得的智慧，小舍小得，大舍大得，不舍不得。

不见兔子不撒鹰，是一种短视思维，也是一种利己行为。感恩，是一种美德。落其实者思其树，饮其流者怀其源。

成功四大要素：高人指点，贵人相助，对手成就，个人奋斗。

四、懂规矩，遵规范

没有规矩，不成方圆。

我们必须遵守校纪校规，牢固树立规矩意识和纪律意识，绝对不能超越职责范围，越俎代庖，擅自做主。班主任，学生学籍问题；擅自把学生长时间赶回家等。权力只能下行，不可上越，正如教师资格证（高中教师资格证可以教初中，但初中教师资格证不能教高中）或软件一样（高级版本可以兼容低级版本，低级版本不可能取代高级版本的功能）。年级主任可以代替班主任管理学生，但班主任不能履行年级主任的某些权力。

五、钱虽重要，但钱绝对不是最重要的

比钱重要的，还有尊严、荣誉、感情。

六、换位思考

换位思考，多从别人角度或别的层面思考问题，或许就会改变对某些问题的看法。昨天是问题，今天再看可能就不是问题。同样的事情，你看

着是问题，别人看着就不是问题。

七、做最好的自己

全力以赴，做最好的自己。正人先正己，要求学生做到，教师要先做到；要求教师做到的，中层干部要先做到。学生有学生的样子，教师有教师的样子，干部有干部的样子，校长有校长的样子，这才是学校的样子，才是教育应该有的样子。我们每个人都做成最好的自己，班级也成了最好的班级，年级也就成了最好的年级，学校也会成为最好的学校。今天如果你还在抱怨，不去努力，就一定成就别人！

你不做，别人会来做，不管你愿不愿意。你不成长，没人会等你！

活成一道风景（2021-04-20）

下午第四节自习开始，学生卫生大扫除。半小时的晚餐时间稍做休整，卫生扫除的场所由教学楼内，转移到楼外——大路上、草坪中，法桐绒球的毛儿、树木修剪后的枝丫、草坪中的砖石等都被俘获到垃圾桶里。班主任全部到位，有的指挥、有的指导、有的和学生一起劳动，整个校园一片忙碌。喧腾后的校园立时异常洁净起来。

嫩叶在晚风中招手，鸟儿在暮色中欢唱，浓云遮住了夕阳的余晖，却掩饰不住春的愉悦。翰林校园日新月异，一天一个样儿，环境一天比一天优美，文化一天比一天丰盈，读书声一天天响亮起来，就连树上的叶儿、地上的草儿、风中的花儿也赛跑似的竞相美丽起来。

最好的自己，美丽的不同，每个人都是一道独特而又靓丽的风景。不必仰望别人，自己亦是一道风景。经济上的富有，不如内心的丰盈、灵魂的自由。努力的样子、真实的怒放才是生命的美丽。地球在宇宙中出现，概率极低。人类在地球上诞生，也纯属偶然。我们能成为人类，更是万分之一的概率。生之为人的极低概率，我们没有不珍惜生命的任何理由，所以我们必须把自己活成一道独一无二的风景，珍视这来之不易的机会。芸芸众生，我们更要珍惜与我们相识的人，既然相遇，或为了成就彼此而来，或为了偿还而来，或为了讨债而来。

似曾相识，是孟婆汤的含蓄；挥之不去，是奈何桥的美丽；举案齐眉，是三生石的铭记。有些人，一擦肩就是一生，一转身就是一世，婆娑红尘，不得相见；芸芸众生，再难寻觅。不完美，恰恰正是这个世界完美，如断臂的维纳斯。无风雨，便不会有彩虹的美丽。没有黑色的眼睛，也会有这世界的光明。

有人说，天涯海角才是爱情。柴米油盐，那叫婚姻。心里有风景，你看到的都是风景。心中有阳光，世界就不会有黑暗。我们不能去苛责别人，更不能去改变别人。我们能做的是引领。是小草，就装点大地；是大树，就伟岸天空。改变别人，痛苦的不仅是别人，还有自己。做好自己，幸福的不仅是自己，还有别人。最好的自己，美丽的不同。

难以忘却的美好记忆（2021-04-23）

我喜欢书，喜欢读书，也喜欢与读书的人为伍。小时候，每当发下课本，我总是打开课本，把头埋进书里，深深吸一口浓浓的墨香，那叫一个过瘾，如久旱逢甘霖。20世纪七八十年代的农村，物资匮乏，书更是稀缺得不得了。那个时候，小孩子逢大集吃上一个肉包子或者肉盒子，可是天大的享受。肉包子极具诱惑力和杀伤力，可对我而言，肉包子一旦遇到小人书，也只能甘拜下风。看小人书之前，我把手在衣服上擦好几遍，然后小心翼翼地、轻轻地一页一页翻看。一本小人书不知要看多少遍。看过多遍以后，再和小伙伴交换，你看我的，我看你的。遇到邋遢的伙伴，还要多遍地嘱咐：不要损坏了，不要损坏了，不要损坏了。那时的小人书大多是黑白的。第一次读彩色的小人书，清晰记得书名是《小蝌蚪找妈妈》，是表姐在邻居家借的。一本小人书，让我在我姨家多住了好些天，还老缠着表姐再给我去借。那个暑假过得飞快。

记得小学五年级时，在同学那里借到一本小说《呼杨合兵》，砖头厚的长篇小说，我用了整整两个晚上读完了。趴在土炕头上的被窝里，如饥似渴地读，如豆的煤油灯光在静谧的寒夜里摇曳，蛐蛐在灶膛外的柴草里默默吟唱。挑开灯花后的煤油灯会明亮很多，灯花一次又一次地被挑掉，一次又一次地生成。

读书的时光是愉悦的，也是短暂的。愉悦是要付出代价的。第二天早上，煤油灯油烟熏得鼻孔都是黑的。中学时期，吃住在校，我吃饭基本上在学校的报栏旁边，一边啃着馒头，一边读着报纸，一字一句地读，广告也不例外。读初中时，我是语文课代表，语文老师杨老师让我们积累名词名句。杨老师有一本厚厚积累本，我要抄到黑板上，让同学们抄。课下，我再抄到我的积累本上。两遍的抄写，名词名句给我留下了深刻的印记。不动笔墨不读书，看书必写摘抄、写读后感。学生时期，我还有写日记的习惯。一名理科生具有文科生羡慕的文笔，这或许就是其中的原因吧！出色的文笔，不仅可以换得艳羡眼神，还有可能抱得美人归。与妻子恋爱时的情书，现在我还珍藏着。

八年的书来信往，几百封书信足以整理出一本爱情小说。书信，是一种美好的、回不去的记忆，弥足珍贵。不如书卷好。喜欢读书，也喜欢读书的朋友。与有书卷气的人，自然而然有一种亲近的感觉，似曾相识的故旧一般。张爱玲说：你现在的气质里，藏着你走过的路，读过的书和爱过的人。深以为然！

又见冯明才主任（2021-04-30）

2021年4月28日，聊城市部分学校新发展高品质教育研究成果观摩交流现场会在我校召开。会议特邀了中国教育科学研究院特聘专家、山东省特级教师、聊城市小学教研室主任冯明才等教育专家亲临现场指导。

又见冯主任，亲切和敬佩之情油然而生，不只是高兴，还有不能自已的激动。弯腰与冯主任握手，一股力量的热流迅速传遍全身。

冯主任伟岸魁梧，仰之弥高，有典型山东大汉的身材，英武外表里面，还蕴藏着思想的睿智、视野的宽广、底蕴的深厚、生活的精致。冯主任举得起千斤顶，也拈得住绣花针。

又见冯主任，他精神永远矍铄，目光永远如炬，步伐永远有力，言语永远激情，思想永远深长，力量永远奋勇，时时在"满血状态"，永远不知疲倦，就像永动机，时时能量爆棚。据了解，4月28日凌晨一点，冯主任从北京返聊，8:30自己驱车用从聊城赶到茌平。这样不分昼夜地奔波，冯主任已经习以为常。

又见冯主任，讲话依然讲到13:00，有人戏称冯主任为"老1点（下午）"。冯主任每一次讲话，都声如洪钟、掷地有声、妙语连珠、睿智无限。讲得精彩，一定思考得精彩。口吐莲花的人，一定满腹经纶。一直有一个疑问，同样的大脑，为什么冯主任的大脑内存这么大，能储存那么多的知识与智慧！

又见冯主任，再次见识了冯主任的"高要求、真性情、懂得多、抓落实"。

高要求。冯主任无论是对工作，还是对生活的要求标准极高，凡事要求做到极致。孩子的尿布，都能按照军事化要求叠出豆腐块的形状来。办公室的卫生都干净到别人不忍心落足，生怕污了洁净。

真性情。冯主任最不能容忍的是对工作的敷衍和渎职。无论是学校领导，还是教师，只要是工作没有到位，哪怕差一点点，都会被劈头盖脸地训斥，丝毫不留情面。但被训斥者无不是心服口服，有的还流着泪而幸福满满。并不是每个人都能得到冯主任的批评，受到批评也是一种幸福。能受到批评的人，一定是入了冯主任的法眼，是可造之才。爱之深责之切，盼之能求之高。能得到冯主任指点的学校，大多声名鹊起，一日千里。

懂得多。冯主任出口成章，句句经典，援引出处，信手拈来，"多少号"文脱口而出，如数家珍。初始教小学数学的冯主任，其他学科也很是精通，教育教学理论更是烂熟于心，理论与实践已经深度融合，臻入化境。4月27日中午，师生综合展示的十二个节目冯主任一一点评，句句切中要害，条条醍醐灌顶。一定程度上说，没有冯主任点拨，就没有4月28日综合展示的完美呈现。

抓落实。功夫在会后。一分布置，九分落实，十分坚持。布置+不落实=0。干工作，就要抓铁留痕，踏石留印。近些年来，冯主任打造了"三名工程"，即培训名教师，培训名校长，打造名学校。或许，正因为冯主任一抓到底的执着落实，才有了今天熠熠生辉的"三名成就"。冯主任以追求卓越的境界、迎难而上的担当、一抓到底的激情、常抓不懈的执着、开拓创新的精神，真做教育，做真教育，培根铸魂，启智润心，为党育人，为国育才！

冯主任说："教育就是用激情点燃激情、用精神振奋精神、用思想孕育思想、用素养提升素养。"冯主任这样说，也一直在这样落实。鲁西北的这片热土，一直流传着冯主任缔造的教育神话。

又见冯主任，依旧是"高山仰止，景行行止"，虽不能至，然心向往之。学习冯主任，一直在路上。

于红尘中安放灵魂（2021-05-10）

每一个不曾起舞的日子，都是对生命的辜负。我力求每一天的每一分、每一秒都过得充实而有意义。每天早上，把今天所要做的事情按照轻重缓急列个清单。完成的画个对号；没有完成的注明原因，标上完成时间。一个惜时的人，可以拓展生命的长度。每天5:30起床，已经形成了生物钟，每天这个点就会自然而然地醒来。

早上，孔书记说今天冯主任要来，我和彦哲主任带上四个学生清扫四楼会议室的卫生，地面用半干的拖把拖干净，桌椅、空调、门窗等全部擦拭得纤尘不染。拍照片发给孔书记，完成任务必有反馈，这是我的工作作风，也是我对中层干部和老师们的要求。有布置必须有反馈，我们一定做一个让领导放心的人、一个值得信赖的人、一个靠谱的人。任务要靠催促才能完成的人，是一个不负责任的人；催促也完不成的人，是一个不称职的人。

不改变思想和工作风格，改变位置是迟早的事情。最近，一楼四个班和二楼四个班秩序优劣颠倒了，一楼秩序比较好，安静得也快。态度决定一切。

今天，中段联考第一天，老师们都很负责。读书，是每天的必修功课。灵魂，在文字的世界里可以得到自由的舒展，如四月花的冰肌芬芳，似五月的风不急不躁。落梅风骨，秋水文章。很喜欢白落梅的文字，如江南山水的温婉如玉，似蓝天白云的悠闲自然。

白落梅的林徽因传《你若安好　便是晴天》，更是美不胜收，两个如梅似莲的女子相遇，怎一个绝字了得。山和水可以两两相忘，日与月可以毫无瓜葛。才明白，有些路只能一个人走。那些邀好同行的人，一起走过雨季，走过年华，终有一天会在某个渡口离散，在某个长亭挥手。几场梅雨，几卷荷风，每个人都有一个江南烟雨梦，粉墙黛瓦，青石小巷，油纸轻伞，丁香女子……

读书，是一件惬意的事情。避开红尘喧嚣，心中修篱种菊，把骨感的婆娑活出诗意的丰盈，也不失为一种幸福。

赢得清晨，方能掌控人生（2021-05-12）

古人云：一日之计在于晨，一年之计在于春。清晨阳气上升、朝气蓬勃，是一天美好时光的开始，好的开始等于成功的一半。"早起三光，晚起三慌"，早早起床，神清气爽，可以为一天的工作做充分准备。

早起的人，多是自律的人。

清晨的睡梦固然美好，怎比得上朝霞满天的绚丽、旭日东升的壮观、清风拂面的惬意、鸟儿欢唱的婉转、快速奔跑的酣畅。早起的人一定有坚强的意志，冬天能够早起的人，意志更加坚强。

当你开始早起的那一刻，你就把生活的主动权紧紧地握在了自己手中。富兰克林说过："我从未见过一个早起的人抱怨命运不好。"

我们每一个人都有两个自我，一个积极向上的自我，一个安逸享受的自我，他们无时无处不在斗争，东风与西风推手，优秀与平庸分局。工作、生活一直就是战场，我们终其一生都是在与敌人较量，这个敌人不是别人，而是懒惰、不自律的自己。记得自己上初中时，寒假我总是5:30起床，先是在煤球炉子上熬上粥，然后再读书写作业。无论上学，还是工作后，早起是我一直坚持的习惯。人至中年，更懂得惜时，身体和灵魂至少有一个在路上，尽可能不让光阴虚度。"流光容易把人抛，红了樱桃，绿了芭蕉。"

早起的人，一定是幸运的人。早起的人，一定是一个努力的人。

越努力，越幸运。你若盛开，蝴蝶自来；你若精彩，天自安排。天道酬勤，说的也是这个道理。你早晨的模样，就是你一生的模样。当你开始早起的那一刻，你就把生活的主动权紧紧地握在了自己手中。这世上，从来没有轻而易举的成功。你付出了多少时间和努力，才配得上拥有多少耀眼的战绩。如果你想拥有特别的人生，就得先做一些非比寻常的事情。所有优秀的背后，都是刻在骨子里的自律。第一个到教室的孩子多是优秀的孩子；第一个到教室的老师也多是出类拔萃的翘楚。这个世界正在偷偷奖励早起的人。一个能逼自己早起的人，全世界都会给他让路。

今天你早起一个小时，看似是不起眼的一次改变。但在这段早起的时间里，你就已经战胜了那个懒惰懈怠的自己。这个世界上没有那么多天赋异禀，不过是当你还在做梦的时候，人家已经开始翻山越岭。赢得清晨，才能掌控人生。改变自己，从早起开始，从当下开始。

五分钟带来的差距，后悔都来不及（2021-05-13）

凡事预则立，不预则废。凡事早到五分钟和迟来五分钟，其结果天壤之别，关乎功败垂成。提前五分钟，是一种积极态度。与人见面提前五分钟，会给人留下惜时的好印象，也是对别人的尊重。约人吃饭，总是主家早早等候，比宾客先到。上班提前五分钟，是一种积极的工作态度，经常踏着点上班或者迟到几分钟的人，对工作的感情与《最后一课》中小弗郎士对课堂的态度又有何区别？1%的疏漏往往会造成100%的错误，正所谓差之毫厘，失之千里。五分钟，在人生中的占比不过是沧海一粟。但是这五分钟，就可能决定你的人生高度。若把握好这提前的五分钟，能让你每步都走得更加踏实更加坚定，提前五分钟，是一种坚强保障。

高考，考生为什么要提前三十分钟进场？为什么提前一个小时到考点？其原因就是怕出现不可预知的意外和不可挽回的纰漏，使得十余年心血付诸东流，这是对高考万无一失的保障。

为什么每次考试都要提前五分钟发试卷？考前五分钟要做的事情很多，检查试卷、答题卡是否漏印、模糊，文具是否齐全，如果中途才发现问题，可能前功尽弃。

课堂我们为什么要求教师提前三分钟到教室？其目的就是稳定学生秩序，提前让学生进入学习状态，这是对课堂和自习效率的保障。五分钟，看似细枝末节，提前五分钟，实则是深见远虑。不懂未雨绸缪，贪图一时之快的人，往往是"大意失荆州"的常客。

提前五分钟是一种优秀习惯。万达集团内部有个不成文的规定：凡是开会，下级必须比上级早到五分钟。我们的日常生活也许无须如此精准，但是学会提早做准备，总是有百利而无一害。一个优秀的人，一定是走在时间前面的人；一个上进的人，开会时也一定会坐在最前排。成功者之所以成功，也许只比你提前了五分钟而已。凡事做好准备，哪怕是提前五分钟，你的人生都会变得与众不同。凡事提前五分钟，然后将这些五分钟不断累积，它将让你的一生受益无穷。

高效工作有技巧（2021-05-14）

工作这样做，想不优秀都难。

一、凡事都要认真去做

世界上的事最需要"认真"，也最怕"认真"，所以一定要强化精品意识、细节意识，时刻拥有"没有最好，只有更好"的理念，养成严肃、严格、严谨地对待工作的习惯，绝不忽视任何一个细节，绝不放过任何一个疑点。要做就把一件事做到极致，切实做到"文经我手无差错、事交我办请放心",自觉杜绝"差不多",追求最完美。

二、一个人走得快，一群人走得远

同心山成玉，协力土变金。团队是一个集体，团结协作、主动补台不只是一种工作方法，更是一种品行操守、一种胸怀襟度。互相补台，好戏连台；互相拆台，一起垮台。

三、执行有力，反馈及时

一个行动胜过一打纲领。如果不沉下心来抓落实，再好的目标、再好的蓝图也只是镜中花、水中月。执行力是第一位的能力。提高执行力，要有及时反馈的"复命意识"和"画句号"的能力。事毕不回复，就像任务完成了99%，只有这1%没落实，虽然就差这么一丁点，事情却没有到位。只要是和岗位职责有关的事，都要及时反馈，做到凡事有交代、件件有着落、事事有回音。

四、干工作要有钉子精神

干工作要发扬钉子精神，一件事不做则已，做必做到底，做到最后胜利。不能三心二意，猴子掰棒子，抓一个丢一个，否则一事无成。要咬定青山不放松，一茬接着一茬干，做好做透做实每一件事，用足够的耐心和韧劲来面对工作生活，不折腾、不反复，久久为功、绵绵用力、一抓到底，积小胜为大胜。

五、正确定位，忠于职守

处在什么岗位就要履行什么职责，岗位就是责任，职务就是责任。

职责，是做事的前提和方向，方向不对，努力白费。千万不要种了别人的地，荒了自己的田。职责范围内的事都要主动地去做，尽心尽力地去做，千万不要事事等领导来安排。发扬"工匠精神"，以强烈的事业心和责任感来对待工作，自觉做到"有信念，讲规矩；有纪律，讲道德；有品行，讲奉献"，苦累面前多思得，工作当中多思责，"专心致志，以事其业"，做到在其位、谋其政、负其责、尽其力、干大活、出新彩。

六、分清轻重缓急，抓本质、抓重点、抓关键

把最重要最紧迫的放在第一位，不太重要不太紧迫的放在第二位，依此类推，分出轻重缓急。要善于抓本质、抓重点、抓关键，切实做到"打鼓打到重心处、工作抓到要害上"。

抓关键，就是要把握关键少数，掌控关键环节，认准关键时机，"射人先射马，擒贼先擒王"，牵牛牵住牛鼻子，打蛇打到七寸上，牢牢把握工作主动权，集中精力，扭住不放，持续用力，善作善成。

七、始终保持适度的紧张感

生命是需要永远激活的，天有日月星，人有精气神，工作必须在状态。对每一个人来说，压力太大会崩溃，但没有一定的压力，不保持适度的紧张感，对身体、对生命、对工作可能都是负能量。

青蛙在温水里待得太久，就会跳不出来；人如果太闲适，就容易生出事、干坏事。井无压力不出油，人无压力轻飘飘。人在岗上、岗在心上，时刻警醒、积极适应、快速跟进，在落细落小落实上下功夫，以"一日不为，三日不安"的责任感和"时不我待，只争朝夕"的紧迫感，一心一意谋工作、干事业。

八、不多事、不误事、不坏事

"不多事"就是尽好本职、守好本分，看好自己的门，走好自己的路，做好自己的事，不该看的不看，不该问的不问，不该说的不说，不该做的不做，不越位抢球，不无事生非，做老实人不吃亏。"不误事"就是勇于担当、敢于负责，坚持高标准、严要求，把岗位作为锻炼自己的舞台，认真履职尽责，把工作作为展示自己才能的载体，这是一种牢记使命、敬畏岗位的责任自觉。"不坏事"就是走得端、行得正，不坏别人的事、不坏大家的事、不坏集体的事。阳光心态，光明磊落，坦坦荡荡，与人为善。

楝树告诉你（2021-05-15）

翰林学校操场东面的草坪是一片楝树。五月，绿意渐浓，楝树花正在盛开。楝树花是淡紫色的小花，五片微小的花瓣白里透紫，簇拥着紫色的花柱；花柱里缘是黄色的绒毛，再往里去是羞红的蕊，深藏闺阁，不会轻易示人。楝树花既无绚丽之色，又无富贵之姿，却尽显从容淡定、清淡如菊的豁达之气，纷繁的细碎里似乎在不经意间弥漫着无尽的浪漫。

楝树花开，一团团一簇簇，比赛似的可劲怒放。她没有桐花紫得张扬，也没有槐花白得耀眼，开得非常低调。楝树花香，沁人心脾，芳香浓郁。楝树花开之后，会结出一串串的青果，表皮光滑，宛如绿玉。楝树花幽香，但果实苦涩，或许人生就是这样，即使你现在的生活清苦，但也有曾经的绽放，未来可期，青春亦无可悔。隆冬季节，叶落枝枯，唯有一串串的楝豆在凛冽寒风中仍然挂在树上，恋恋不舍。或许这就是人们称之为"楝树"的原因吧，楝和恋同音。校园种植楝树，暗喻教育就是师生间的一场"热

幸福，很简单（2021-06-05）

5:20，准时起床，这个点已经被闹钟强化形成生物钟，虽然昨晚凌晨一点才迷迷糊糊地入睡。最近一段时间睡眠不好，也有点上火。心里放不下学生，肩上也一直有着一份沉甸甸的责任，时时萦怀，不敢有丝毫懈怠，生怕稍一疏忽，辜负了初心，亵渎了师德。

5:40，站在教学楼中间大门迎候学生。学生由宿舍的南北大道拐到东西向的草坪小道时，看到我就疾步跑向教学楼，一个学生开始跑，其他学生就像多米诺骨牌一样，都跟着跑了起来。有两个走着的快到我跟前时，一个捂着肚子，一个一瘸一拐，他们意思是告诉我："老师，不是俺不跑，俺是肚子疼，俺是崴了脚。"翰林的孩子，情商不是一般的高。

5:50，小早读开始。学生会同学记录班主任到班情况，崔主任整理发班主任群。每个班级逐一转一遍，眼光逐一爱抚每一个学生。到卫生责任区或者宿舍转一遍。每天的工作就像旭日天天东升一样开始了，周六、周日我们不称周末，所以也毫不例外。每天到每个班级至少都要转上十余遍。发现学习溜号的学生少不得提醒，严重的还要凶他们一下。学生很懂事，不记恨我，因为知道我是为他们好。"严是爱，松是害"的道理，他们懂得，只是基础稍差，自律不足，情商却是高得很。每次相遇，学生总是虔诚问好，让你感觉无比亲近，视如己出。

昨天22:15，我在校园检查是否有违纪的学生。路灯把硕大的法桐叶子斑驳了一地。昏黄的灯光，没有影响学生的视线，一个学生说："老师，您早回家休息吧！您路上慢着点！"一天的疲惫顿时被幸福挤得荡然无存。

老师的幸福，就这么简单。

19:50，漫步操场，忙中偷闲，享受片刻的悠闲。暮色沉了一地，苦楝树开始模糊起来，蝙蝠在树冠间快速地飞来飞去，天幕微暗，西天树高的地方，长庚星在眨着眼睛。一股浓浓的久违的麦芒和麦秸的味道钻进鼻子，儿时的味道无比的亲切，深深地吸上一口，满满的回忆。时序六月，岁属芒种，又是一年麦收时，又是一年高考季。后天就要高考了，祝福高考的学生。

20:30，到班级再转一圈。距晚自习结束还有一个半小时，两个半小时后回家。

每一天，都是这样充实。

开会+不落实=0；布置+不检查=0。一分布置，九分落实，十分坚持。我们不能在台上布置雷声大，会后落实雨点小；我们不能只管发通知，不管抓落实，这种做法是典型的形式主义。对中层干部而言，执行力就是领导力，执行力就是工作力。领导集体的决议，如果在某个中层或者某个环节不能顺畅落实，那么这中层或者环节就成了死结。就像血管里的血栓，只有两种结果：要么血液绕走其他血管，闲置它；要么实施手术，拿掉它。

贵在坚持。坚持就是胜利，成功就在于坚持。成功的路上并不拥挤，因为坚持的人并不多。不积小流无以成江河，靠的是坚持；不积跬步无以至千里，靠的也是坚持。成功，没有轰轰烈烈的壮举，只有平平凡凡的坚持。简单的事情重复做，重复的事情用心做，你就距成功不远了。简单的事情做好了，就是不简单；平凡的事情做好了，就是不平凡。耐住寂寞，见得花开。掌控早晨的人，才能赢得未来。一直钦羡那些早起的人，早起的人一定是自律的人。一个人能取得多大的成就，关键看他晚上八点到十点在做什么。晚上坚持读书学习的人，成功只是早晚的事。

追求卓越。卓尔不同，方能超越。做同样的事情，不同的人结果不同，原因就是做事情的程度不同。你有，我优；你优，我精。一招鲜，吃遍天。凡事做到极致，必定卓越。优秀的人，一定是极致绽放的人。

中层干部也有"四个死扣"，无视领导，不执行；形式主义，不落实；官僚习气，不垂范；中庸思想，老好人。

领导之所以为领导，肯定有过人的地方，特别在我国，我国是精英政治，领导都是经过千锤百炼、过关斩将、层层选拔而来。无视领导，阳奉阴违，做两面人，其结果只能是淘汰出局。搞形式主义，只安排，不落实，雷声大，雨点小，是经不起时间考验的。工作必须踏踏实实，做人更要实实在在。

官僚作风，搞特殊。职位不大，私心不小。要求同事做到的，自己却做不到，不能率先垂范、以身作则、身先士卒，这是做干部的大忌。只是正人，不能正己。做事情两把尺子，一把尺子量别人，一把尺子量自己，这样的干部行之不远。在其位，谋其政，担其责。担责尽职，坚持原则。讲中庸思想，做老好人、老油条、万金油，这样的人绝对不能当干部，至少不会成为优秀的干部。检查工作，发现问题不指出，遇到违纪不批评，你好我好大家好。没有问题是最大的问题。

一名优秀干部的特质：精湛的专业素养使人钦佩；高尚的人格魅力使人叹服；科学的领导艺术使人跟随；克己的忘我付出使人感动。

的火候，需要舒缓连绵的节奏，需要静候花开的工夫。作为教师，我们必须心无旁骛地去面对每一个平凡而又平淡的教育日子，必须激情而诗性地同孩子们去过一种优雅而幸福的教育生活。

教师不能"躺平"，行走在教育的路上，也许这一路免不了雨雪风霜，免不了坡坡坎坎，也许用尽一生也无法实现自己的教育理想。只要我们心若在，梦若在，并顽强地坚持，我们就可以离理想的教育很近，很近！

很喜欢苏轼的这首《定风波》：

> 莫听穿林打叶声，
> 何妨吟啸且徐行。
> 竹杖芒鞋轻胜马，谁怕？
> 一蓑烟雨任平生。
>
> 料峭春风吹酒醒，
> 微冷，山头斜照却相迎。
> 回首向来萧瑟处，
> 归去，也无风雨也无晴。

中层干部的"四个秘诀"和"四个死扣"

（2021-06-04）

聊城市教体局小学教研室主任冯明才曾说过，要成为一名优秀的干部必须做到四点，即：顶层设计、重在落实、贵在坚持、追求卓越。这就是做好干部的"四个秘诀"。

所谓顶层设计，简单地说就是发展愿景及行动规划，简而言之，就是明确做到什么高度，怎么做。做到什么高度，方向比努力更重要。怎么做，要有规划。作为一校之长，要结合学校（包括学校现状、师资水平、生源情况）实际，量身规划学校发展定位，因校制宜制定发展措施。年级校长要明确年级发展目标及具体做法。班主任要明确班级中长期目标，制定具体班级管理方略。一名教师要有教师生涯规划，明确自己做什么样的教师，如何达到理想目标。

重在落实，落实就是"执行力"。

恋",一程陪伴,学生到站下车,教师原路返回,如冬日楝树上不肯离枝的楝豆,虽有万千不舍,也无可奈何。

旭日晨风里、夕阳晚霞下、星辉虫鸣中,在操场上或慢跑,或疾走,或驻足,在浓郁的花香里,重拾往日的记忆芳华,这世间最曼妙的事情莫过于此。两周的时间如白驹过隙,又到小休时间,难得有一晚的清闲。和面、调馅、擀皮、包饺子、下锅、剥蒜、砸蒜泥等一通忙活,韭菜虾仁水饺满屋飘香。爱人拍照发给儿子,儿子视频说:"今天什么日子?你们这么隆重。"儿子如此一问,方觉烟火是这人间的温情,我们在忙碌中迷失自我,以至于不知道初心何在。入职翰林,与爱人吃饭成了一件极其奢侈的事情,彼此忙碌,无暇相顾,家也就变成了宿舍。

天天忙忙碌碌,日日匆匆忙忙,时光悄然而逝,让人浑然不觉。今天,二十三年未曾谋面的学生海龙的到来更加印证了这一点。青葱而美好的时光被尘封在记忆里,朝花夕拾,别有一番滋味在心头,如楝树花芬芳浓郁,令人陶醉。

教师,决不能"躺平"(2021-05-30)

今天学生大休,一个月难得有一个"整天"的清闲。美丽的校园安静下来,来到办公室看看书,写写文章,难得悠闲与惬意。闭门即是深山,读书便为净土。鸟儿在叶子间欢唱雀跃,阳光于树荫中摇曳,久违的布谷鸟儿"布谷、布谷"地吟唱着一首清脆的诗,隔窗眺望,一望无垠的麦浪泛着一片片金黄。翻看手机,发现"躺平"一词很是高频,不知何意,急忙百度了一下。"躺平",指放弃拼命工作攒钱焦虑伤身的生活,主动低欲望地生活的一种生活哲学。躺平是无声的反抗,也是消极的逃避。

人生怎能"躺平"!我的人生观点:这辈子,必须干点事儿,必须成点事儿。我的座右铭:身体和灵魂,至少有一个在路上。

人不能没有理想,作为传道、授业、解惑的教师,则更不能没有教育理想,更不能躺平。作为教师的我们,必须要有坚持不懈的付出、一如既往的追求、水滴石穿般的坚守、咬定青山不放松的执着;必须锲而不舍、坚而不移、困而不惑、挫而不止、败而不馁。

教师是园丁,教育像种田,需要时令与季节的酝酿,需要耐心与细心的加持,需要润物无声与细水长流的滴灌;教育如煲汤,需要"小火慢炖"

阅人也是读书（2021-06-17）

  我与书，如鱼和水。读书时，灵魂是自由的，如水中的鱼、天上的云、川上的风，喜欢书中的墨香。拿到一本新书，先把脸埋进书里，深深地吸上一大口，闭上眼睛，享受芬芳入脑、经肺、沁心。

  书香比墨香要清，也更悠长，更令人回味。文字如精灵，轻盈灵光；似春风，舒适温婉；如谷兰，清雅芬芳。文字是忠实的，没有一丝虚假。文字是有温度的，有一百摄氏度的热烈，也有零下的冰冷，还有零度的清醒。我手写我心！但有些话、有些事不能说，也不能写，只能默默地捂在心里，或者晾晒在久违的星光里。

  关心你的人，反复读你的文字，能洞透文字的故事、感触文字的温度、读懂你的不容易。生活不只是眼前，还有诗和远方。

  当生活充实只剩下远方，诗也就蒸发得毫无踪迹。生活，怎是一个忙字了得！忙得一句话也懒得说。却喜欢，让心情在指尖流淌。中年如狗，满眼是指望你的人，却没有一个人可以暂时依靠。生活一地鸡毛，在凌乱中扒拉出一片安静，栖息貌似高贵的灵魂。世界大舞台，每个人都是一本书。或厚重，或肤浅；或朴实，或虚伪；或阳春白雪，或下里巴人；或曲径通幽，或古道热肠；或自作聪明，或坦诚自在。

  阅人如读书，掩卷长思，观众生百态。拈花一笑，把自己调成静音模式。人这一生，可能被别人笑笑，但自己绝不笑笑别人。不在别人的世界，当然不懂人家的冷暖，更没有笑的理由。感谢文字的问候，寒冬变成暖春，酷夏也化为秋凉。这世上最动人的字是"懂"！草在结它的种子，树在摇它的叶子，不说话，就很美好。

  淅沥了两天多的雨，慈悲地停下来。虽然带来清凉，但麦收时节的雨，那么不合时宜，惹人生厌。在人群的喧嚣里，与文字共舞，如夏夜的凉风。你们聊你们的天，我写我的文字。残缺的世界，也可以在脑海里完美。苦痛的婆娑，也能够在梦里笑出花来。

  这世界只有不幸福的人，没有不幸福的心；没有薄凉的世界，只有薄凉的人。有梦的人，才能赢得世界！我们都是追梦的人！

养活一团春意思（2021-07-02）

曾国藩自送箴言：养活一团春意思，撑起两根穷骨头。

柔弱者生之徒。柔，是生命的特征。春风化雨，柔软却有滋润万物的力量。做人也一样，太刚硬就会碰壁。狂风吹不断柳丝，齿落而舌长存。外柔内刚才是做人的智慧。

内心有分寸，不会一味退让；做人有原则，不会没有底线。外圆内方，余生才能在这个世界上刚柔兼济，游刃有余！

做事太过认真，不能随圆就方。喜怒皆形于色，难懂曲径通幽！

嘴角微微上扬，整个世界都是甜的。世事岂能尽如人意，但求无愧我心。做自己该做的，不是做别人想做的！

学校班子会上，孔校长说："领导在，比的是干劲儿；领导不在，比的是人性！"深以为然，颇有同感。

带队伍，带的是人心；交朋友，交的是人性。夜很静，星星很孤独；风很轻，夜虫不寂寞！

婆娑红尘，会遇见来来往往的人，也会经历熙熙攘攘的事。经历纷纷扰扰事，认清形形色色人。相处不同的人，也可推断其所做的事。

大千世界，芸芸众生，包罗万象。我们要学会和不同的人相处，还要和谐地相处。坦诚相待，热心助人，这样的人一定会有好的口碑和人缘。

尺有所短，寸有所长。用人，就要用其长，避其短，切不可求全责备。人无完人，金无足赤！宽容，是一种美德，更是一种涵养。

与人为善，勿嗔怒于人。但现实不可能与人嫌隙，如不可避免，宁得罪十个君子，不得罪一个小人。既称小人，必然阴损刁钻、小肚鸡肠，下黑手、使阴招、放冷箭，让人防不胜防。

一棵小草，会压死一匹骆驼；一粒沙子，可能折煞一匹骏马。

群居守口，独处守心。沉默是金，祸从口出。人贵语迟，水深流缓。评价一个人，一定要慎之又慎。最好不要评价任何人。即使，识得人心，但变化才是这世上的永恒！表扬褒奖一个人，无论是集体还是个人，必须慎重。否则，很有可能做出自打自脸的判断！

独处守心，慎独克己。做事做人，坚持原则，守住底线。我对工作认真，坚守原则，照章办事，不念人情，得罪过不少不遵规守纪的人，也遭不少偷奸摸滑的人诟骂。我自岿然不动，任尔东南西北风。愧对学生，就是愧对我；有损集体，就是有损我。做人做事，一定远离负能量、多抱怨的人。

　　与人为善，目之所及处，心之所及处，处处是美好，时时有幸福。与人为善，坦坦荡荡，心情愉悦，寝食得安。人至无求品自高。心向阳光，勿求完美。生活之美好，一半花开，一半月圆。"半"的魅力，是留白，是空间，是想象。就好似一首唐诗，抑或一阙宋词，无限深情载于其中，引人遐想连连。花未全开月未圆，最好看的花是半开；最美好的月亮，是月半。人生不必太圆满，一半就好，于无声处听惊雷，于无色处见繁花，只求对半，方得圆满。

遇见最好的自己（2021-07-06）

　　人的一生，就是为了遇见最好的自己。每天起舞，不辜负每分每秒，力争分秒都过得有意义，明日不会惋惜。每天反思自己的言行得失，虽然每天都有遗憾，或许正是遗憾，才让日子如此真实。

　　每天都有遇见，遇见别人，也遇见不同于昨日的自己。"无论你遇见谁，都是你生命中该出现的人，绝非偶然，他一定会教会你些什么。"

　　或许是让你懂得爱，懂得真，懂得恨，懂得痛。所有的爱恨情仇都是生命的一部分，是生命的一场修行。我们需要一步一步地走过去，才能遇见光明，遇见更好的自己，才能撑得起生命的坚韧与厚重。

　　"吾日三省吾身。"人的一生会有无数的追求，繁花深处总是很容易迷失了自己。人生，我们最开始遇见的是自己。到最后，离开的依然是自己。世界上最美的相遇，是遇见另一个更优秀的自己。这也是人生的目的。

　　冯明才先生说：伟大，是熬出来的！每一个强大的人，都曾咬着牙度过一段没人帮忙、没人支持、没人嘘寒问暖的日子。过去了，这就是你的成人礼。放弃也许很容易，但坚持一定很酷。或早或晚，岁月从不会辜负每一个用力奔跑的人。你只管努力，其他一切交给时间。走的每一步路，说的每一句话，做的每一件事，都会使我们得到历练，慢慢改变，让我们朝着更好或者更坏的方向越来越远。朝着一个更温暖、更积极的方向去努力，一定会与更多美好不期而遇。

　　遇见最好的自己，才能遇到最好的别人，才会遇到最好的生活。

教育就是一场美丽修行（2021-08-04）

教育就是一场遇见，总是给人带来意想不到的惊喜，引动生命里最深处的感触，成为人生中最暖心的感动。岁月流转，四季更替，学生来去疏忽，一如花落花开，也似云卷云舒！

白云苍狗，永不褪色的是教育的初心；斗转星移，永不改变的是对教育的那份执着与热爱！我一直用生命去做教育，用心用情去生活，力求做一个真实而真诚的人。我力求生命自带温度，可以温暖和感染身边更多的人。

对善良、真诚的渴望与追求，对生活、工作的热爱与执着，就像种子播撒在每个学生的生命里，生根发芽，让每一个孩子也成为更好的自己。最好的自己，美丽的不同！没有喧哗，没有浮躁，只是纯粹地感受教育带给我们的幸福和快乐。听听破茧成蝶的生命故事，体味拔节抽穗的艰辛历程，静心聆听，真情感受。内心会如沐春风般被洗礼，被丰盈。教育就是如此美丽！

二十八年来，从乡镇到县城，从初中到高中，从数学到地理，从教师到领导，工作虽跌宕起伏，却一路欢歌，不曾气馁，更不曾服输！

二十八年来，用生命润泽生命，用思想照亮思想，用激情点燃激情，用爱心滋养爱心，用个性发展个性，用梦想唤醒梦想，用创造激发创造，用浪漫缔造浪漫，用情趣营造情趣，用人格铸造人格，用心灵赢得心灵，最大的收获就是师生间那份沉甸甸的感情、那份历久弥新的感动。我的眼里为什么充盈着泪水，因为我对教育爱得如此深沉！

感恩每一次的遇见：遇见了一些人，美丽了你的灵魂；遇见了一些书，丰盈了你的内在；书写了一些文字，充实了你的回忆。

我一直在坚守与前行，如沙漠中不知疲倦的骆驼。身体和灵魂，总有一个在路上！

新高一的荷塘（2021-08-29）

这几天颇是忙碌。接区人武部通知，军训由9月1日提前到8月22日，很是措手不及，所有工作都相应提前十天。经过一番没黑没白，所有工作皆按计划顺利完成。8月22日后，新教师岗前培训和新生军训，齐头并进有序推进。

三天半时间：听53节课、一次学科教研、一次教学报告。

最近休息不太好。困意很足，但不能入睡，满脑子的工作安排，迷迷糊糊的梦里满是，挥之不去，生怕哪项思虑不周，造成不好影响。

昨夜的秋雨清晰地敲了一夜的窗，想了很多，无关过去和现在，也无关真实与虚幻，杂乱无序。秋天的雨，没有春雨的酥柔，却很是缠绵，异常执着。不知道今天的军训会演是否能顺利举行。

8月29日11:00，学生离校，难得有短暂的清闲。

校园的喧嚣被秋雨揉碎了。静静的，那么美。翰林学校操场东边的草坪里有一条曲折的砖铺路。平时少有人走，夜雨天更加寂寞。路的两侧长着许多树，虽不葳蕤，但很婀娜。路上只我一个人，思考着人与事，不禁潸然一笑，所谓的众生，莫不是人间的烟火。

这一片天地好像是我的；我也像超出了平常的自己，到了另一个世界里。我爱热闹，也爱冷静；爱群居，也爱独处。

像今天，一个人在这僻静的午后，什么都可以想，什么都可以不想，便已是无边的妙处。

心有雷霆，面若静湖（2021-09-01）

已识乾坤大，犹怜草木青。虽经世事沉浮、人间沧桑，若见草木生发，春风又绿，亦可生喜悦之情。

持一份少年心，行一段中年路。孩子和老人都是神，能见常人所未见；孩子和老人都是佛，都是欢喜佛。孩子因不谙世事而欢喜，老人因洞明人情而无忧。

人生的最高境界就是痛而不言，笑而不语。言，痛未减；语，喜也未增。走过半生，悲喜参半，年少时的不如意，如今早已看开。

很喜欢的一句话：心有雷霆，面若静湖。

佛家有云：红尘看破不过是浮沉，生命看破不过是无常。

平情应物，淡定安然；不悲不喜，聚散随缘。

一切，都会过去！且行且珍惜！

宠辱不惊，看庭前花开花落；去留无意，望天空云卷云舒。

开学第一课：送给高一学生的五句话

（2021-09-02）

开学第一课：送给高一学生的五句话。

一、方向比努力更重要

培根说："做人有计划，人生有方向。"巴金说："从容思考，从速实行，方向永远比努力更重要。"方向即是目标。所谓目标，其实是在起点上就开始为自己设置的终点，这就要求我们要做终点思考：到达终点时，我们应该成为什么样子，应该完成哪些事，应该达到怎样的程度……

高中三年该如何度过？高中三年如何挖掘自己的潜力？高中三年如何实现整体生命的最优成长？高中三年后要考哪所大学或什么层次的大学？高中三年后的今天会在哪里？我们只有想透了这些，才能让我们知道怎样利用好高中三年，才能保证我们制订科学、合理的学习规划，才能有好的结果。

二、坚持比方向更重要

马云说过：今天很残酷，明天更残酷，后天很美好，很多人倒在明天的晚上，见不到后天的太阳。也有人说，成功的路上并不拥挤，因为坚持的人并不多。

再远的路，走着走着也就近了；再高的山，爬着爬着也就平了；再难的事，做着做着也就顺了。没有经历的人，就学不会成长；没有经历的心，就做不到坚强。吃过失败的苦，才能拥有强大的内心；吃过生活的苦，才会懂得珍惜，记住，你现在吃的苦，都是通往未来的路。永远不要小看自己的付出，也不要害怕会失败，只要你能够坚持下去，最后一定能够收获胜利的果实。暂时的付出不一定有收获，但是不断地付出就一定会有收获。

三、活着比什么都重要

每一个生命都是妈妈播下的一粒种子，每一粒种子都是独一无二的，无论你走在哪里都是一道美丽的风景，珍爱生命，珍爱灵魂，在人生的道路上蓬勃向上。生命是最宝贵的，每个人的生命只有一次，它不像财富能失而复得，也不像离离原上草"枯荣交替"。失去了生命就失去了一切。

生命是你拥有一切的资本，没有生命，一切归零，而健康是你身体的支点，关爱生命，尊重生命，珍惜生命，你的生命线才能不断地延长。拥有健康，拥有强壮的身体，快乐的心态，你才能笑到最后，傲视一切，屹立在人生的最高点，远眺远方，让心飞翔。

高中生有点压力是正常的。要把这些压力化为前进的动力，不要焦虑，不要把所有的一切憋在心里，也要学会释放。三年中，你会遇到很多瓶颈，会遇到一些挫折。永远要清楚，不只你在努力，比你优秀的人也在努力着。从眼前的小事做起，不要停止前进的脚步。

四、要对自己负责

十五岁的你已经不再是一个稚嫩的孩子，身上背负的将是你的未来。坐在这里，就要做好未来三年会很辛苦的准备。我一直很信奉的一句话是：做就要做好，全力以赴，无愧于心。十五岁以上就是青年。上了高中，你要对自己负责，对自己的一言一行、一举一动负责。你要学会管理好自己的情绪，管理好自己的身体，管理好自己的感情，每天进步一点点，为自己的人生打好基础。

五、要学会管理身心

高中不只有学习，你要有一些自己的爱好，无论是唱跳、画画抑或跑步，都应毫不动摇地坚持下去。多读书。要多看除了教辅之外的有用的课外书，这些书籍一定是对你的人生有帮助的。

很多时候可能你不会觉得，但是你看过的这些书会一直潜移默化地熏陶你，改变你的思维，甚至影响你的一生。

学校中层干部的"三三"原则（2021-09-11）

学校中层干部是学校发展的中坚力量、中流砥柱，也是学校管理的"腰部"力量，作用举足轻重。

一、中层干部角色的"三种定位"

1. 对上负责，是校委会决议的坚决执行者。

中层干部不仅要尊重校领导的工作能力，更重要的是尊重校领导的人格，处处维护和树立校领导在教师中的威信和形象，服从校领导的工作安排。妄自尊大，分不清东西南北，是政治极不成熟的表现。中层干部要围绕校领导的工作思路做好本职工作，而不能违背或者超越校领导的意图和决策行事，更不能阳奉阴违，明面一套暗里一套。欺瞒领导，是中层干部的大忌。中层干部正确对待表扬与批评。因工作出色得到校领导肯定和表扬时，要谦虚谨慎，戒骄戒躁。受到校级领导的批评时，要主动反思，从错误中吸取教训，从批评中汲取营养。

2. 对下负责，是管理对象的坚实维护者。

中层干部始终不能忘记自己也是从普通教师成长起来的，与普通教师接触交流时要放下架子，站在对方的立场想问题、办事情。同时，在具体工作中，要冲在前、干在前，而不是一味要求老师打头阵。

在本部门中，要树立"一个人都不能少"的意识，不能以个人的兴趣爱好来审视科室成员，不能有亲疏之分，要营造和谐、融洽、平等、互助的团队氛围。

3. 对己负责，是干事创业的标准引领者。

学校中层干部的身体力行，做好表率，打好头阵，是管理的第一要务。"怎么做"比"怎么说"重要，张瑞敏信奉"领导要是坐下，部下就躺下了"。中层干部必须率先垂范，以身作则，正人正己，否则管理起来就会底气不足，腰杆不硬。其身不正，虽令不行。

二、中层干部工作的"三常管理"

中层干部要目中有人，要以走心来唤醒其内驱力，用真情来陪伴其融入团队。尊重常识，不做违背教育教学规律的事；抓实常规，让常规见诸师生行为而非停留在制度层面；形成常态，管理系统自动化，组织运行有条不紊。

"求精"，要有精品思维，把简单的事情做得不简单，把平凡的事情做得不平凡。管理，对象是人，目标是事。人，要靠制度来管；事，要用流程来理。学校管理要有结果地评价反馈，更要有过程地跟进督导。做事情必须有始有终、有头有尾，凡有任务，必有跟进；凡有布置，必有检查；凡有问题，必有反馈。问题刚有苗头时，就能提前干预，"治未病"，这是管理的高境界。要善于"望闻问切"，善于诊断问题，及时开出处方。

三、中层干部工作的"三条秘诀"

1. 开会+不落实=零。

一分布置，九分落实，十分坚持，久久为功，功到自然成。

2. 布置工作+不检查=零。

信任离不开监督。是人就有惰性，管理就是把人的惰性降到最低。

3. 抓住不落实的事+追究不落实的人=落实。

中层干部要把80%的精力放在两方面：其一抓住不落实的事，督促落实；其二追究不落实的人，降职调岗。用对人，才能做对事。

总之，中层干部就是行动、行动，再行动。一个富有经验、具有强大领导力的中层干部，其最大才华在于能够始终清醒自知、富有远见、脚踏实地、善做善成。

中层干部要在爱中出发，在事中磨炼，在做中精进。

考试成绩这样分析（2021-09-17）

9月13日双周测，9月17日两个年级召开了成绩分析会。

教师和学生往往关注的是成绩高低，而忽略成绩分析。考试就是照镜子，找差距、定措施才是考试的最终目的。开学两周，同类型班级就产生了较大的差距，班主任和任课教师必须认真面对，不可掉以轻心，必须找差距，定措施。

通过分析，总结规律如下：

1. 管理决定平均分的高低。

平均分高的班级，班主任一定是管理严格，力度大，故而班风正，学风浓。学科平均分高的教师，教学落实一定到位，措施得力。

2. 做事关键在用心。

有的班主任工作积极主动，班级管理用心上心，积极想办法，年级安排的事情落实到位，成绩固然好；反之，成绩则差。高二（8）班在同类型班级中平均分最高，李岩老师第一次当班主任。高二历史平均分最高是申思老师，第一次教历史。这两个案例说明，生就是熟，熟也是生。凡事贵在用心，成在上心。

3. 方法与态度都很重要。

高一年级，十二个班成绩悬殊。十二个班主任都很努力，但结果不同，归根结底还是工作力度和工作方法的原因。

4. 考试结束，更是开始。

班主任必须逐一分析本班学生成绩，建立学生成绩档案，专门召开主题班会，表扬与激励相结合。确定下次考试班级目标（在年级的名次），让学生确定下次考试的个人目标（年级名次），激起学生的斗志，比学赶帮超，迎难而上，成功逆袭。

一、学生成绩的分析方法

1. 正确对待成绩，进行横向对比。

考前的学习状态，考前的努力程度，自己的学习方法，考前的准备情况以及自己的应试策略与技巧等各方面与别人进行对比反思，找到自己主观上或是客观上的差距因素，然后再看别人的学习是如何进行的，见贤思齐，迎头直追。

2. 进行纵向对比，自我评价。

将本次的年级名次和中考的年级名次相对比，看一下变化，上升还是下降。最好把自己的每一次考试成级名次做成一个曲线图，这样就会一目了然，对自己的成绩分析这是一个很奏效的方法。

3. 反思自己的考试心态和答题策略。

形成自己的考试习惯和答题风格。合理分配考试时间。第一卷与第二卷的时间分配，每一道题目的作答时间划分，都要有一个合理的计划与安排。

答题顺序原则是先易后难，先熟悉后陌生。做每一道试题的原则就是要按程序去做题，规范答卷，七分审题，三分书写；审题要慢，书写要快，计算要准，表达要快；每一道试题都要精细化地对待，按程序去解决问题，不留下遗憾，把低级失误降到最低。

4. 查找自己的知识盲区和低级失误。

通过考试，能够很好地查找出自己的知识盲区，把自己根本不知道的知识点列为下一步自己的复习重点和归纳总结之处。对于这样的点要加强补偿和总结，最好是在自己的笔记本上进行总结，找出解这类试题的规律来，以备下次再遇到而心里不慌。这就是所谓的查漏补缺，归纳总结。

二、试卷分析策略

1. 从逐题分析到整体分析。

从每一道错题入手，分析错误的知识原因、能力原因、解题习惯原因等。分析思路是：

这道题考查的知识点是什么？知识点的内容是什么？这道题是怎样运用这一知识点解决问题的？这道题的解题过程是什么？这道题还有其他的解法吗？在此基础上，学生可以进行整体分析，拿出一个总体结论。学生考试丢分的原因大体有三种，即知识不清、问题情景不清和表述不清。

所谓"知识不清"，就是在考试之前没有把知识学清楚，丢分发生在考试之前，与考试发挥没有关系。

所谓"问题情景不清"，就是审题不清，没有把问题看明白，或是不能把问题看明白。这是一个审题能力、审题习惯问题。

所谓"表述不清"，指的是虽然知识具备、审题清楚，问题能够解决，但表述凌乱、词不达意。上述问题逐步由低级发展到高级。研究这三者所造成的丢分比例，用数字说话，也就能够得到整体结论，找到整体方向了。

2. 从数字分析到本质分析。

要点有三：

（1）统计各科因各种原因的丢分数值。如计算失误失分、审题不清失分、考虑不周失分、公式记错失分、概念不清失分等。

（2）找出最不该丢的5—10分。这些分数是最有希望获得的，找出来很有必要。在后续的学习中，努力找回这些分数即可。如果真能做到这些，那么不同的学科累计在一起，总分提高也是很可观的。

（3）任何一处失分，有可能是偶然性失分，也有可能是必然性失分，学生要学会透过现象看本质，找到失分的真正原因。

3. 从口头分析到书面分析。

在学习过程中，反思十分必要。所谓反思，就是自己和自己对话。这样的对话可能是潜意识的，可能是口头表达，最好是书面表达。从潜意识的存在到口头表达是一次进步，从口头表达到书面表达又是一次进步。书面表达是考后试卷分析的最高级形式。所以，建议学生在考试后写出书面的试卷分析。这个分析是反观自己的一面镜子，是以后进步的重要阶梯。

4. 从归因分析到策略分析。

根据上面的分析，制定出行之有效的措施。三种分析逐层递进：现象分析回答了"什么样"，归因分析回答"为什么"，对策分析回答"怎么办"。学生首先要做到心中有数，具体应做到"九字诀"：马上写、及时析、经常翻。

秋雨里，听拔节的声音（2021-09-19）

喜欢雨，雨中的世界静谧悠远，心灵舒缓而自由。在雨中，什么都可以想，什么也可以不想，仿佛这个世界与我不再有一丝一毫的瓜葛。我就是整个世界，整个世界就只有我。世界，从未如此通透清澈，如此美好婉约。最妙的是墨轩听雨，或独饮香茗，或掩卷长思，或挥毫泼墨，或丝竹盈耳，或修竹摇窗，一切都是最妙的安排。夜雨更佳。滴滴答答羞扣窗，酒醒梦回愁几许，夜阑还独语。雨声，或潇潇，或绵绵，或静默，有声时如丝竹琴瑟，无声时似露光月莹。喜欢雨，春夏秋冬皆有缘遇见。春雨，酥软清柔，羞赧夜至，润物无声，浸润着泥土的芬芳，花儿的清香，让人醉。夏雨，豪爽果敢，淋漓酣畅，来得猛烈，去得洒脱。狂风大作，乌云密布，电闪雷鸣，大雨倾盆，雨后霓红。雨后初凉，让人爽！冬雨化作琼花，玉肌冰肤，晶莹圆润，自是一番冰晶玉透，配上一树凌霜傲雪的梅花，自是人间美卷。踏雪迎梅，让人念！秋雨绵绵，在悄无声息的不觉中下起来，不疾不徐，洋洋洒洒。秋雨，让秋意更浓，秋雨梧桐叶落时，便是秋。

一场淋漓的雨，就是一场秋凉，凉风阵阵，这更是一种岁月的情绪，起时怅然，落下寂寥。秋雨的凉，丝缕入心，渗透骨髓，夜雨的静谧，即便是诗人可以遮掩着什么，再委婉诗意地沉吟，也足以令人伤怀。

擎一支长伞，出教学楼，经曲折的草坪小径来到操场，漫步雨中，怎是一个惬意了得。浮想联翩，往事几许，皆上心头。

昨天，几个学生来学校，谈起求学岁月，感念颇深，感恩有加。

学生忆起当初我的谆谆教诲，时时萦怀，挥之不去。学生这些刻骨的记忆对老师而言，都是分内之事，职责所在。

老师的一句话，可能改变孩子的一生。老师一句话，学生感念终生！

近日，朋友问我，为什么不力争做个校长，我蓦然一笑。校长是教书育人，教师也是教书育人，我也正在教书育人，何须改变！

拔节孕穗，不一定在春季，心有所向，四季皆春！

秋雨绵绵，情在拔节，心在抽穗。我看到了未来，你的未来，我的未来，心的未来！

秋雨中的曼妙独处（2021-09-24）

今年的雨几乎都给了秋天。昨天，太阳露一下脸就又独处去了。我喜欢雨，更喜欢独处。一人在房间里，沏一杯茶，读一本书，吟一阕词，是多么美好。我不喜欢打扰别人，也不被别人打扰。无事不闲，有事不乱。人至中年，凡事看得很开，云卷云舒，花开花落，去留随意，宠辱不惊。利用好自己的闲暇时间，把自己修炼成最好的样子。静而后能安，安而后能虑，虑而后能得。生活总是变化无常，遇到什么人，发生什么事，我们无法决定，我们唯一能做的就是安定自己的心。

心如镜湖，从容以对。一个遇事不乱的人，一定有一颗清明、柔软的心。胸有乾坤，才能脚踏山河。不因往事愁，不为来日忧，随处做主，立处皆真。内心安静的人，有拿得起的欢喜，也有放得下的豁达。

杨绛先生曾说："简朴的生活、高贵的灵魂，是人生的至高境界。"

如同山间野菊一般，不与群芳竞姝丽，为自己而活，芳香自在。

作家雪小禅曾说："人到了一定年纪，是往回收的，收到最后，三两知己，一杯浅茶，简简单单，把生活活成自己想要的样子。"

闲时不荒废自己，才能有精彩的明天；忙时不乱了阵脚，才会有从容的人生。

内心丰富的人，人生处处是风景，看世间万物都如莲花般清雅。

余生，愿你我都能保持内心的丰盈，才能遇见更好的自己，拥有一段更坦荡的人生。

男人的侠客梦（2021-10-01）

只要是男人，就有侠客的梦想。山高水远，古道斜阳；月明星稀，红袖添香。在梦里，经常身轻如燕，飞檐走壁，高来高去，双手一抖，便可云霄直上，怎是一个惬意了得！双眼一睁，却是累得不行！金庸先生说："只要有人的地方就有恩怨，有恩怨就会有江湖，人就是江湖。"我们是江湖，江湖是我们。江湖，无时不在，也无处不有。内心深处总有一种只有自己才知道的美好。但是，真正的人，真正的事，往往不及心中所想的那么好。或许，正是因为心中的那份美好，生活才变得如此有意义！

生活有苦，正如天有风雨。有些苦，并不是真正的苦；你有苦说不出，那才是真的苦！无人懂，只能自己在心里一遍遍地尝遍苦楚。这是苦，也是孤独！

先学会做人再学会做事，人品是最高的学位，远比才干事业、文才武功更有价值，更具魅力。红颜弹指老，刹那芳华。时间如滔滔江河，奔流不息，所有人都会被留在某个渡口，或早或晚。情之为物，本是如此，入口甘甜，回味苦涩，而且遍身是刺，你就算小心万分，也不免为其所伤。

侠骨柔情，至刚至柔，神也有苦，佛也有泪！

你的努力，终将成就无可替代的自己
（2021-10-04）

一个人与单位，就像小草与大地、鸟儿与天空、鱼儿与大海。小草离不开大地的肥沃，大地也需要小草的绿色；鸟儿永远飞不出天空的广袤，天空也因鸟儿而不再寂寞；鱼儿因大海而生存，大海因鱼儿而有生机。单位是你显示自己存在的舞台，提升身价的增值器。单位是你美好家庭的后台，安身立命的客栈。一个人离开了单位，就像小草没有了大地、鸟儿失去了天空、鱼儿离开了大海。在单位一定要学会珍惜。

一是珍惜工作岗位。岗位就是职责，职责就是担当，担当就是价值。岗位，是一种稀缺资源。一定要感谢让你独当一面的人，一定要感谢给你压担子的人，一定要感谢给你平台的人。因为那是机会、信任、平台，也是发言权。有些时候，不一定是你优秀，而是给你机会的人优秀。有些机会，你不要认为必须是你的，比你优秀的大有人在。地球离了谁都能转，单位也一样。现在，机会可能是你的，如果不努力，明天就是别人的。你行，还得有人说你行，说你行的人还得行。

二是珍惜同事关系。同事，是比兄弟姐妹相处的时间还要长的人。同事关系一定要珍惜，宁可自己受委屈也尽量不争高低。因工作树敌，是最得不偿失的！见贤思齐，以空杯心态去向别人学习，三人行，必有我师，别人总会有优点值得你去学习。原谅别人就是解脱自己。工作要对事不对人。事情过去了，就必须翻篇，不能翻旧账，更不能秋后大清账。用制度管人，用流程管事。难题，要缓处理，让子弹多飞一会儿。以责人之心责己，恕己之心恕人。

三是珍惜已经拥有。在单位，你已经拥有的一定要珍惜。你已经拥有的一旦丧失，你就会知道其价值。成功就是滚雪球，需要一点点地积累。舍弃原来拥有，你就要重新来过。珍惜你拥有的位置，即使权力很小，也会有人尊重，也会有人羡慕的。你的不满足可能是别人努力的方向。要学会调整心态，使自己在枯燥无味的工作面前有一种常新的感觉和姿势，这就创新。单位无论大小，一把手只有一个。那些能够在一把手面前推荐你的人是你生命中的贵人。在单位要克勤克敬、兢兢业业，而不是敷衍塞责、妄自尊大。靠吃老本，不思进取，一定会坐吃山空。在单位要尽量远离那些鼓动你不工作的人，鼓动你闹矛盾的人，那是在让你"吸毒品"，他们会让你慢慢堕落。你的努力，终将成就无可替代的自己。

比体育还阳光的——小耿老师（2021-10-07）

小耿老师微信告诉我说，她是公众号"老杨心语"的忠实粉丝，想拜我为师。我说学无所长，教无所成，没有什么可以教她的。

小耿老师坚持己见，说要国庆假期来看我。10月7日9:10，小耿老师及爱人、女儿一家三口到访翰林学校。小耿及爱人小陈都是小学体育老师，面带微笑，青春阳光，空气中都充盈着满满的活力。年轻真好，二十几岁的时光足以惊艳一生。两岁多的女儿聪明伶俐、活泼好动，显然是继承了父母优秀的基因。虽是初见，小耿及小陈并不生分，好像我们已是认识了好久的朋友。

既然同为教师，话题自然是学校、学生、同事，还有课堂的困惑、教学的规划、人生的愿景。

小耿老师教学上很有想法。小学体育必须要有与众不同的、独具学校特色的出彩项目，方能一枝独秀，独占鳌头。

县城小学做到都不容易，农村小学更难。此事既需要学校领导的大力支持，还需要学校财力的坚强后盾。

小耿老师事业上很有追求。作为一名教师，是走管理路线当学校领导，还是循教研方向成学科名师？管理路线充其量能成一校之长；教育教研却能成就名师，行之更远。小耿老师工作上很有激情。只为成功找办法，不为失败找借口。一心一意工作，专心致志教学。别样施教，创新教学，她深受学生及家长喜欢和爱戴。认识小耿老师或许是缘于那场报告（2021年2月24日，茌平区2020年新入职教师培训会在杜郎口中学召开，我做了专题报告《施有温度的教育，做有幸福感的教师》），或许缘于公众号"老杨心语"的不懈耕耘。可以断定的是，我们都有一种教育情怀、有一份教育执着。

我在小耿老师身上看到了我年轻时的影子，只不过她比当时的我要优秀很多很多。凡心所向，素履以往，生如逆旅，一苇以航。

仰望星空，脚踏实地，行之不辍，未来可期。

我好像看到了教育天空中升起一颗耀眼的新星。

这样的教师，学生最喜欢（2021-10-13）

这样的教师，学生最喜欢：

一、舒服亲切，平等温和

着装大方得体，整洁雅致。表情看上去亲切自然，面带微笑，心存温和。学生喜欢你的样子，才会悄悄地喜欢你的学科。

说话的语气就像朋友，从不会居高临下，让人感到很平等，听着很有安全感。学生犯了错误，不会不分青红皂白地批评数落，而是坐下来与学生一起分析犯错的原因，给出解决的办法。教师的言语底线是不能粉碎学生的梦想。

二、知识广博，与学生有共同话题

教师读书一定要多，要有丰富的知识。要能懂点时尚的文化热点，理解并尊重学生的兴趣爱好，最好也能与学生一起聊一聊热点的话题。在课堂上，讲课要风趣幽默，富有智慧。

三、理解、赏识学生

教育是从理解和赏识学生开始。不在公众面前伤害学生的自尊。

学生只要有一点进步，总会毫不吝啬地赏识，点燃孩子的热情，增强学生的自信。

四、宽容，有同情心

教师，应民主和宽容，富有同情心。宽容是最大的美德，同情心是最高尚的情感。所有的教育都建立在宽容、爱以及快乐的基础之上。真正有用的不是惩罚，而是爱和鼓励。

五、教给学生思维的方式

教师，不仅教给学科的思维方式，也应渗透给学生生活的思维方式。学科的思维方式能让学生学会学习，独立学习，获得终身学习的本领。生活的思维方式能让学生在生活中遇到烦恼，遇到挫折时，不钻进死胡同，用哲学的思维方式，获得自我的解脱，拥有健康的心理。合格的教师教知识，优秀的教师教方法，智慧的教师教思想。这种"教"不能是"说教"，最好做一个讲故事的高手，让教育变得无痕，让学生从故事中获得思维方式。

六、带好头，能自律

好的教师，一定是学生的榜样、自律的典范，正人正己，率先垂范。教师勤奋，学生就不会懒惰；教师上进，学生也堕落不到哪里去。

七、教育就是点燃、唤醒、激励

好教师一定是相信学生的,相信每一个学生都有无限的可能,让每一位学生的心中都有一个美好的憧憬与向往。千万不能抛给学生哪怕一束带有鄙夷的目光,千万不能给学生贴上带有负能量的标签。一切皆有可能,谁也不能预料未来会怎样。

八、善于反思

教师一定要善于反思。不要对学生这样说:"这么简单的题目,我已经讲了三遍,你怎么还没听懂?"

教师反思自己:是不是我讲的方法不够好?我有没有更好的方法、更简单的路径让学生能一下子就听得明明白白?

这样的家长会,家长最喜欢(2021-10-14)

如何开好家长会,方法比态度更重要。家长会是家班共育的有效途径,是家班合一的教育载体。通过有效沟通,家长和班主任达成共识,建立融洽的家校关系,让学校教育有效地延伸到家庭中,使家校教育在内容、方法、途径上达到一致,形成合力。班主任必须充分准备,才能使家长会出彩生辉。

一、家长会的主题

家长关心的问题就是家长会的主题内容。

1. 班级整体状况。

(1)任课教师介绍(姓名、联系方式、教师优点)。

(2)班委会成员介绍(学生干部)。

(3)班主任的管班方略(值日班长制度、个人量化制度等)。

(4)取得的成绩(军训、拔河比赛等)。

2. 学生成绩。

结合本次月考成绩进行分析。每位家长手中必须有本次测试的成绩条,包括总分、单科分及位次(市、区、校、班级)。

(1)成绩变化名单——知发展

进步的学生是哪些?基本持平的学生名单是哪些?退步的学生一目了然,家长既做到了心中有数,又保留了颜面。进(退)步三名内的,都属于持平。

（2）成绩优秀学生名单——增信心

班级前多少名学生名单；单科状元名单。

（3）成绩的偏科情况——明方向

哪些学生偏科，如果能够查缺补弱，成绩就会迎头赶上。

3. 近期出现的问题及需要家长做的工作。

4. 今后班级管理工作重心。

二、送给家长五个"定心丸"

孩子是家长的未来，班主任是孩子教育的主心骨。如果家长能够看到你的经历、经验、优势、成绩、班级驾驭力，这肯定是一颗非常好的定心丸。

送给家长五个定心丸：

1. 我是什么风格的老师？

2. 我的教育管理理念是什么？

3. 针对班级近段时间出现的情况，我准备怎么做？

4. 今后，我们班的发展方向和我的工作计划是什么？

5. 需要家长怎么配合？

三、成功家长会的五个"一"

1. 一间有生机的温馨教室——学风浓郁，彰显特色。

教室窗明几净、桌凳整齐、物品有序。教室文化体现班级特色。

黑板上写上欢迎家长光临的话语。

2. 一个有要求的会场提醒——手机静音，安静听讲。

家长会必须要有仪式感，班主任要有气场，淡定从容，收放自如，驾驭会场。

3. 一段有温度的开场发言——话语亲切，内容翔实。

班主任和家长目标一致，方向相同，班主任第一句话就必须和家长拉近距离，同频共振。比如：

亲爱的家长朋友：

为了一个共同的目的，让学生成才，我们站到了同一个战场上，我很荣幸成为你们的同盟军。作为咱们班的班主任，我和你们的心情一样，希望每一个孩子能够感受到自己的价值、获得内心的充实，从而收获幸福的人生。为了学生，一切从教育好学生的角度出发，一切从教育的大局出发，让我们携起手来，共创美好未来。

4. 一场有设计的会务安排——说清重点，持续落实。

家长会要形成文案：会议议程、会场布置、志愿学生。班主任必须有发言文稿，条理清晰、重点突出。可以安排优秀学生家长代表发言。

5. 一份简洁明了的PPT稿——梳理流程，把控时间。

借助多媒体，形象直观，一目了然。

秋月也寂寞（2021-10-17）

人间忽晚，山河已秋。秋风不燥，月华如水。金乌闭目，蛰虫息声。忙碌了一天，突然一股倦意袭来，空气中也是满满的疲惫。

繁忙之余的空虚，喧嚣过后的寂寞，一如秋月盈天，无处不在。

慵懒闲坐，百无聊赖。秋月比春风更让人不静。秦淮河畔鸳鸯醉，天上宫阙桂花飞。多少红尘过客，几多过往云烟，一声离别，天涯流散。并不是所有望穿秋水的等待都能有意想不到的惊喜。一抹繁华过后的深重与苍凉，化作夜露晨霜，经霜的红叶可是相思含羞的面庞？梦里销香伊人梦，晓月初升照红装。

声声叹息夹杂在秋的萧瑟里，体会秋月的苍凉。彩蝶水袖舞清风，暖玉生烟琴几何。心心念念，满地凄美的落寞，零落着飞絮落花般的忧伤。

秋阴不散霜飞晚，留得枯荷听雨声。踯躅徘徊，追忆曾经的荷香满园。孩子似的捡起一枚石子，俯身平抛湖面，幸福的涟漪化作无数的圆。

暮云收尽溢清寒，银汉无声转玉盘。思念很玄，驾月而来，皎皎可见。月光泻在哪儿，思念就在哪儿弥漫。行走在唐诗中的飘逸，漫步于宋词里的婵娟，不堪红叶青苔，奈何凉风暮天。明月如霜，清景无限。夜茫茫，重寻无处，觉来小园行遍。天涯倦客，山中归路。燕子楼空，古今如梦，空锁楼中燕。

Y=F（X）（2021-10-25）

每一处花香，每一次相遇，无不是生命的馈赠。珍惜每一次相遇，善待每一处花香。一花一世界，一叶一菩提。心地善良，世界就无比温柔。

尼采说：每一个不曾起舞的日子，都是对生命的辜负。力争每分每秒都有意义，让每天都不曾虚度。或读书，丰盈灵魂；或健身，强健体魄；或工作，增值生命；或助人，快乐自己。

今天下午第四节自习，地理组教研。

复盘区教学能手课，总结优点，借鉴学习。教师们做得都很好，听得认真，谈得精彩。新教师如何快速自我成长？经验+反思=成长。只有不断反思，不断推翻自己，才能成长；只有不断反思，我们才能有所得、有所获。

新教师一定要撰写教育叙事或教育随笔，每天复盘自己，总结自己的得与失。常怀空杯心态，恒念终身学习，机会永远垂青于那些有所准备的人。成长还要对标先进、参照榜样。青年教师要有所成长，就要找到一个你心目中理想的教师，特别是你身边的教师，去和他对标，甚至把几个教改师的优点拿过来形成自己的标准，然后适应它。

有一个公式：$Y=F(X)$，内归因，这是外交上著名的"我要喜欢你"工具。使自己成为自变量，我们都是X。要学会内归因，不要把自己当Y，我们首先要改变自己才能改变学生、家人、同事。我们改变，学生一定会改变。

我们要从自己身上找问题，一想就通了。

最应该教给学生什么（2021-10-25）

校园之外没有温室，长大之后没有儿戏。与其等待孩子将来被社会敲打得头破血流，不如从小教育孩子有所敬畏，敬畏生命，敬畏尊长，敬畏规则。

刘涛说："对孩子不能一味迁就，孩子必须有一个能够管得住他的人。"人应该有敬畏之心。一个人有了敬畏之心，才能自觉约束自我，不做出格越轨之事。

古语说："凡善怕者，心身有所正，言有所规，纠有所止，偶有逾矩，安不出大格。"

《水浒传》中，宋江杀了阎婆惜，一路颠沛流离，当时酷热难耐，就在一棵大树下乘凉不知不觉睡着了，竟被一顽童用尿泚醒。宋江也没说什么，给了那顽童几个铜板，匆匆离去。又一日，李逵追寻宋江，恰巧也在这棵大树下乘凉，不知不觉睡着了，同样被几个顽童用尿泚醒。李逵醒来不明所以，但见几个光腚顽童嬉笑着来要铜板。李逵大怒："兀那小厮，敢来消遣你黑旋风爷爷！"抄起板斧将几个顽童全部砍死。

看完这则故事后，人们往往盛赞宋江的宽宏大量，强烈谴责李逵的莽撞粗暴。但我们深入剖析的话，宋江难辞其咎。一个尿了自己一脸的孩子，不但不批评，反而对其赞赏。对错误行为的鼓励只会让不明是非的孩子犯错变本加厉。

教师最应该教给学生的是心有敬畏，常怀感恩。

高效课堂"十大最"（2021-10-28）

一、最佳进班时间——课前三分钟

提前三分钟进班，组织班级纪律，稳定学生情绪，与学生做一些简单的交流或互动。师生都能够及时进入学习状态。

二、最佳布置作业时间——讲授任务结束

课内作业当堂完成。课外作业，提前知道作业的量和标准，谋划作业的完成时间。

三、最佳作业检查方式——面对面，一对一

面批面改，因材施教，针对性强。

四、最有效的激励方式——真诚赏识、由衷赞赏

真诚的赏识学生的优点和长处。古人说"士为知己者死"，赏识最能激发人的动力。人最期待的事情就是被认可，被赏识。

五、最有效的作业——纠错

做作业的目的就是过筛子，把自己不会的知识点筛出来。提高的过程其实就是纠错的过程，就是避免错误的过程。

把错题做正确是最有价值的学习方式。

六、最权威的评课人——学生

教学的对象是学生，学生会得精彩就是教师教得精彩。教学的伙伴是学生，学生学的水平影响教师教的水平。

七、最有效鼓舞学生的方式——进步

名列前茅的优秀者总是少数的。只要努力，进步人人都能做到。

八、最重要的备课内容——学生

适合的是最好的。备学生的重点：知识基础、学习习惯、兴趣动力、目标动力。投其所好、启发诱导，学生是风筝，但线掌握在教师手中。

九、最好的课堂开始、结束方式——起立、问候

要坚持做学生喊"起立"、师生互相问好等教学常规。其好处有：集中学生注意力、振奋学生精气神、激发学生感恩心。

电影《长津湖》里的铿锵语言（2021-11-02）

2021年11月2日，14:10京都电影院观看电影《长津湖》。

电影艺术再现了抗美援朝战争中第9兵团在长津湖地区那场艰苦卓绝的战役，生动诠释了国家意志和民族力量的强大，有力彰显了中国军人为国舍命的碧血丹心。影片中，先烈们的话语字字铿锵、句句滚烫，一直激荡在心间。诗意山河与无情战火的强烈对比，深切地表达了人民对和平与美好新生活的无比珍视和期许。

1. 立春就回来，回来给你们盖房子。（越朴实的语言，用情越深。）

2. 洋人看不起我们，尊严只能在战场上取得。（面子，是靠实力挣得的。）

3. 几十万老百姓的孩子，一道命令就上了战场，我毛岸英有什么理由不去？（英雄的语言，最铿锵。）

4. 打得一拳开，免得百拳来。（以战止戈，不惹事，但也不怕事。）

5. 抗美援朝，保家卫国。（抗美援朝精神的核心。）

6. 让你的敌人瞧得起你，那才叫硬气。（铁骨铮铮，真英雄。）

7. 战场的二次恐惧，像当新兵的感觉，一模一样。（没有谁喜欢战争，都是不得已而为之。）

8. 一个蛋从外面被敲开，注定会被吃掉。你要是能从里面自己啄开，很可能是只鹰。（涅槃重生，破茧成蝶，都是由内向外生长。）

9. 七连的大伤亡，换来的是大部队的小伤亡。（哪有什么岁月静好，只不过是有人在负重前行。）

10. 伤亡不值得夸耀，挺住就是一切。（凡事贵在坚持，坚持下去，就会迎来胜利的曙光。）

11. 没有冻不死的英雄，更没有打不死的英雄，只有军人的荣耀。（为

荣誉而战。)

12. 疼，疼死了！别，别把我，别把我一个人丢在这。(英雄也有血有肉，也害怕孤独。)

13. 希望下一代，能够生长在一个没有硝烟的年代。

14. 我女儿问我，为什么我要去打仗。这场仗我们不打，就是我们的下一代要打。我们出生入死，就是为了让他们不打仗。(和平，来之不易，珍惜大好时光。)

15. 不相信有完不成的任务，不相信有克服不了的困难，不相信有战胜不了的敌人。——杨根思。(把"三个不相信"精神作为工作的动力。)

心存温柔，皆是浪漫（2021-11-04）

最爱晚秋，娴静悠然，从容淡定。没有春的浓妆艳丽，却有春天都无法企及的色彩斑斓。

叶落如蝶，身轻似梦，去得飘逸，走得安然。枫叶红似火，银杏黄若金。多想在金灿灿的银杏雨，看一场孔雀屏开得绚烂。日出尤其温柔，人间皆是浪漫。日子总在一剪清风里浅吟低唱，四季如水般流转。生命常在一缕清欢中淡定从容，万事似云样虚幻。

中年暮秋，人生一世，似乎过客和归人都是同一个角色。

生命的真谛就是简单素淡且知足快乐地活着，人生的意义就是真诚深情且温柔情趣地过着。顺乎四时，温润情怀，随遇而安，且行且惜，既快乐自己，亦愉悦别人。

所谓的岁月静好，并不是想象中那么极致完满。所谓的世事无常，亦没有听说过的那么糟糕透顶。一切都在平凡平淡中安然度过，一如四季流转，花开花谢；也似空中流岚，云卷云舒。每一场遇见，都恰似邂逅一朵花开，每一次别离，都犹如挥送一片叶落。每一个生命，都不需要活得精彩出众，只要不负时光，少些遗憾和后悔就足矣。最好的自己，美丽的不同。

最好的风景不在春夏秋冬，也不在山川河湖，而在自己的心里。

活着（2021-11-05）

《活着》，余华代表作，讲述了富贵在漫长的时光中如何挣扎，如何拼尽全力地活着。《活着》是一曲血与泪的时代悲歌。

富贵的一生是短暂的，磨难却是他的底色。富贵坚强地活了下来。磨难，使富贵成了生活的真正英雄。赌博败家，父亲气死，母亲病亡，女儿生产而死，儿子输血丢命，女婿意外亡故，外甥过食夭折，家珍病故，苦难、鲜血、死亡，仿佛无穷无尽，悲剧一桩桩一件件，轮番上演。在生命的黄昏，一切过往的人都已不在了，只剩下老了的福贵伴着一头老牛，在阳光下回忆着往昔。

经典语句摘录如下：

1. 没有什么比时间更具有说服力了，因为时间无须通知我们就可以改变一切。时间不为任何人停留，它总是在你猝不及防间拿走你生命中的许多东西。

2. 最初我们来到这个世界，是因为不得不来；最终我们离开这个世界，是因为不得不走。

3. 检验一个人的标准，就是看他把时间放在了哪儿。时光有痕，它就留在我们的身上、我们的心里。

4. 人是为活着本身而活着，而不是为了活着之外的任何事物所活着。生命的意义是什么？为了不辜负自己，为了不辜负这仅有一次的生命。

5. 你千万别糊涂，死人都还想活过来，你一个大活人可不能去死。牺牲了的是英雄，努力而坚韧地活着的，又何尝不是英雄？

6. 生活是属于每个人自己的感受，不属于任何别人的看法。对于生活，我们总是习惯妥协，习惯讨好别人，习惯委屈自己。

其实，每个生命都是一个独立的星球，哪怕彼此挨得再近，也依然是两个不同的个体。

生命就是那样一辆呼啸而过的列车，而你是唯一掌舵的人，别人偶尔搭乘上这趟列车，却终会在某一站离开，皆是过客。

我在，心不寒（2021-11-07）

雨敲了一夜的窗。5:30，风裹挟着雪粒弥漫着整个夜空，车前窗满是冰水。雪粒变成了雪花，继而幻化成絮状，鹅毛般漫天飞舞。

2021年的第一场雪穿过银杏黄，握别枫叶红，来了一场洋洋洒洒的琼花白。秒入冬，一场与冬的约会就这样不期而至。一开始，雪花落地成水，或为冰，飞入草丛消逝不见。继而，操场上、路面上、树枝上、草丛上都被白色覆盖，天地一片白茫茫。北风萧萧，雪花漫天飞舞，开启了冬的狂欢。

早饭时间，地面上已是白色的一片。教学楼的台阶异常湿滑，和彦哲主任找来了纸箱铺在台阶上，给孩子们脚下一份安稳与安全。雪越下越大，好几年不曾下过这么大的雪了。孩子们的脸上满是笑容，就像天空中飞舞的雪花一样肆意洒脱。呼啸的北风丝毫阻挡不了孩子的兴致。孩子们在雪地里奔跑着、追赶着、嬉笑着，笑声在雪花飞舞中萦绕不断。我也想加入孩子们的行列，还未出楼门，一股强劲的北风把我又推进了教学楼。孩子们说："老师，我们保护你！"

心里瞬时暖暖的。到二楼连廊，记录下孩子们的快乐。一个朋友打电话聊天。问我："周末下这么大雪，怎么也不休息？"我说："老师们、学生们能看到我，他们的心就不会寒！"

5:40，天还没有亮，站在东走廊迎接孩子们到教室。

孩子们看到我，天就不再黑，心就不再冷。我爱翰林的孩子们，就像爱自己的孩子一样。

我能从孩子们的微笑里感觉到他们也喜欢我，因为眼神不会撒谎，笑容不会作假，感觉也不会有丝毫偏差。

总有一些人不说话就懂，不见面就熟，或许这就是美好。

一天就这样开始（2021-11-09）

成功从来不是传奇的一跃而上，而是一步步踏踏实实走出来的。成功的路上并不拥挤，因为嘴上说努力的人很多，真正把努力坚持到底的人少之又少。

5:10起床，我起床，刚一动，妻子就也随着起床，不用说，又去给我沏蛋白质粉。"你睡吧，我自己来。不是给你说睡觉前放到桌上吗！"我埋怨道。最近天气冷了，叨扰妻子很是不忍。她知道我自己不会主动去吃的。不想和她争吵，也体谅妻子的良苦用心，每天还是嘟嘟囔囔地吃掉。"你是家里的顶梁柱，身体健康比什么都重要，上老下小，你的任务还大着呢！"妻子日复一日地重复着这句话，就像每天的日出与日落一样。

最近，体检结果很不理想，各项指标越发严重。来翰林的一年多时光，身体透支得很是厉害。白加黑，五加二，每天在家时间就是晚上的六个多小时的睡眠时间。

5:20出家门。初冬雪后的黎明异常清冷。天空中的晨星眨着眼睛，寒辉倾泻，和大地上的残雪交相辉映。棉袄上的拉链拉到顶部，把脖子裹得严严实实。南环路还在沉睡，打扰她的人还很少。天鹅湖桥上的早餐摊已散发出阵阵香味儿，给这清冷的冬晨带来了一丝暖意。翰林的侧门开了一辆电动车的宽度。来到东连廊，一如既往地接学生到教室。

"小路有冰，不要走南边，走北面的大道。"我一遍一遍地提示学生。学生也一个一个地问好。"老师好！""老师早！""你好！""你早！"

彼此的问候，开启了一天的序幕。一束雪亮的灯光，从西面闪了过来。这一定是来自聊城的光。果然，灯光在行政楼东的停车场熄灭了。一个魁梧的身影说："同学们，注意脚下，不要滑倒！"

这是高一年级俸禄主任的声音。天未亮，教学楼灯火通明，如一团火。

琢磨点"人"和"事"（2021-11-17）

大千世界，芸芸众生，无非人和事。做人要厚道，做事需勤勉。低调做人，高调做事。做事有原则，做人有担当。一个人要出人头地、风生水起，必须琢磨人和事。

一、琢磨"事"，做事靠谱

"做事"三问：干什么？干到什么程度？怎么干？

一是要干什么？明确领导交付的任务。第一时间回复"收到"。

二是干到什么程度？明确任务要求和事情的标准。严格对标执行、高标落实。

三是怎么干？制定工作的措施，形成工作文案。

根据总体时间安排，分好工作的阶段，明确第一步做什么，第二步做什么，第三步做什么。每一个阶段明确目标任务，时间上必须打好提前量，预备工作中的变数。事情完成后，必须有成果汇报，用图片、现场等形式回复。事前有请示，事后有汇报，这叫有头有尾、有始有终。

二、琢磨"人"，做人可靠

琢磨"人"就是琢磨谁安排的工作，谁来干工作。

一是谁安排的工作？

把握上情。俗话说，"万事不由东，累死也无功"，必须摸清上级领导安排这项工作的背景情形、实际意图、具体要求，这些清楚了，才能有的放矢。有些人不埋头拉车，更不抬头看路，只是自以为是、唯我独尊。比如教师监场，教师既监督学生，同时也被学生和领导监督。有的教师做得很好，领导巡场，立即站起来，这是高素质的体现，高考监场也是这样要求的。

二是谁来干工作？如何用人呢？

其一，明确分工。要把握好几个原则：牵头的工作由责任心强的人来干；协调性工作由性格灵活的人来干，专业性工作请专业人士来干，监督考核的工作由原则性强的人来干。

其二，卡实责任。根据分工卡实每个团队或个体的责任，明确工作时限、工作标准和工作效果。

其三，跟踪考核。对工作的进展情况，要及时调度检查，看一看是否进展顺利，是否达到预期的目标，是否需要对工作进行必要的调整。每一项任务具体到人，倒查追责。信任离不开监督，检查必须跟上。

其四，严明奖惩。保质保量完成工作任务、达到工作标准、取得工作效果要有有效的奖励机制；对完不成任务、达不到目标、没有取得预期成效的给予必要的惩戒。

亮剑精神铸造拼搏劲旅，雪狼勇气成就无敌雄狮
（2021-11-25）

——孔书记管理工作推进会上的讲话

为进一步做好学校教育教学管理工作，强化中层干部队伍建设，明确各自职责，切实提高履职能力，更好地开展并落实工作，2021年11月24日

上午，正泰翰林学校高中工作推进会在行政楼三楼党建室召开。正泰翰林学校孔书记发表精彩讲话。会议纪要如下：

一、培育培养好干部队伍

1. 伟人论干部。政治路线确定之后，干部就是决定的因素。一把手职责：定政策、用干部。治国之要，首在选人。

2. 识人方法——多渠道了解、全方位观察。

3. 用人策略——用人所长，看主流，不求全责备，求全责备则无人可用；用干部不唯资历，论能力，看准了，抓紧用，快速培养。

4. 干部六字秘诀——干事、摆平（协调）、自律。不干事，就是浪费岗位资源；摆平就是协调，就是担当。自律的人不一定优秀，但优秀的人一定自律；一个人的顶级修养就是自律。

5. 主要领导的核心竞争力是决策力，中层干部的核心竞争力是执行力。

6. 西点军校的二十二条军规：

无条件执行；工作无借口；细节决定成败；以上司为榜样；荣誉原则（职责、荣誉、国家）；受人欢迎；善于合作；只有第一，没有最好；敢于冒险；火一般的精神；不断地提升自己；勇敢者的游戏；决不推卸责任；没有不可能；永不放弃；敬业为魂；决不为薪酬工作；为自己奋斗；理念至上；自动自发；立即执行。

7. 干部的成长。

干部的成长是一场马拉松，不比谁提拔得早，而是比谁提拔得快。

二、抓好常规工作

1. 所有闪亮登场的背后，都是苦心孤诣的厚积薄发，都是功夫到家后的水到渠成。

2. 把每一件平凡的事情做好，就是不平凡；把每一件简单的事情做好，就是不简单。

3. 将阶段性工作做好，积跬步至千里，步步为赢，月月有成。

4. 如果公办学校是计划经济，民办学校就是市场经济；如果公办学校的关键是发展问题，民办学校的关键就是生存问题。

三、培育翰林精神

1. 人要是有点精神的。——毛泽东

2. 衡水中学这座扎根于河北省贫困地区的名牌中学，视为华为人自强不息、摆脱困境的标杆。——华为集团的创始人任正非

3. 我觉得一个企业、一个学校都是相似的，成功最核心的、最根本的地方就在于一种精神，一种文化。用艰苦奋斗来改变自己的命运，无论是

个人还是学校都不应该被嘲讽。——衡水中学校长郗会锁
4. 亮剑精神铸造我拼搏劲旅，雪狼勇气成就我无敌雄狮。
5. 二中"银杏树"精神
坚韧不拔的自强精神；多予少取的奉献精神；
质朴无华的务实精神；精诚团结的协作精神。
6. 翰林精神
追求卓越的进取精神；锐意进取的奋斗精神；
勇于突破的创新精神；精益求精的工匠精神。

每天遇见不同的自己

如果说，这世上有救世主，那一定是自己。

《遥远的救世主》中最大的赢家是肖亚文，或许自开始到结束，这就是她设的一个局。没有她，就没有丁元英的古城之行，也就没有丁元英送给芮小丹的礼物。芮小丹，一个来自天国的女子，虽食烟火，却不染纤尘，纯净如青藏高原夜空中的星星，清澈似多瑙河里的柔波。爱恨随性，去留随心。觉悟——是这部作品最终要告诉读者的核心主题。文化属性是不同人生的根源。不同的文化属性决定不同的性格，不同的性格造就不同的人生。你是什么样的人，就会遇到什么样的人。心里有什么，眼中就会看到什么。每天都在努力，尽自己最大的努力去对待工作，去对待每一个人，去做每一件事，为的就是无愧于心。这世上最普世的规律就是因果。今天的因，必然注定明天的果。这个世界上没有救世主，唯一能救助自己的只有自己。只有自己从态度观念的改变，才能从根本上改变自己的命运。每一次痛的涅槃，都会有一次质的腾飞。一部傲然独尊的长篇小说，一部可遇不可求的完美佳作。这是一本用一个有关爱情、商业的故事来对中国传统文化的研究，对人性的探讨，对人生的觉悟。

生存法则很简单，就是忍人所不忍，能人所不能。

忍是一条线，能是一条线，两者的间距就是生存机会。如果咱们忍人所不忍，能人所不能，咱们就比别人多了一些生存机会。

花半秒钟就看透事物本质的人，和花一辈子都看不清事物本质的人，注定是截然不同的命运。这就是觉悟，也是每个人不同的文化属性。神话=实事求是+尊重事物发展的客观规律。

参禅之初，看山是山，看水是水。禅有悟时，看山不是山，看水不是水。禅中彻悟，看山还是山，看水还是水。

生命，就是一场参悟，悟天、悟地、悟自己。

每天反思自己，修正自己，力争每天遇见不同的自己。

教师三问（2021-12-25）

二十九年的教师经历，十七年的学校管理经验！也曾阅历了无数教师，最近一直思考一个问题：教师的标准是什么？作为一名教师，必须有三问：我凭什么能做教师？我能教给学生什么？我误人子弟了吗？教育是良心活、千秋事！教师责任重大、使命光荣。教师不能按酬施教，更不能敷衍渎职。

教师的一言一行影响的，可能是孩子的一生一世，也可能是一个家庭的三生三世，还可能是一个国家的千秋万代！一个教师现在的样子，就是学生明天的样子，就是一个家庭后天的样子，就是一个民族未来的样子！一个教师一定要谨言慎行，因为你是学生的引领；一定要刻苦奋进，因为你是学生的榜样；一定要严以律己，因为你是学生的未来！一个教师，必须时刻铭记自己是一名教师，和性别无关，和年龄无关，和背景无关，和时间无关，和地点无关。一个教师，必须时刻铭记自己是一名教师，一名人类灵魂的工程师。教师有教师的样子，学生才会有学生的样子。

师者，传道授业解惑也！国家对教师、对教育的阐述振聋发聩、醍醐灌顶，事事警醒，时时铭记，处处惊心，提醒我们莫做教育的罪人！

1. 教师不能只做传授书本知识的教书匠，要成为塑造学生品格、品行、品位的"大先生"。

2. 今天的学生就是未来实现中华民族伟大复兴中国梦的主力军，广大教师就是打造这支中华民族"梦之队"的筑梦人。

3. 教师要时刻铭记教书育人的使命，甘当人梯，甘当铺路石，以人格魅力引导学生心灵，以学术造诣开启学生的智慧之门。

4. 只有打动学生，才能引导学生。教师在课堂上展现的情怀最能打动人，甚至会影响学生一生。真信才有真情，真情才能感染人。

5. 好老师一定要平等对待每一个学生，尊重学生的个性，理解学生的情感，包容学生的缺点和不足，善于发现每一个学生的长处和闪光点，让所有学生都成长为有用之才。

6. 好教师对学生的教育和引导应该是充满爱心和信任的，在严爱相济的前提下晓之以理、动之以情，让学生"亲其师""信其道"。

7. 好教师要用爱培育爱、激发爱、传播爱，通过真情、真心、真诚拉近与学生的距离，滋润学生的心田，使自己成为学生的好朋友和贴心人。

8. 教师要有学识魅力，用真理的力量感召学生，以深厚的理论功底赢得学生。思想要有境界，语言也要有魅力，从教师的话语中，学生能够感受到教师的人格和学识。

9. 合格的教师首先应该是道德上的合格者，好教师首先应该是以德施教、以德立身的楷模。

10. 做老师就要执着于教书育人，有热爱教育的定力、淡泊名利的坚守。

11. 教师是传播知识、传播思想、传播真理的工作，是塑造灵魂、塑造生命、塑造人生的工作。

12. 教师要成为大先生，做学生为学、为事、为人的示范，促进学生成长为全面发展的人！

13. 好老师的标准：有理想信念、有道德情操、有扎实学识、有仁爱之心。

14. 广大教师要做学生锤炼品格的引路人，学习知识的引路人，创新思维的引路人，奉献祖国的引路人。

小习惯，大成就（2021-12-28）

理可顿悟，事须渐修。时间，是解决一切问题的良药。

坐而论道，不如起而行之。想，永远是问题；做，才能有答案。

夸夸其谈，不如脚踏实地。道理懂再多，不落实在一点一滴的行动中也是枉然。真正能改变人生的，从来不是你听过的大道理，而是你培养的小习惯。

知易行难，知晓道理简单，照着做却很难。生活中，大多数人思想很丰满，行动很骨感。思想上的巨人和行动上的矮子一样多见。养成知行合一的好习惯，明理而后笃行，才能把握生活的主动权。

没有谁能随随便便变好，没有谁可以轻而易举变强。任何成绩都不是从天而降的，而是点点滴滴的积累与锲而不舍的坚持。

人生没有白走的路，走的每一步都算数。每一个好习惯都有复利的效应，都是铺在未来路上的惊喜。小习惯具有惊人的力量。前三十年，人培养习惯；后三十年，习惯造就人。回首过往，恰恰是那些日常的习惯影响着命运的轨迹。幸运的是，习惯不讲天赋，无关出身，可以后天改变。热爱运动，就是热爱生命；拥有健康，才能拥有未来！运动，可以愉悦身心、强健体魄、锻炼意志！运动，一直在路上！书籍，能温润岁月，润泽生命。没有书籍，生活就没有了阳光；没有书籍，鸟儿就没有了翅膀。读书，从未打烊！努力的人，最幸运！努力，我们是认真的！

"老杨心语"的元旦心语（2022-01-01）

"老杨心语"的朋友们：您好，岁末将至，敬颂冬绥。感谢一年来的关注与陪伴，一路走来，温暖常伴，幸福同行。

我手写我行。"老杨心语"是工作日志。每天记录工作中的得失荣辱，晨定暮醒，在反思中感悟，在感悟中前行，在前行中提高，人生就是不断完善自我。我热爱教育，喜欢孩子。只有踔厉奋发、笃行不怠，方能不负使命、不负家长、不负学生。教师的一天，影响的可能是一个孩子的一生，一个家庭的幸福，一个民族的未来。教师的责任重大、使命光荣。时刻战战兢兢、如履薄冰，恐怕因为自己的失误影响了学生的前途。

生活即工作，工作也是生活。"君子尊德性而道问学，致广大而尽精微，极高明而道中庸。"天下大事必做于细，且成于坚持。

我手写我得。"老杨心语"是工作心得。记录工作方法、工作总结，有些文章也是写给有缘的朋友。既有心灵鸡汤，也有含蓄点化。我想着把自己的想法、经验及教训摆出来，供人借鉴，让别人少走弯路。有些道理，必须靠自己觉到、悟到。只有自己觉到、悟到，才能做到，才能内化于心，外化于行。或许，这就是"教的曲唱不得"。

我手写我心。"老杨心语"是心灵驿站。云卷云舒，花开花谢，心情有四季，天气有冷暖。喜欢情感在文字中流淌的感觉，如凌雪的梅，似空谷的兰，像山间的泉，若子夜的月。有人说"老杨心语"正能量满满；也有人说"老杨心语"是一个教师的教育情怀；还有人说"老杨心语"天天看，每次读，都有感悟、都有激励、都有收获。

"老杨心语"不是矫揉造作，而是真实流露。

"老杨心语"不是哗众取宠，而是自我表达。

"老杨心语"不是闹市的花，而是空谷中的兰花，自我芬芳，自我温暖，不为取悦任何人。辞旧岁山河无恙时光不居，迎新年日月悠长未来可期。

所有过往，皆是序章。握别2021，拥抱2022。

一个人是诗，两个人是画，多个人是风景。

"老杨心语"与朋友们必将成为2022年最亮丽的一道风景。

情绪也是一种资源（2022-01-07）

罗振宇说："生命，需要物质资源和情绪资源共同支撑。"

深以为然。好的情绪，是最优质的资源。发布正能量，制造真善美，日远离抱怨，改变观念；认真生活，热爱工作；学会欣赏，懂得赞美！

心中有善良，满目皆温柔。存在即合理，相信一切都是最好的安排！所有人和事皆为成就你而来，相信一切都会过去。如果你幸福，这句话会让你倍加珍惜！

如果你逆境，这句话也会让你心生希望。坏的情绪，会产生骨牌般的连锁反应。"踢猫效应"就是最好的佐证。一父亲在公司受到了老板的批评，回到家就把沙发上跳来跳去的孩子臭骂了一顿。孩子心里窝火，狠狠去踹身边打滚的猫。猫逃到街上，正好一辆卡车开过来，司机赶紧避让，却把路边的孩子撞伤了。这个司机正好是那位父亲。

能控制好情绪的人，比能拿下一座城池的将军更伟大。

这样的人最受欢迎：做人温文尔雅，做事四平八稳。

一个人的情绪里往往蕴藏着他的格局和人品。情绪就是心魔，你如不能掌控住它，就会被它左右，带入深渊。情绪稳定的人，在生活中必是有智慧的人，也是真正有格局的人。当你管理好自己的情绪，你就掌握住了自己的命运。掌控好情绪，是一个人一生的修行。控制好情绪，是一个人顶级的修养。

灵魂温柔，满目皆是善良（2022-01-08）

静雅，翰林高中的一位英语老师，任劳任怨、勤勤恳恳。前一段时间，一位教师出了点意外。安排静雅老师代班，三个班工作量，她毫不犹豫一口答应。孩子小，工作重，家庭、工作一肩挑，她没有一丝怨言。努力的人最美丽，无疑她是最美丽的。

为精准教学，提高专业成绩和文化课成绩的吻合率，高二年级实施导师制。静雅老师在帮扶记录本扉页上写下了一段话："为了促进学生身心健康发展，同时提高文化课成绩和特长训练能力，校领导决定采取导师制。根据学科优劣实际，将每个学生分配给任课教师，随时关注，定期谈话，在生活、学习、思想方面给予耐心细致的指导。我负责的总共十名学生，其中八名特长生、两名文化课学生。希望在今后的日子里，我们能够共同进步，教学相长。我一定会定期和学生们交流，了解他们的思想、生活、学习状况，帮助他们调整心态，因材施教，使每一名学生得到最好的发展。希望从现在到高考，同学们都能随风一路生花，金榜题名，考上心仪的大学，以此谨记！"

教育的力量是伟大的，教育的事业是神圣的，教育者是伟大的。

每一位老师所做的一切会和一个孩子、一些孩子的命运紧紧联系在一起。教师的一言一行，决定的可能是孩子的一生一世。

我深知，一名教师肩上担子的分量，从教二十九年来，战战兢兢、如履薄冰，不敢有丝毫的懈怠。事事谨慎，步步惊心，唯恐对孩子有负面的影响。故而穿戴不敢随便，字迹不敢潦草，说话不敢随意，态度不敢生硬，错误不敢不认，行动不敢落后，备课不敢马虎，书报不敢不读。有多大位置，就有多大责任。有多大责任，就有多大担当。

过程有多完善，结局就有多完美。成功始于细节，成于坚持。道阻且长，行之将至；行之不辍，未来可期。灵魂温柔，满目皆是善良。

雪中浪漫（2022-01-23）

1月23日，寒假第四天。"工作即生活"的日子结束了，生活的烟火味渐次浓了起来！

昨天不期而至的瑞雪，飘逸舒缓，诗意地翩然起舞，把婆娑世界银装素裹，显得晶莹透彻。蜗居在暖意融融的小巢里，氤氲着茗香，在书海里徜徉，由神游八荒，任思接千载！这自是一种别样的奢侈生活，平时想也不敢想。虽偶有工作需要安排，但没有了学生在校时的牵牵念念。有书的地方就是桃源。读书的时候，灵魂最是自由自在的，天马行空，纵横捭阖。

一窗之隔，隔出了冬、春两个季节，室外瑞雪盈窗，琼花飞舞；屋内暖意融融，书芬茶芳，漫天遍野的雪，可有人踏雪寻梅？可有人秉着油纸伞在雪中徜徉？雪里可有最浪漫的行走？

漫天飞舞的雪，瞬间消失了蜿蜒清浅的脚印，好似不曾有人来过。翩若惊鸿的身影，被白茫茫的雪模糊得不能分辨。

飞雪琼花到，疑似故人来！

总是想象并期待一场不约而至的相遇，如一江春水向东流的清澈，有映面夏花红欲燃的惊艳，似秋叶霜染飘若仙的静美，如凌霜傲雪暗香来的清奇。那该是一种怎样的美好！

该来的总会来，如这场不曾相约的瑞雪！该走的迟早会走，似时序更迭，如四季轮回！

我们所能做的就是浅浅的喜欢，淡淡的释怀！

神奇的微信朋友圈（2022-01-28）

1月28日，假期第九天。未放假时，一天有黑夜和白昼之别，有家校间的往返穿梭。放假后，大部分的日子不分昼夜地宅在家里，黑夜和白昼于是没有了多大的区别，一日三餐也不再有闹钟般应时，越发不规律起来。每天喝茶、读书，看看电视，做做美食，满满的人间烟火味儿！日子真实得让人感觉如梦似幻，感觉每天都充盈着时光虚度的愧疚。或许这就是工作狂的瘾症。

怀念未放假时，上满发条的快节奏的工作，感觉自己长了一副工作有瘾的"贱骨头"。学生不在校，公事私事都可以在家里解决。便捷的通信方式，使得一部手机变成了"掌中宝"，时刻不离手，凡事能解决。时下有一条不成文的规律：通信的便捷程度和人的寂寞指数成正比。每天刷一下朋友圈，看一下自己关心的朋友的动态；也有些朋友的朋友圈，像没有心跳的心电图一样变成了一条直线。今天如此，明天如此，后天如此，天天如此，时时如此，人间蒸发了一般。

为了节省时间，微信朋友很多，但好多朋友圈设置成"不可见"，尤其是频发广告的微信好友。微信时代，朋友圈点赞也变成了情感示好的表达方式。那些永不点赞的朋友，或许屏蔽了你，或许对你不感冒。关心你的人，会在浩如烟海的文字海洋里，搜肠刮肚、大海捞针般寻觅你的点滴信息。朋友圈的信息量丰富无比，有显性的，也有隐晦的，同样的一条信息，不同的人会有不同的解读。

树木结疤的地方，也是树干最坚硬的地方；而我们遍体鳞伤的地方，到后来都成了最强壮的地方。存在即合理，一切都是美好的存在！所有的一切，都为成就你而来！

开学前，教师应该这样做（2022-02-11）

寒假即将结束，教师也到了收心、准备开学的时候。

一、调整作息时间

开学前一周调整好作息时间很关键。坚持每天早睡早起，调整生物钟，开学后才会很快适应"工作时间表"，顺利地进行教学工作。

二、制订新学期计划

有计划地做事可以让新学期的工作更加高效。作为老师，既要清楚地知道自己过去在哪些方面做得比较扎实、比较有效，更要清醒地认识到自己的问题，并具体谋划自己应该从哪些方面来改变自己，破解自己的问题。好的计划可以让工作对象更明确，工作思路更清晰。

三、准备好新学期第一次班会

良好的开端是成功的一半。开学第一天的班会非常重要。第一次班会讲什么内容呢？可以和一个假期没见的学生讲一讲新学期、新学年、新学段的特点，以便于学生尽快适应新生活。最重要的是，要强调学校的规章制度和纪律要求，态度真诚，晓之以理，动之以情，让学生知规矩、懂进退，认识到遵规守纪的重要性，有效避免无意识犯错。

四、制订班主任计划

如果你是班主任，要做到班级四问：假期之前班级管理有哪些优点、不足；本学期班级管理的目标是什么；采取哪些措施，运用什么方法；通过哪些步骤来实现这些目标。

想好之后落笔成文。开学之后，可以和学生们讨论修改，并达成共识，形成一个师生认同的计划，然后共同朝着这个目标努力。

五、提前备课，做好准备

凡事都要打个提前量。开学杂事繁多，一定会挤压教学准备的时间，所以从现在起，最好超前备一到两周的课程。注意备好开学第一课，争取新学期有一个好的开端。

教师根据教学大纲的要求和本学科的特点以及结合学生的实际情况，选择合适的教学方法，设计教学方案，以保证学生顺利而有效地学习。只有这样，老师在课堂上才能游刃有余地开展教学。

六、重新认识学生

学生度过了一个多月的寒假后，或多或少都会产生改变。教师需要花上一些时间，通过电话等方式及时了解学生的近况，做好积极应对。

七、开启阅读模式

拾起床头的书，感受一下浓浓的书香，平静又怀着些许期待开启新学期，是再好不过的自我收心方式。改变的根本是自我改变。自我改变是一种专业自觉。教师们不仅需要关注那些教授教学方法的书籍，更应当花时间阅读那些分享教育心态的好书。

八、养好嗓子，做好准备

在学期开始前一定要养好嗓子，并记得提前练练嗓，让自己的嗓子提前进入工作状态，适应高密度、高音量的语音模式，以免开学第一周声音沙哑、口干舌燥。

保持适量的运动对于精神状态的恢复是非常有益的。如果刚开始运动打不起精神，可以从一些简单基本的运动开始，循序渐进，逐渐形成每天运动的习惯。游泳、跑步、羽毛球都是很好的运动方式，让身体告别假期的慵懒，促进身体的活力和新陈代谢。身、心彼此交互，密切影响，把身体唤醒了，可以激发积极的心理状态。

九、和家人提前沟通

家人永远是最有力的支持者，和家人进行有效的沟通，就具体事宜进行合理安排。好的开始等于成功的一半！虎年新气象，我们的工作一定会虎虎生威！

人勤春来早，开局即决战（2022-02-13）

2022年2月12日，正泰翰林学校中层干部述职大会在行政楼三楼党建室举行，会议自8:30到13:15，近5个小时，中间不休息。

人勤春来早，起步即冲刺，开局即决战，虎虎生威！

孔校长在中层干部述职会上的讲话摘录：中层干部是学校的中流砥柱，是教师的行为标杆，是发展的黄金软实力！

一、要有强烈的争先夺冠意识

为先必夺，逢冠必争！不争第一，就是在混！——潍柴谭旭光

青春由磨砺而出彩，人生因奋斗而升华。青春无敌，芳华无限。干劲，完全可弥补经验的不足。

二、要有顽强的敢打硬拼作风

抗美援朝英雄杨根思的"三个不相信"：不相信有完成不了的任务；不相信有克服不了的困难；不相信有战胜不了的敌人。

茌平二中的"三个没有"：没有不可能；没有完不成；没有做不到。

三、要有精致精细的工作态度

天下大事必作于细，细节决定成败。以终为始，要学会起点上的终点思考，凡事时刻以高考的标准落实。

2月14日，说给自己听（2022-02-14）

今天的太阳有点儿乏，拉着个脸，满脸的不高兴。气温有点低，天儿有点冷，朔风凛冽，残冬威力还是有点猛。

上午到办公室，准备了一下16号的开学工作。新年新气象，工作和自我都一定要有一个全新的开始。变通，变则通，打破原有的平衡，去建设更高级的平衡，才能提升自己。只有走出生活的舒适区，才能进入生命的成长区。

2022年2月11日是开始蜕变的日子！虎年虎虎生威，从六个"自己"开始改变。

一、相信自己

有些事情做起来，往往比想象着简单。想，永远是问题；做，才是

答案！

二、依靠自己

这世上没有救世主，凡事靠自己，别等谁来施舍阳光，学着做自己的太阳。

三、充实自己

生活每天都是限量版，努力过好当下，就是对人生最大的敬意。

四、战胜自己

人最可怕的是——清醒地堕落。昙花一现的努力都是伪努力，间歇性努力的人持续性一事无成。这世上没有什么比叫醒自己更加困难。低级的欲望，放纵即可获得。高级的欲望，克制才能得到。真正让你好起来的，只有自律和自信。没有人能阻止你变好，除了你自己。

五、放过自己

舍得才能获得，放下才能拥有。一个人最大的智慧在于舍得，在于放下。放下架子，放下面子，才能坦然地直面现实。

六、真实自己

余生很贵，努力活成自己想要的样子。如果生活一定要取悦一个人，我们最应该取悦的是自己，随着心的方向走，看到别人的光芒，也知道自己的耀眼。无须铭记每一段岁月，你曾经拥有过的都是最好的时光。春风如水，山河温柔，一花一木皆是欢喜。

缘之所寄，在心里，无须言。一往而深，在心里，不必说！

父母和孩子，应该是怎样的关系（2022-03-05）

3月4日10:00，正泰翰林学校初中部中考百日誓师大会在千人大礼堂举行。

家长寄语视频环节，"宝贝"成为高频词。"宝贝"一词自90后开始日趋时髦。70后、80后，在父母那里还没如此优厚的待遇，但他们的少年时代却是无比幸福的。

那时的时光就像慢吞吞的太阳，悠然地挪动着，如小脚老太太一般缓慢。那时的我们理想很是远大，一般都是"科学家""作家""大官"等，诸如"是否实现，怎么实现"的问题，我们却不去考虑，明天很遥远，但今天却很是快乐。

现在的孩子承载得太多，自己的前途、父母的期待等，物质的丰裕并没有给孩子带来精神上的快乐。对明天的忧虑和太多的承载，偷走了孩子们今天的快乐。分数成了孩子们最重要的衡量指标，大学的优劣也成了不可缺少的评判标准。对孩子来说，知识不是最重要的，最重要的是让孩子学会生活、学会交往、学会健康、学会幸福。父母最应该给予孩子的，不是命令、要求与期待，而是交流、支持与帮助。不能只是定目标、提要求，而是要给出措施建议、鼓励督促、陪伴呵护。

父母不能把自己未完成、未做到的事情，让孩子来完成。孩子的未来有自己的生活方式和生存准则。每一个孩子都是这个世上的孤本，优秀也没有统一的标准。优秀，不是强于别人，而是优于昨天，做最好的自己，做美丽的不同。

春天的美丽，正是因为色彩斑斓、五彩缤纷、千娇百媚。

萌生希望、满怀期待，也才是春天的真正魅力所在。

最美人间四月天（2022-04-05）

16:30，全体班主任在门口有序组织学生返校，收取承诺书等材料。

十余天，没有更新"行思录"了。其一，工作太忙。其二，尝试把自己调成静音状态。

今日清明，艳阳朗照，柔风和煦，山青水润。海棠娇艳，一树花开，微风尽处，落英缤纷。紫叶李花素颜娇小，紫白相间，杂花生树。迎春怒放，绚烂似锦，高调盛开，锐意争春。河柳垂髫，斜风柔丝，临河照水，仪态万千。法桐抽叶，绿嫩泛光，大小如钱，生机盎然。学校门口的萨克斯吹了一上午的"偏偏喜欢你"。

柳浪闻莺，花开有声。南燕北飞，赴一场姹紫嫣红的春日之约，续一段云淡风轻的粉红情缘。

喜欢空气里的花香，艳阳中的静谧。粉蝶翩跹，觅花逐蕊，前世一定是娇艳的蓓蕾，今生追随只为寻找消逝的灵魂。

最美人间四月天，美的不仅是姹紫嫣红的喧闹、春风十里的温暖、万物萌生的希望、漫天飞舞的纸鸢，还有粉红的记忆、似水的流年。

最美人间四月天，美的还是"云想衣裳花想容"的浪漫，"诗咏梅花月，茶烹谷雨春"的清雅，"几支新叶萧萧竹，数笔横皴淡淡山"的别致。

最美人间四月天，美的还是花红柳绿、草长莺飞、山河朗润、明媚晴暖！最美人间四月天，是一阕新词，是一首情诗。

燕子来时新社，梨花落后清明。池上碧苔三四点，叶底黄鹂一两声。日长飞絮轻。

今天的我，有昨天您的影子（2022-04-12）

最近工作繁忙，非常累，血压也趁机捣乱，不让人消停。这个时间点，晚饭还不曾吃，权当减肥了！

学生董凯是我骄傲的班长之一。今晚发来微信，原文如下：

老师，本年度我带高三语文，今年我们学校一模物理类（全市前三包揽），历史类（全市第一和第三），我自己带的班级语文成绩也还可以。经常跟我的学生分享我的高中班主任的故事，真的想说，每一个高三都是难忘的。做五年的班主任，感觉您的影子一直在我的职业生涯里存在。

我一直关注着您现在的动态，工作也是有声有色，羡慕之余，更多的是学习，自己做的还有很多不足。（想起您的板书，对高中地理知识系统的讲授，张弛有度的带班风格，给了我做班长很大的成长空间和锻炼。）每天，尝试做最好的自己。不辜负自己，不辜负生命，不辜负任何人和事。

最欣慰的事情——多年以后，学生还能记起老师，自豪地说：老师，今天的我，有您昨天的影子。

朋友圈有条信息：

"觉醒的意义：不去抱怨，不怕孤独，努力沉淀，因为，世间苦，唯有自渡。"深以为然，我喜孤独，不喜解释。

做最好的自己，最真实的自己，就像四月里的风，让人温暖而纯真。

刀要在石上磨，人要在事上练（2022-04-15）

夕阳西下，皓月东升。校园里风软花香，料峭微凉。教学楼通楼雪亮，满满的静谧，日光灯的电流声响清晰可闻。

一天的疲惫，瘫坐在椅子上，身体松软慵懒。头隐隐约约地痛，好似数根针如打点计时器般点起点落。一天的繁忙，片刻的宁静。独居一室，享受着片刻的逃离。

人至中年，大脑一直在排斥内容的输入。喧嚣红尘的形形色色、是是非非，不想听，也懒得听。别人的腾达与失落，他人的是非与恩怨，在我这里都是不过眼的云淡、不触摸的风轻。

认真地做好自己，仔细地活在当下。

劳作半生，如牛般负重深耕，只为一槽青草；辗转红尘，似蜂般造甜酿蜜，不得半点粉腻。

刀要在石上磨，人要在事上练，不经风雨、不见世面难以成大器。

当自己的才华不足以撑起自己的野心时，唯一能做的就是学习。

这个世界是因果的，明天的果取决于今天自己种下的因。不经春天的耕耘，怎会有秋天的收获。当自己不能改变环境，又没有能力逃离时，那只有读书学习蓄积自己。读书的厚度能决定人生的厚度。书能提高认知、扩展格局、开阔视野。

不要抱怨，抱怨是毒瘤，不仅堕落自己，还沉沦别人。什么样的人生都是自己的选择。

一部影片的悲喜取决于导演编剧。人生如戏，编剧是自己，导演也是自己。这个世界最不缺的就是聪明人，尤其是耍小聪明的人，有一种悲剧，就是聪明反被聪明误。脚踏实地、任劳任怨的人，无论什么时代，哪个单位都备受尊敬和爱戴。劳累是漫长的，人生是短暂的。劳累，不是取决于工作，而是取决于对待工作的态度。

今天，在朋友圈看到宋彬校长的一段文字，心有戚戚，深以为然，颇有共鸣，谨记共勉：

敬畏课堂，认认真真备好、上好每一节课，让每一节课都充满教育的智慧和生命的灵动。

尊重学生，关爱呵护每一个孩子，让每一个孩子都能够得到适合的教育和个性的发展。

尊重善待每一位学生，对学生宽容，不要忘记我们曾经也是个孩子。只有那些始终不忘记自己也曾经是一个孩子的人，才能成为真正的老师。

成长比成功更重要（2022-04-20）

国无德不兴，人无德不立。教育的根本任务是立德树人。

1. 好老师应该懂得，选择当老师就选择了责任，就要尽到教书育人、立德树人的责任，并把这种责任体现到平凡、普通、细微的教学管理之中。

2. 要坚持把立德树人作为中心环节，把思想政治工作贯穿教育教学全过程，实现全程育人、全方位育人。

3. 人无德不立，育人的根本在于立德。

4. 要把立德树人的成效作为检验学校一切工作的根本标准，真正做到以文化人、以德育人，不断提高学生思想水平、政治觉悟、道德品质、文化素养，做到明大德、守公德、严私德。

5. 要在加强品德修养上下功夫，教育引导学生培育和践行社会主义核心价值观，踏踏实实修好品德，成为有大爱大德大情怀的人。

成才先成人，育人先育德。教人要教心，浇树要浇根。

学生应有的品德：

1. 推己及人，心存善意。

凡事推己及人，考虑别人的感受，能换位思考，不以个人为中心。

与人为善，诚信待人，尽自己最大力量帮助别人。赠人玫瑰，手留余香。

2. 心怀敬意，敬畏规则。

欲知平直，则必准绳；欲知方圆，则必规矩。君子之心，常怀敬畏。敬畏规则，行有所止。正是因为规则，才使得这个世界有序运转。各安其位、各尽其责、各遵其序。心怀敬畏，方能行稳致远。

3. 学会感恩，懂得回报。

感恩是一份美好感情，是一种健康心态，是一种良知，是一种动力。永怀感恩之心，常表感激之情，人生就会充实而快乐。

常怀感恩之心，别人对你好，也许是你值得让别人愿意对你好，那是自己的福气和幸运，要学会珍惜。

感恩祖国、父母、老师、同学；感恩阳光、雨露、山川、万物。

心怀感恩，目之所及无不温柔。

眉间岁月（2022-04-30）

4月30日，今天下午学生离校。只剩下高中的校园静悄悄。

风儿在绿叶上、在红旗上、在雏菊上舞蹈，阳光在叶子的缝隙里跳跃，鸟儿在绿色的房子里叽叽喳喳地歌唱。草丛中的苦荬花，如散落在绿色地毯上的黄色小星星，一闪一闪的，让人心里荡漾着爱怜和欢喜。四月的风是绿色的，也是芬芳的。槐花散发着浓郁的芬芳，一串串的素白，一串串的紫红，如珍珠，也似风铃。风儿在我的耳边轻语，馨香如兰。出去走走吧，春日将尽，和她共赴一场陌上之约，溪水恰朗润，岸柳正妩媚。

燕子，在白云下面的高压线上悠闲；云儿，在黑色燕子的头上舒卷；鱼儿，在河面上泛起一圈圈的涟漪。叶子，泛着光；花儿，眨着眼。蓬勃的绿，火热的红，飘逸的白，目光所及皆是温柔，心中所想无不欢喜。

清风徐徐地吹，暖阳懒懒地照，红旗袅袅地飘，鸟儿喃喃地笑，一切都那么美好。绕过红尘跌宕，醉在草木时光。山染着清凉，水泛着微光，花儿开得很香。时光，已回不到当初青涩的模样，如果能回，该有多么好！流光无痕，一直在长大的，不仅是被累加的年龄，还有那逐渐通透的灵魂。提笔落墨，写几笔春意阑珊，写几笔花香风软。眉间岁月，眼中春秋，最长的情总是简单平淡，最深的念总是心心念念，刻骨的总是过往的离合悲欢。清幽花影，风物烟岚，终定格成美好，润色成温柔。有些风景，只能在心底荡起涟漪。

不恋枝头繁花，一抹淡香清茶。把日子过成诗，把时光填成词。

凝眸过往，淡墨浅痕里都是生命的温度，轻盈柔软的无不是内心不舍的眷恋。把美丽镌刻在记忆里，定格在回眸处，不触不碰，远远地看，如此就非常美好。柳在飘她的发，叶在招她的手……

你在妩媚你的嫣然，我在笃定我的清禅。挥挥手，春天再见。

浅夏时光（2022-05-04）

日子如常，工作照旧。暮春浅夏，树之所在，满地成阴。

风来，槐花成雨，零落离散。有人说：现在只有两个季节，那就是夏季和冬季。春天很短，好像还没有开始就已经结束了。

昨天"花褪残红青杏小"，今日"累累青果坠枝头"。昨天"岸柳如烟，丝绦千垂"，今日"树阴照水，满目晴柔"。无风絮自飞，杨絮迷了双眼。溪水、操场上都是一层白色的毛茸茸。校墙边的冬青下堆满了厚厚的杨絮，如雪一般。

苦楝花开，暗香盈盈。白色的瓣，紫色的蕊，花型微小，一树花开。柳絮池塘淡淡风。风，无所不能。花开，是风；花落，是风；抽芽，是风；落叶，是风；迎春来，是风；送春归，也是风。

"晴日暖风生麦气，绿阴幽草胜花时。"

春匆匆去，夏款款来。嗅草木清香，赏夏日光影。绿意葱茏，风软沉香。夏日风情万种，处处皆是风景。

最好的时光，总是藏在最平凡的日子里；最美的风景，总是等在最咫尺的岁月中。拥浅夏的暖，疗暮春的伤，一切都是最好的安排。时光，不会为谁驻足；岁月，何曾偏爱于谁。

因为懂得，所以慈悲，无嗔无怨。因为慈悲，所以善良，不责不怪。

杨绛先生说：一岁有一岁的味道，一站有一站的风景。你的年龄应该成为你生命的勋章，而不是你伤感的理由。纵使眼里写满故事，脸上依然不漏风霜，你吞下的所有委屈终将喂大你的格局。

今天是五四青年节，一个不属于自己的节日。

且行且珍惜，不负韶华，不负遇见，深深懂得，浅浅释怀。

心若年轻，岁月不老。

只做第一个我，不做第二个谁（2022-05-06）

人一定要不断清零。只有清空，才能接纳。塞林格在《麦田的守望者》中说：记住该记住的，忘记该忘记的。改变能改变的，接受不能改变的。

人生就像个手机，再高的配置，也会随着使用慢慢卡顿。定时清理内存，手机才能正常使用。放下，才能豁达安闲；释然，方得自在从容。四季轮转、草木枯荣、月盈月缺、日升日落，皆是如常。花开花谢、云卷云舒、缘起缘灭、聚合离散，无一例外。

沉默，是一种境界，更是一种修行。懂你的人不用说；不懂你的人不必说。人生，如一列火车，没有人能全程陪你。途中，有人下车挥手道别，也有人上车，握手相逢。并不是所有的鱼都生活同一片海里。水之冷暖，只有鱼自己最清楚。心生温柔，方能与人为善。不负朋友，不负韶华，也不负自己。

读过的书、行过的路、尝过的味、赏过的景、遇过的人、经过的事，无不是为成就自己而来。觅一处静幽，远离无名的繁芜；掬一捧清凉，拥抱有趣的自然。感受时光的美好，淡淡地清欢，默然含笑。体味岁月的沧桑，浅浅地度过，简洁如水。

只闻花香，不问来人，亦不问曾经谁是谁。静沐渐渐清凉的晚霞，卸下半百人生的疲惫，让温柔的风涤去心灵的尘埃。

从今天开始，只做第一个我，不做第二个谁。静而不争，淡然于心，从容于表，专注自己。细数流年，过往的千回百转最终成了现在的云淡风轻。走过了，便从容；放下了，就轻松。

少年如溪，青年如河，中年如湖，老年如海。历尽世事沧桑，阅尽人间百态，心量越活越大，心胸越活越阔，心境越活越淡，最后海纳百川。人活到最后，真正想要的，莫过于一份真真切切的安稳与踏实，心安才身安。终是明了，心情不是人生的全部，却能左右人生的全部。心在路上，路在心上，边走边悟，且行且惜。

最曼妙的风景（2022-05-14）

夕阳西下，夜幕低垂，天空飘逸着一朵云，深情地俯视着大地。倦鸟归林，蛐虫始鸣，空气中氤氲着苦楝树浓郁的芬芳，虽没有槐花的香浓烈，却比槐花的香幽远，深深地吸上一口，顿觉神清气爽，疲惫即消。

夜色渐浓，心中也越发欢喜。静谧的夜色、温润的晚风、幽远的花香、欢快的虫鸣、含情的路灯，驻足远眺，怎是一个惬意了得。不喜婆娑红尘的喧嚣，也睥睨蝇营狗苟的虚伪。看破，不说破。

仰望星空，渺茫宇宙，灿烂银河，地球渺小，人如微尘。往来古今，无始无终，人生百年，草木一秋，缥缈一瞬。仓央嘉措说："世间事，除了生死，哪一件事不是闲事。"

心底无私天地宽。坦荡行事，坦诚待人。与人为善，步步生莲。无嗔无怨，满目温柔。

世上有三件事：自己的事，别人的事，老天的事。人之所以烦恼：忘了自己的事，爱管别人的事，担心老天的事。人之所以快乐：打理好自己的事，不去管别人的事，别操心老天的事。

办公桌上有一件心爱的摆饰：四不小和尚。眼不看、耳不听、嘴不说、心不想。非礼勿视，非礼勿听，非礼勿语，非礼勿动。

静思自我，悟觉人生。

很欣赏杨绛先生的一句话："曾经我们都渴望命运的波澜，到最后才发现，人生最曼妙的风景，竟是内心的淡定和从容。"我们也曾期盼外界的认可，到最后才知道：世界是自己的，与他人无关。

一个特殊的日子（2022-05-17）

《遥远的救世主》中丁元英说：天下之道论到极致，百姓的柴米油盐，人生冷暖论到极致，男人女人的一个情字。柴米油盐是物质给予，两情相悦是精神享受。二者结合，一定诠释的是完美与圆满。

5月17日，注定成为我生命里极其特殊的一天。二十四年前的今天，我和妻子在相识十年之后，修成正果。八年的书来信往，有着手机时代极其奢侈的温馨与浪漫。古运河畔闻不够的花香、芦苇荡里走不尽的水路、夜深人静说不完的心话、秋水望穿喜不尽的鸿雁……电视剧里才有的情节出现在了我们之间。

当初的青涩，现在回想，还有春天里的暖儿。故事太多，都已幻化成岁月的风烟。时光太瘦，皆抵挡不住流光的摧残。几经岁月沉淀，浪漫爱情变成醇厚亲情。多番流光打磨，曾经的激情少年已失往日的光鲜。曾经的风花雪月，当下的柴米油盐。情感，就像陈年的老酒，越发醇厚悠远，让人一醉百年。不知道我们前世有怎样的纠葛与亏欠，才有今生暮雪千山后的携手与牵念。

你已银丝初现，我也两鬓斑斑。岁月不曾绕过我们，我们也没有辜负岁月。孩子优秀，比我们的婚龄小一岁。继承我的细心，也传承了你的良善。陌上寒烟，心儿一直未曾走远。婆娑红尘，牵手成为不多的经典。朝花夕拾，流年清浅，凝霜清颜，岁月温婉。

流水岁月，是沉淀的厚实记忆，一眨眼就是两纪的轮换（纪：古代十二年为一纪）；滴答时光，是离去的星光背影，一转身便是一生的诺言。

激情褪去，平平淡淡。执子之手，岁岁年年。

当风景遇上音乐（2022-05-19）

奋斗是青春最亮丽的底色，行动是青年最有效的磨砺。

有责任有担当，青春才会闪光。

要敢于做先锋，而不做过客、当看客，让创新成为青春远航的动力，让创业成为青春搏击的能量。

人总是要干点事儿，总是要干成点事的。每一个不曾读书、不曾运动、不曾工作的日子，都是对生命的一种莫大的辜负。教育，是一种责任、一种使命、一种担当。从教二十九年来，深恐稍一疏忽，影响了学生的前程、家庭的命运、国家的未来。只有把学生视作自己的孩子、弟弟妹妹的教师，才是合格的，才有可能是优秀的。只关注自己的教，不关注学生的学，就是教师的"躺平"，就是渎职，就是误人子弟，往严重里说就是"犯罪"。误地，误一季；误人，误一生。

昨天，一个学生聊起自己的一位老师，因为老师一句挖苦的话影响了自己的该科成绩，改变了自己的人生轨迹。这个老师也被他记恨了一辈子。一名教师最高褒奖是被称之为"先生"，一名教师最差评价是"不配为师，误人子弟"。雅斯贝尔斯说："教育的本质意味着：一棵树摇动另一棵树，一朵云推动另一朵云，一个灵魂唤醒另一个灵魂。"教育者是点亮自己，也照亮学生。

迟到的老师永远教不出早到的学生。教育，是引领、示范、唤醒，而不是迎合、说教、挖苦。

生活最美好的样子：心中有阳光、脸上有微笑、眼中有风景。最美好的遇见不是在路上，而是在心里。最美好的事情是你在，恰好我也在。最美好的情感是默然相对，深深懂得。最美好的惊喜是千山暮雪后，灯火阑珊时。

言外之意，不需明说；欲言又止，何须揣摩。半生已过，学会沉默。

风干记忆，不必执着。关上房灯，任月光倾泻；戴上耳机，让音乐溃决。听一听心跳，问一问灵魂，感受一下心痛的感觉。

问自己一声：你还好吗？

高考之前最重要的是心态（2022-06-01）

高三的同学们，高考为你而来。十年厉兵秣马，今朝一日梦圆。

高考是人生道路上的一道雄伟关隘，高考是生命历程中的一场成人之礼，高考是美好未来的一个亮丽起点。高考，虽然很重要，但高考也不只过是一次考试。忘却成败得失，只管正常发挥。做对会做的题目就是成功。

尽最大的努力，留最小的遗憾。

一、相信自己，气定神闲

谋事在人，成事在天。我们只管做好自己，是否成功交由上天。

上什么样的学校，可能不会完全取决于自己的意愿；成为什么样的人才，我们有完全的自主权。高考，四分考实力，六分考心态。

三年的锻造和磨砺，我们已是削金断铁，所向披靡。万事皆备，只等考试。知识多少，能力大小，已成定数，下面比的就是心态，谁更从容镇定，谁就发挥得好。高考是挑战，更是实现梦想的舞台，会给我们带来机遇和好运，所以，我们要带着微笑，带着喜气，来接纳、享受这件好事。会做的题目不马虎、不失误，就是胜利；不会的题目敢猜想、敢尝试，就有奇迹。一切如常，无有不同。高考期间保持原有生活和学习习惯，不刻意去做改变，保持平时的学习状态和作息规律，起床、复习、思考、就寝，按部就班。以一颗平常心坦然迎接高考，方能考出不平常的成绩。

二、认真准备，有条不紊

结合考前的仿真演练，从入场、发卷、答题的难易安排、时间把握等做一个重新梳理，做到心中有数。

明晰考试的策略和程序，安排有序、规划有理、处之有据。每个环节都做到心中有数、胸有成竹，不管遇到什么复杂情况，都能沉着应对。遵循一般的做题顺序和规律，先易后难、先小后大。慎做易题，保证全对；稳做中档题，一分不浪费；巧做难题，力求多得分。头脑清醒、处变不惊，始终从容！只要高考最后一刻的铃声没有响起，就要扎实于眼前任务，千方百计竭尽全力。

三、小紧张，大有益

保持适度紧张，让紧张转化成能量。要淡化对高考结果的预期，不要去想考好、考不好会怎样。考前不定分数，考后不对答案。心无旁骛地备考，信心百倍地应考，一丝不苟地答题！

心理学原理说：考试时适度的紧张有利于提高答题效率和考试成绩。狂奔的骏马，哪怕千难万险；翱翔的雄鹰，何惧狂风雷电！

尽最大的努力，留最小的遗憾。便是最大的成功！

高考平常心，越平常越正常（2022-06-06）

今日芒种，明天高考开始。最高气温29摄氏度，相较于前几日34摄氏度以上的高温，自是惬意舒坦。高天碧蓝，云低棉白。白云苍狗，舒卷无形。有的如棉花垛堆在树梢，应触手可及；有的舒逸如丝飘在天际，如风吹揉碎；有的兀自沉思，独悬碧空，似云想衣裳。喜欢云，不仅因她的素白高洁，还有她的卷舒自由、随心所欲。高天流云，云动心动，云驻足心也跟着停留。忘却烦恼，远离喧嚣，这世界就只剩下了湛蓝如洗的天、洁白似雪的云。静寂无声，如此美好。

喜欢云的自由洒脱，或许因为自己"久在樊笼里"。婆娑红尘，芸芸众生，哪一个能如云朵般洒脱，随意走心，见心随性。拿而不起、放而不下、生活羁绊、责任担当等诸多牵绊，世人哪一个不是负重前行，哪一个不是身背枷锁，哪一个不是头戴面具。人倦了，才看云卷云舒；心累了，才赏花开花落。越是迷恋的，越是自己缺少的。

白落梅说：做一剪闲云，没有来处，不知归途。有缘的人看见我，将我写入诗中，描进画卷，编进梦里。无缘之人，就这么擦肩，擦肩吧，擦肩并非无情，而是让缘分走得更久远。"行到水穷处，坐看云起时。"稍事休息，再启征程。眼有星辰大海，心才繁花似锦。奋斗是习惯，努力是常态。

夜梦轻轻（2022-06-09）

夜幕深垂，万鸟归巢。卸下一天的疲惫，在操场漫步。

绿叶已眠，如画般安静，不飘不摇。天公似怒，灰云重重，除了昏黄的月，看不到一颗星星。不思功名利禄，抛却车马喧嚣，只有这一刻自己才真正地属于自己。人们都在梦里生活，纷繁的浮躁与各色的诱惑让他们渐渐迷失自我。不知道为什么来到这个世上，也不思虑百年之后会到哪里去。

只知道，生活在继续，时光在流逝。生活如一叶小舟，在命运的长河里，被裹挟着随波逐流。做最好的自己。我一直在努力地坚持，不舍昼夜，无论寒暑。一生择一事，坚持到底。青春不在，两鬓染霜。

生命余额在每一次的日出日落里、在每一次的花开花落中越来越少。手机可以充电，也可以续费，但生命只能是一次性地消费。

多少次曾梦想丢下烦恼，忘情于山水，驻足于陌上，为一枝梅填词，为一岸柳赋诗，为一朵花低眉，微醺于琴棋书画，迷醉于梅兰竹菊，朝看日出，暮赏晚霞。

夜晚的篝火照亮远方湖面的月光，透着忧伤，最美的浪漫是你在岁月面前毫发无伤。背上行囊这就出发，高山银海竹林人家，大海星辰我与你吟诗作画，半世浮生我和你看尽世间的繁华，而你依然是我心中的朱砂。

晚自习的铃声在夜色中异常清脆：不要做梦了，赶快回家！莞尔一笑，做做梦，挺好的！

焦急地等待（2022-06-11）

时间慢慢吞吞地滴滴答答着，如仲夏的骄阳，焦烤着人的心。

电话是绝对不能打的，因为不清楚你那边的情况。

再等等，要耐心。心里无数次地自我劝慰。

拉上窗帘，世界不再纷扰。单曲重放，四季停滞流淌。

树冠葳蕤，影儿婆娑。树影由西南，蜗牛般西挪，到正西，再到西北。电话激灵响起来，急急忙忙地接起。

"答辩非常顺利，领导当场高度评价！"手机由里到外都透着儿子的欣喜。"低调、低调，一定要低调。谦虚使人进步！"我说。

"怎么啊，高兴一下，也不行！"儿子撒娇似的说。

"目光要高远，这才是万里长征的第一步。"教师职业习惯严重影响了父亲的言行。"明天我不回家了，公司可能随时有通知，必须随叫随到！这就当是我送给你的生日礼物了！本来想给你送一套工夫茶具，考虑现在和你工作环境不太合适，等退休了再给你买吧！好几千呢！"儿子说。

"你很明智，幸亏没买，省得了一场批评！不要乱花钱，我年纪轻轻的过啥生日。你的成功，就是最好的礼物。"我心里窃喜。

对儿子转正定级答辩最近很是上心。

答辩文稿，数易其稿，反复修改，嘴上都起了水泡。儿子心细，做事情严谨有章法，有条不紊。自小离家，儿子养成了独立思考、独立行事的习惯。

和妈妈视频电话是每天必不可少的。我和儿子很少电话，更多的是无言交流。一张口，我就指指点点，当然也不受儿子待见。

知子莫若父，你小子永远是我的骄傲。

有些话，让人醍醐灌顶（2022-06-15）

孔书记在2019级初三毕业典礼上的讲话金句：

1. 世界上最耀眼的光芒，一是太阳，一是你努力的样子。
2. 有多么努力的现在，就有多么美好的未来。
3. 人与人最小的差距是智商，而最大的差距就是坚持。
4. 希望同学们永远在努力，一直在坚持！
5. 希望同学们要做生命旺盛、精神高贵、智慧卓越、情感丰满的现代模范公民。

北大校长的一段话：读书的意义。

1. 物质的贫穷，能摧毁你一生的尊严，精神的贫穷，能耗尽你几世的轮回。人生没有白走的路，人生没有白读的书，你读过的书，走过的路，会在不知不觉中改变你的认知，悄悄帮你擦去脸上的无知和肤浅。

2. 书便宜，但不意味着知识的廉价，虽然读书不一定功成名就，不一定能让你有锦绣前程，但它能让你说话有德，做事有余，出言有尺，嬉闹有度！

读书，是最低门槛的高贵。

1. 与优秀的人同行。跟什么样的人在一起，就会成为什么样的人，拥有什么样的人生。身边的人都很努力，你也会跟着努力上进；身边的人浑浑噩噩，你也会整日无所事事。

2. 与靠谱的人共事。靠谱的人，凡事有交代，件件有着落，事事有回应。一个人最出色的能力，就是把手里的事情做到让人放心。人生之路，沟壑万千，和靠谱的人共事，事情才会更靠谱。

3. 和懂你的人相处。人这一生，会遇到无数人，但最大的幸福就是遇到一个懂你的人。

作家瑞卡斯说："世间最好的默契，并非有人懂你的言外之意，而是有人懂你的欲言又止。"

你的幽默，懂你的人自能领会；你的难过，懂你的人感同身受；你的喜悦，懂你的人乐于分享。真正懂你的人，一定明白你内心真正渴求的东西，即便身处低谷，也会不离不弃。

人生实苦，和懂你的人相处，方才不负己心，不负韶华。

路，要和优秀的人一起走，才能长远；事，要和靠谱的人一起做，才能妥当；日子，要和懂你的人一起过，才算值得。

余生不长，坚守本心，和对的人相伴同行，将生活过成自己喜欢的模样。

给儿子的信（一）（2022-06-17）

孩子：

这是爸爸第一次用这种方式与你交流，这或许会使你心跳有点加速吧！

自从1999年你来到这个世上，也给我们一家人带来了快乐和希望！爸爸希望你长大后能干出一番事业来，但更希望你健健康康、快快乐乐，于是我和你妈给你取名乐乐。你现在，快十六周岁了，也是一个准成年人了，有些问题也应该思考一下了！

如何才能快乐？

理想是快乐的源泉。树立远大的理想和人生抱负，并为之而奋斗，这就是快乐的源泉。奋斗之乐，充实之乐，成功之乐。心有多大，舞台就有多大；思想有多远，人就能走多远。你妈辞职之后，确立了自己的奋斗目标，整天骑着电动车送产品，迎寒风，冒酷暑，风来雨去，辛苦异常。但你妈是快乐的，她的快乐是拼搏之乐，是奋斗之乐，同时她的快乐也给我们带来了健康，送来了幸福！

爸爸现在参加工作也已经二十一年了。人至中年，成就归零，来到一中，来到一个新的单位，重新打拼，为了什么？其中一个重要原因，就是挑战自我，再次创业，力争取得更大的成绩。孩子，你也是很优秀的。十二岁，小小年纪就离家求学，这一点爸爸很是欣慰。三年来，你的成绩稳步上升，不负众望，考上了聊城市最好的高中。三年来，你的付出爸爸也能感受到，但你也收获了成功，没有辜负张老师、朱老师的殷切希望。同时你独立自强的品质也是好多同龄人所没有的。所以亲戚朋友见面后，都夸奖你的成绩、你的懂事，爸爸满心都荡漾着幸福和快乐。升入高一，你的成绩稳步上升。我也看了你的期末考试成绩，感觉只要你稍加努力，成绩还会上升。每天进步一点点，距成功就不远了。爸妈都期待着你的进步。是雄鹰，就要展翅苍穹；是骏马，就要驰骋万里！

拼搏是快乐的真谛。高中三年是人生奠基的关键时期。高中三年拼搏，其作用可比走上社会后努力十几年。大学是人生的分水岭，山里山外景色迥然不同。我原来的学生，对自己的高中生活都记忆犹新，念念不忘，其原因就在于高中的拼搏、奋斗、充实、紧张而有意义。人生能有几回搏，此时不搏何时搏！青青的意义在于拼搏、在于追求，在于不服输、不甘落后的意志，在于笑傲江湖、舍我其谁的霸气。让青春在奋斗的汗水中闪光，让奋斗去定格辉煌！时不我待，努力从现在开始！莫道君学早，更有早行人！努力吧！孩子，让我们一起奋斗！

快乐是赠人玫瑰，手留余香！乐乐，要与人友好相处，友善对待你周围的每一位同学。每位同学都有自己的优点，都是我们的学习对象，聊城一中给你的不仅仅是优越的学习环境，更重要的是给你一批非常优秀的同学。这将是你今后创业的重要推力，是你成功的推手，是极其重要的人脉资源。要热心帮助别人，与人为善，懂得谦让，帮助别人，快乐自己！快乐是成功后的开心与微笑，事业成功的人才是真正快乐的人。

求人莫如求己，当自己不开心时，一定要为自己开脱，远离烦恼，快乐从现在开始！如何寻找快乐？相信你也有自己的心得，希望快乐与你时刻相伴！

爱你的爸爸
2015年1月19日

给儿子的信（二）（2022-06-18）

十年前你是谁，一年前你是谁，甚至昨天你是谁，都不重要。重要的是今天你是谁！人生是很苦的，你现在不苦，以后会更苦。唯累过，方得闲；唯苦过，方得甜。趁着年轻，大胆地走出去，去接受风霜雨雪的洗礼。练就一颗隐忍、豁达、睿智的心，幸福才会来。这世界上除了你自己，没有谁可以真正帮到你。鸡蛋，从外打破是食物，从内打破是生命。

人生亦然，从外打破是压力，从内打破是成长。相信人生不会亏待你！你吃的苦，你受的累，你掉进的坑，你走错的路，都会练就独一无二、成熟、坚强、感恩的你。抱怨命运，不如改变命运；抱怨生活，不如改善生活。任何不顺心都是一种修炼。进锅炉的都是矿石，出来的却有矿渣和金属。凡事多找方法，少找借口，强者都是含泪奔跑的人！不管你有多难，始终要相信，幸福就在不远处。坚持住，你会看见最坚强的自己。

你努力了，尽力了，才有资格说自己的运气不好。世上没有一件工作不辛苦，没有一处人事不复杂。

因为有明天，今天永远只是起跑线。努力过后，才知道许多事情坚持坚持就过来了，其实也并没有想象中的那么难。一个人在外面很不容易，没啥，拼的就是坚强。

越有故事的人，越沉静简单；越肤浅的人，越浮躁不安。真正的强者，不是没有眼泪的人，而是含着眼泪依然奔跑的人，努力之后，你会发现自己要比想象的优秀很多。放下你的三分钟热度，放下你禁不住诱惑的大脑，放下你容易被绚烂吸引的眼睛，闭上八卦的嘴巴，屏气静心。

好好做你该做的事，是该好好努力的时候了！

2015年2月3日

给儿子的信（三）（2022-06-19）

如何才能高效学习？

一、学

1. 向老师学。老师上课有精心编写的教案。老师教什么，你就学什么。老师要求你怎么做，你就怎么做。老师要求你怎样思考，你就怎样思考。

要勤学"会问",不一定要好问。考试概率不高的难、偏、怪题,一定要大胆舍弃。

2. 向教材学。教材是教师和学生的基本工具,是教学的根本。老师教到哪里,就要把教材读到哪里。研读教材是学习最有效、最简单的方法。

3. 在练中学。练习的作用:巩固知识,获得新知,积累方法,学会技巧。练习长才干,实践出真知。

4. 学习的过程:预习—听课—复习—练习—反思。

学习进步不是单纯地表现在考试分数上,还要看新知是否在增多,疑问是否在减少。学习成绩进步慢的问题就在于:不及时巩固复习,时间稍长就忘记了;做题不反思,导致不会的题还是不会做,做错的题还是继续做错。

二、记

1. 听课要记笔记。好记性不如烂笔头。记下笔记,复习时才有依据。笔记可以先记到教材上,课后再创造性地整理到笔记本上。整理笔记是使知识内化、构建成自己的知识体系的重要途径。

2. 要摘抄错题和难题。记下正确的解答思路,总结出错的关键点在哪里。学习要有两个本子:听课笔记本、习题纠错本。

3. 要特别重视基础知识、基本原理、基本规律、特殊结论、重要思路的积累。记得越多,成绩就越好。

4. 及时回忆,与遗忘做斗争。每天一定要将当天学习的知识复习好。晚上睡觉前要把当天所学在脑子里过一遍"电影"。

三、积

1. 积累知识。知识包括:概念、原理、规律、结论、方法、思路。量变产生质变,渐变方能突变。积累的知识和经验多了,成绩自然会上去,贵在坚持,不放弃,不抛弃。

2. 积累经验教训。错过的题为什么错,错在哪里,力争题不二错。

四、思

1. 思考知识。要加强知识的归纳总结。每复习一章,这一章主要的知识有哪几点,要特别注意哪些问题,有哪几种命题形式,该类题目的基本思路有哪些。做到把书由厚读到薄。

2. 思辨概念。通过分析对比,寻找概念的异同、题目的异同,变化的地方在哪里。对应的解题思路怎样变。力争融会贯通、举一反三,做一道题,会一类题。

五、细

1. 细致。做事要细致。

2. 细心。解题要细心审题，细心演算，仔细作答。

3. 细节。要注意答题的细节：语言表达、规范书写、模板格式等，注意分析高考的评分细节。关键在态度、成功在细节。

六、破

1. 破除不良心理。要自信，学习不急不躁，有条不紊。不自信会产生两种极端心理：一是自暴自弃，二是过度焦虑。

2. 破除不良习惯。如：做事无计划、无条理，拖拖拉拉、丢三落四等。

3. 破除不良方法。如：不重视知识的记忆，不重视练习后的反思，解选择题不用排除法等。

人只有不断超越，才能进步。一定要敢于突破自己读不懂的知识、解不出的难题。明知山有虎，偏向虎山行。

事在人为，凡事都怕"认真"，凡事贵在"努力"，凡事成在"坚持"。加油！

2015年2月4日

在感悟中前行（2022-06-21）

近几日，近40摄氏度的高温，大地进入烧烤模式。夏养心，心却颇不宁静。今天是夏至日，夜最短，昼最长。办公室泼上一桶水，用拖把拖开，一会儿地面就干了。真没想到，地面也是如此饥渴。高温蒸笼，临河而立，似乎能感觉到水嗖嗖地气化。

"行到水穷处，坐看云起时。"一场大雨或许正在路上。仲夏时节，来一场酣畅淋漓的瓢泼大雨，该是一场多么惬意的事情。

夏至到，蝉始鸣。万物无力，叶片低垂。夏日如火，曾喜空调的凉爽，现在却有意用酷热历练自己，出汗的感觉也是一种别样的美丽。汗水流了一壶又一壶，浸润在跨肩背心里。很好的减肥方式。喜欢夏日的火热，因为夏天是生长的季节。光是一种让万物蓄积的能量。从生物学的角度上说，人是另一种形式的光。

杨绛先生说："其实所有的美感都来自陌生和距离，一览无余只会徒生厌倦。云与海，遥遥相望，星与月，天各一方。话不说尽，事不做尽。人要做一支引而不发的箭，不能让人一眼就看到底。"

人类所有的美感，都源于陌生和距离。

任何时候，距离都是有必要的，不过分倾倒自己，不过分渗透别人。有些话，不能语人，只能埋在心底，时不时地生出涟漪来，让你心里痒痒的。凡事有度，话不可说尽。每个人都有自己的经历，每个人都有自己的苦痛，有时我们不经意间的一句话可能就会伤到别人，这世上没有所谓的感同身受，所以我选择了沉默。

造物主给了我们两只耳朵、一个嘴巴，就是让我们少说多听，倾听是一种优秀的品质。学会讲话，需要一年的时间，学会闭嘴却需要一生。做人留余地，才能从容转身；做事留余地，才能走得更远。

人生如旅，每到一站，有人上车，也有人下车。一程山水，一程风月，没有谁能够永远。

花开就有花谢，月盈也会月亏。有时，离开是为了让美好永驻，回忆长存。

浅绿深蓝（2022-06-23）

昨天21:00，一场酝酿良久、酣畅淋漓的急雨，在人们的翘首期待中姗姗而至，空气中的暑热与风的温度降了不少，心里顿生出近日少有的欣喜。

同事的电话令人感动。"您回家了吗？没有回的话，我开车去送您！雨下得正急！"又想起下午，另一同事说："您一定要注意身体，不要太累，每次去餐厅吃饭，您都是放学后和学生一起去，去得晚走得早，急急匆匆简单吃一点！"满满的感动。

夏日酷暑，也时不时有丝丝凉风送来满满的清爽。生活的美好，或许就在于朋友与家人无时无处的、不经意间的关心和呵护。

我深信，善良一定会换来善良，温暖也必然赢得温暖。爱是这世上最美好的语言，爱别人与被别人关爱都是一种无比的幸福。

空调屋里，卧床听雨，虽无雨打芭蕉的情致，却有巴山夜雨的闲适。暂时逃离喧嚣与繁忙，难得片刻的清净与雅致。秉一把江南的油纸伞，在如注的夜雨中，凉鞋而行，或许能够把疲惫冲浇个透彻。过了浪漫的年龄，随意想想罢了。

5:35到学校。办公室前的连廊是满满的积水，把水拖干净。汗流浃背，全身通透了许多，感觉汗水是从毛孔窜出来的。

碧空如洗，满目葳蕤，层层叠叠的绿，深深浅浅的蓝。

美好的一天，走起！

高考成绩即将揭晓，请您勿扰（2022-06-25）

据山东教育发布消息，2022年高考第二次新闻发布会将于6月25日16:00举行，届时将通报山东省今年夏季高考评卷工作、分数线划定情况及录取工作安排。

今天下午2022年高考成绩即将揭晓。又到了万人瞩目、激动人心的时刻，越到最后，时间过得越慢，等待的滋味也越是让人坐立不安。时间每分每秒地流逝，变得无比清晰和煎熬，越到最后，时针与心脏都在突突狂跳。此刻心情如恋爱中的少女，期待自己的白马王子快点到来，又有点担心他不按自己想象的结果来。激动、忐忑、期待、纠结五味杂陈，个中滋味不可言说。

大多数孩子是不敢亲自查分的，因为他们不敢面对高考结果，毕竟是十年寒窗的煎熬、暑往寒来的历练！功败垂成，立见分晓，有几人能心如止水，坦然面对。

几家欢乐几家愁，每年的6月25日的夜晚注定是齐鲁大地的不眠之夜。或彻夜狂欢庆祝，或整晚愁肠百结，或通宵泪流满面（眼泪也有悲喜两重天）。生活不只有眼前的高考，还有诗和远方。

高考很重要，但并非人生的全部，它只是人生万千经历的一次。条条大路通罗马，成功的方式有很多种，高考不是唯一抵达成功终点的方式。经历过就没有遗憾，与成败无关。

无论成败，都是过去，明天的朝阳依旧照常升起。高考、就业、婚姻等都是人生的关键节点，他们从来都不在约定俗成的流程中定格，事事、时时充满着变数。高考带来的现实红利其实很短暂。四年之后，回归现实。高考只是迈向成人的第一步，千万别看得太重要。走过青春，一切正好，人生才刚刚开始。

请不要致电高考学生或者家长，虽然我们也牵挂他们的成绩。

我们可以先发个微信问一下，如果没有回信息，请不要再打扰。

我们也可以先从外围打听一下成绩，如果成绩非常理想，可通过各种方式锦上添花地祝贺！我们也可以静默以待，如果成绩理想，你自然会收到主动发来的喜讯。

今天，请谨言慎行，不要让我们的关爱给别人带来伤害！

善良的人，永远首先想到的是别人的感受，而不是自己。

风来，花自开（2022-06-26）

风有信，花有期。风来了，花就会开！金风玉露一相逢，便胜却人间无数。你来与不来，刚刚好，恰恰在！

无题无解，毫无因由。这世上，没有无缘无故的相逢，也没有无缘无故的离别。缘来缘去，花开花谢，一切如常。

所有的相遇，皆为成就你而来。遇到就要善待，多学习，不辜负。

一草一木，一花一溪，皆是美好。一云一鸟，一山一刹，无不温柔！

为花草低眉，为山川折腰。温柔所致，无不美好。花无力，风随缘。风来了，花就开了。花解风情，风懂花意。

风来了，花恰好开！

咱是党的人（2022-07-01）

7月1日15:00，行政楼党员活动室，收看《你就是山——追寻孔繁森足迹》"七一"专题党课直播。

一尘不染，两袖清风，视名利安危淡似狮泉河水。
二离桑梓，独恋雪域，置民族团结重如冈底斯山。
——献给孔繁森同志的挽联

孔繁森同志在震灾中收留了三个孤儿，孩子的父母在地震中被夺走了生命。三个孩子无依无靠，孔繁森动了恻隐之心，将孩子接到了家里，担负起养育责任。向来上山下乡就会拿钱救济困难藏族群众的他，如今还要养育三个孩子，生活更加困难。往往发了工资半个月，家里就没啥钱了。他可以吃苦，但孩子不能，为了让孩子们跟上营养，孔繁森偷偷到医院献血。此时已经四十多岁的他，身体本来就不好，护士以"年龄大，不宜献血"婉拒了他。孔繁森没办法，开口说："家里孩子多，负担重，急需要用钱，请帮个忙！"二次进藏，临行前与母亲、妻子话别。孔繁森说：党的指示就是命令。我是党的人，我得为党办事。我的光荣就是为了人民倒下。一个人的最高境界是爱别人，一个共产党员的最高境界是爱人民。"

孔繁森的老母亲说:"多带点衣裳,别喝凉水。三儿,你早点回来,娘等着你。"

高山仰止,景行行止,虽不能至,心向往之。

我失眠了(2022-07-02)

7月2日15:12,星期六,头昏沉沉的,或许是睡眠不足,或许是劳累过度,或许是思虑太多。还有二十二分钟学生放学,小休一天(半月一次,一次一天)。12:45,查完学生午休,躺在办公室小床上小憩。12:58接了一个电话,就再也睡不着了,虽然困倦,虽然疲惫,虽然急于想睡会儿,但是只能干瞪眼。最怕中午接电话,好不容易睡着,一个电话困意全无,眼睛干涩得难受,干瞪眼着急。中午有午睡的习惯,因为夜晚睡得太少。

晚上下班回家近23:00,早上上班5:20起床,睡眠时间最多六个小时。一年四季,年末岁尾,不分寒暑,无论冬夏,概莫能外。上班到校,放学回家,一路的红绿灯都是黄闪,或者是尚未开启一天的工作,或者是已结束全天的任务。最近事情颇多:六选三分科、艺体分流、学业水平备考等。每天的工作都是满满当当、千头万绪。对教育满怀赤子之心,待学生无不润物春雨。

丹心育桃李,青春铸精神。以梦为马,为党育人,为国育才,做梦之队的筑梦人。

又是一生毕业季,又是一年放假时。同行的朋友圈满满的都是离别的不舍、远行的握手、未来的祝福。

拳拳赤子情,浓浓师生意。每一位教师都有着浓烈的教育情怀和深深的热爱。热爱是师生依依的离别、热烈的拥抱;热爱是师生乐融融的相聚、意浓浓的手工;热爱是师生课下的欢愉、课上的生成。

最近,听到一位工作近十年的代课老师的一句话,让我感动不已,瞬间泪目。"我在积极考编,但我从不在学校备考复习,我认为那是对教育的不尊重,对学生的不公平!"多么好的一位老师!

快乐着我们的快乐,幸福着我们的幸福。教师就在师生共生中彼此成就。教育的最终目的,就是提升学生的生命质量,让学生生命旺盛、精神高贵、智慧卓越、情感丰满。

我爱教育,也喜欢爱教育的人,昨天如此,今天如此,明天还如此。

生活良人与事业贵人（2022-07-17）

> 遇贵人先立业，遇良人先成家！未遇贵人而先自立，未遇良人而先自修！
> ——题记

一、良人

7月16日，假期第三天，我最终还是倒下了！为了兑现承诺，早上健走5.2公里。

期间，疲惫异常，有过几次放弃的念头！38.5℃，还是直接把我撂倒了！妻子通过营养素和物理方法降温，下午体温稍降！18:00，屁股针一次，口服药两种。妻子看说明书，这个副作用大，那个伤肝伤肾……药只管对症治病，不顾伤及其他脏器。

爱人才是真正关心，顾你周全，让你毫发无损，福寿永康！

爱人，才是真爱你的人，也是你一生的良人！

二、贵人

古语有云：三人行，必有我师。

牛顿金句：如果我曾经看得更远，那是因为我站在巨人的肩膀上。

这两句话都告诉我们同一个道理：要善于从别人那里获得经验，而不是把所有的路都重新走一遍。

颇为欣赏的一句话：读万卷书，不如行万里路，行万里路，不如阅人无数；阅人无数不如名师指路，名师指路不如自己去悟。

所谓贵人或名师，或学识渊博，或眼界高远，或格局博大，或职高位重！聆听一席话，胜读十年书。一句点醒梦中人，拨开云雾见月明。醍醐灌顶，指点迷津。"不识庐山真面目，只缘身在此山中。"人往往"明于知人，暗于知己"。人成功的捷径，是名师指路、贵人相助。如果没有遇到贵人，也未逢得名师，就要吸取别人经验教训，为我所用！

哥伦布已经告诉我们地球是圆的，我们不必自己再环绕地球走一遍然后得出这个结论。把别人的教训变成自己的经验是一种便捷的成功方式，让我们在有限的时间和空间内获得无限的经验，同样也是一种最有效率的"成功术"。聪明人做事，都讲究方法和捷径。简单未必好，好却多为简单。

大道至简，大象无形，大音希声。

做事勤用心，说话多过脑。平时多学习，遇事少波折！

堆云如山（2022-07-26）

如果说，颜色有绝配的话，那一定是静静的蓝和素素的白。湛蓝的天空，是白云永恒的背景；轻盈的白云，是蓝天最美的点缀。

仰望蓝天白云，白云是平面的。白云之上俯瞰，云立马鲜活立体起来。一朵朵地浮在空中，飘来飘去。伸手去抚摸，似有还无，什么也触摸不到。

云形万千，仰望是云朵，俯视为云海，侧目则为山，一堆堆，巍峨如山。有些风景，只存在于眼里；有些风景，却一直鲜活在心中。只要心情好，目之所及皆是风景。亚热带的能量无比充足，树叶在烈日下泛着绿油油的光。榕树，胸径博大，五六人方能合抱过来，虬枝横斜遮天蔽日，须根低垂，如一位老人的须髯。

树的年龄就是一座城市的历史；树的模样，就是一座城市的容颜。里弄街巷是城市的血脉，也是记录城市历史的一行行文字。

东方既白，城市还未苏醒。穿梭于千年的古巷，于久远握手，和厚重重逢，一切都好像熟识的，似曾相识。

雕梁画栋的陈年小楼里，飘出神龛里袅袅的神香。头着斗笠的农人，从历史中匆匆而来，风似的从我身边飞过。院墙上的"鱼雕"惟妙惟肖，似乎要跳跃开去，游到池水里边去。如一个好奇的孩童，仔细扫描着一草一木，研究着那一段幽远的、长满青苔的时光！

总有人让你感动（2022-08-20）

一个人遇到一位好老师，是一生的幸运。一个好的老师，可能使学生对自己所教的学科，由未教时的眼见生厌到后来的心生欢喜。一个好老师，可能使学生爱上教育，并毕生为之奋斗。长大后，学生就成了曾经的自己！

谈起自己最敬佩的老师，有的人说，自己的老师学识渊博、才高八斗；有的人说，自己的老师孜孜以求、默默奉献；有的人说，自己的老师爱生如子，如母如父。

学校招聘时，有一个老师说，实验高中毕业，讲起高中学习经历，印象最深的是单校长。全体学生会上，单校长手秉一支香烟，侃侃而谈，娓娓道来，醍醐灌顶而又语重心长；单校长校务繁忙，每天还要巡视全校，转遍每个班级。当得知单校长就坐在对面，该老师泪流满面，惊喜无措。惊喜的眼泪中也满满的幸福，还有着丝丝伤悲。岁月催人老，对面不相识，眼睛不免酸涩。

为人师，如履薄冰，恐有所辜负！

为人师，战战兢兢，怕误人子弟！

为师一时，当尽职尽责，殚精竭虑，不忘初心！

为师一天，定挖空心思，谨小慎微，不辱使命！

谨此自勉，且行且珍惜！

流水不争先（2022-08-25）

一朋友说：流水不争先，争的是滔滔不绝。深以为然，叹服不已。遂追根溯源，探究其出处，语出《道德经》。不争先不是不求上进，而是尊重自然规律，不破坏均衡，不因小失大、迷失自我。就像流水一样，慢慢地流淌。它不去争先后，而是在一点一点地积攒自己的力量。细水长流，以待迸发。"行到水穷处，坐看云起时。"凡事皆有柳暗花明、云开雾散的时候。不能解决的问题交给时间，时间总能给出一个答案。或许，这就是高人的格局。总期待一种人生的境界：千载奇逢，无如好书良友；一生清福，只在碗茗炉烟。

生活无常，时有变数。人这一生，无论是谁，总会遇到大大小小的坎。逢山开路，遇水搭桥，时间总有交代，美好终会到来！

责任面前不推诿、困难面前不低头、委屈面前不抱怨、危险面前不畏惧、是非面前不含糊。

人生，从外打破是压力，从内打破是成长。遇到事情，沉溺于焦虑悲伤，于事无补。从更积极的角度去看待问题和分析现状时，解决问题的方案才有可能慢慢浮现、逐步成形。现实生活中，困难就像大海里的波浪，不是一个浪头过去就风平浪静了，而是一浪接一浪，特别地考验人。在心情最糟糕的时候，高人仍会按时吃饭、早睡早起、自律如昔、继续学习，如无事一般。

世事纷扰，不乱我心。无边丝雨不成愁，宝帘闲挂笑银钩。

一切都会过去！努力并期待着！

新学期起点上的万语千言

一、致父母

1. 人活一辈子，钱没了可以再赚，工作出问题可以再换，但教育孩子只有一次机会，并且失不再来。

2. 养育孩子，你在孩子身上付出了什么，数十年后就能收获什么。

陪伴和守护，孩子便能拥有自信和安全感；耐心和尊重，孩子便能减少叛逆和疏远。自信和乐观，孩子便能感受幸福和希望；善良和担当，孩子便能与世界和谐相处。

3. 不要在家里当"甩手掌柜"，不要缺席孩子的成长，不要忽视孩子的身心健康。再大的房子，再好的车子，再优渥的条件，也比不上父母的陪伴与引导更珍贵。

4. 教育好自己的孩子，是你这辈子最重要的事业。

二、致孩子

1. 世间，没有谁的成功是一蹴而就，所有优秀背后都有着苦行僧般的自律。

2. 练过的题，读过的书，都是成功路上的加油站；逃过的课，偷过的懒，都是失败途中的垫脚石。

3. 剧永远追不完，游戏总有新版本，但今天的时间过去就是过去了。

4. 生活里不存在从天而降的幸运，也没有突如其来的惊喜。有的只是千般投入、万般辛苦后的得偿所愿，苦尽甘来。

三、致老师

1. 每个孩子的成长，都离不开学校的约束，真正好的学生，都是老师严管出来的。

2. 教师心声：我也想说服自己，何必那么不近人情呢？你玩你的手机，我念我的经，眼不见为净，大不了，再过几个月，我们就相忘于江湖了。可我还是说服不了自己，你们喊我一声老师，我就得对得起这个称呼。

3. 教育需要一定力度，学生需要及时督促，唯有做到宽严相济，才是对学生真正的负责。

四、孩子必须承受这三种苦

1. 读书的苦：上学时流过的汗水，用过的时间，都会成为通往未来的路。

2. 独立的苦：播下担当的种子，收获坚韧的性格。

3. 挫败的苦：事与愿违是人生常态，学会接受失败，才能有更多勇气面对漫漫人生。

五、孩子必须坚持三种习惯

拉开孩子之间差距的，不是家境，而是无数习惯的总和。

孩子必须坚持这三个习惯：

1. 广泛阅读的习惯：脚步到不了的地方，书籍可以到达。阅读，是丰富认知、开阔眼界最好的方式。

2. 制订计划的习惯：凡事有条不紊，在规划中平稳进行，往往能得到更好的结果。

3. 收拾房间的习惯：教会孩子做家务，自己打扫房间，有助于锻炼孩子的生活自理能力；保持干净整洁的环境，有助于孩子的身心健康。

六、家校共育

1. 家校配合，共担责任，一起做好领路人。一个优秀的孩子离不开父母、老师和学校的共同托举。

2. 教书的是老师，育人的是父母，父母和老师相互支持，彼此理解，教育越成功。

3. 不要苛责对孩子严厉的老师，遇到对孩子严格的老师，是一种幸运。

4. 不要把所有责任都推给学校，只有做到家校配合，不忽视每一份责任，才能引领孩子走向正确的路。

5. 父母和老师目标一致、并肩同行，携手迈向同一个方向，是成就孩子的关键。温室里长不出参天大树，胡同里练不出千军万马。

父母不护短，老师不姑息，孩子未来自然有无限光明。教育路上，你所走的每一步都至关重要，脚踏实地、用心耕耘、悉心栽培，终能收获硕果累累。

盈月揽芳华，我们一直爱（2022-09-10）

2022年9月10日，教师节遇上中秋节，欢乐成双，幸福也翻了一番！从教二十九年，学生也有千余人。今天，教师节的祝福纷至沓来，也使得教师的幸福感爆棚。今天的你，或许就是昨天的我。教育是传承，更是创新。祝福来自上海，来自北京，来自青岛，来自乌鲁木齐，来自天南海北；祝福来自教师战线，来自政府行管，来自科研人员，来自娱乐媒体，来自各行各业。学生除了祝福，更多的是嘱咐——注意身体、工作不要那么拼、不要和学生生气、工作不是一天完成的等之类！

  我成就了学生，学生也成就了我；我鼓励着学生，学生也鼓励着我；我感动着学生，学生也感动着我。教育，就是教师和学生的一场相互奔赴、彼此成就。

  今日中秋，月满人圆的日子。奔赴父母、飞回老家。一家人聊聊家常，吃一顿饭，多么喜庆幸福的事情。年年不一样的饭菜，但父母的劝菜和絮叨却是岁岁相似。吃饱喝足之后，就是大包小包地往车上塞，枣儿、丝瓜等，总是拿不完、提不尽的心情。然后送出大门，"慢点开车"，摇手相送！每次回家，都是一样的程序，如日出日落、春去秋来般往复不止。

  小时候，我们是父母的孩子；长大之后，我们虽然仍是父母的孩子，但来往更像亲戚。我姐弟三人，不分彼此，关心父母胜过爱护自己。赡养父母，更是可劲儿比赛，不甘落后。孩子是父母的复印件，子侄们也都非常孝顺。孝敬老人是中华民族的传统美德，也是为人的底线。羊有跪乳之恩，鸦有反哺之义。孝顺，孝顺，越孝越顺。家有一老，如有一宝。家中父母就是佛，何必灵山朝世尊！

  午饭后，侄子给爷爷理发，姐姐给父亲洗头。多么感人的画面！幸福，莫过于此。所谓亲人一场，无不是相互感化，彼此相携、相助、相爱！

修心渡己（2022-09-21）

  一个朋友发来千余字小文，很是精彩，皆为心语。有感而发，涂鸦几句，不成文章。

  生活，无时无刻不是成长的快乐。生活，每分每秒都是奔赴的美好。生命，是灵魂的修行；生活，是心灵的自愈。顺境给人温暖，逆境让人重生。人生每一次遇见，无不是成全。红尘每一次相逢，皆为偿还。花开花谢，修心渡己；春去秋来，悟道达人。所谓格局，无不是委屈撑大的；所谓从容，也无不是跌宕造就的。人生最难得的是：读过的书，还想读；见过的人，还想见；走过的路，还想走；痛过的心，还想痛；流过的泪，还想流。所有的成长，无不是痛苦的馈赠；所有的铭记，无不是遇见的温暖。时光疏忽，岁月流转，终于明白。不是所有的误会，都需要辩解；不是所有的委屈，都需要倾诉；不是所有的花儿，都结成果实；不是所有的寄出，都有回音。

所有世事的风云变幻，都抵不过内心的安定与从容。心若不动，风之奈何；你若不伤，岁月无恙。我居高临下地去包容假恶丑，我满目虔诚地去悦纳真善美，我虚怀若谷地师从山河草木。一棵树都能给我智慧，一株草也能予我启迪。因为热爱，我开始感觉到好运气升温，感觉自己坚不可摧，感觉自己只有快乐和幸福。我渐渐发现，这是一个多么广阔的世界，当我再面对一切，我对所有好坏不悲不喜，对所有人不近不远，对所有事不强不求。

天地有道，顺势而为；因果有报，善为大德。

风云无常，辰星有序。与人为善，岁月温柔。

又是一天的披星戴月，又是一天的忙忙碌碌！

身忙心安，俯仰无愧！晚上自然能睡个舒坦觉！

金秋里的改变（2022-09-29）

金秋九月，叠翠流金，无暇欣赏。五彩时光，丹桂飘香，寂寞了笔墨诗章。

最爱秋，爱秋的五彩斑斓，层林尽染，万山红遍。

最爱秋，爱秋的高天流云，风爽气清，漫江碧透。

最爱秋，爱秋的坦然恬静，款款移步，落落大方。

最爱秋，没有春的喧闹、夏的火热、冬的萧瑟，一切都是那么不温不火，淡然飘逸。

最爱秋，蒹葭苍苍，秋水伊人，秋荷残香。

最爱秋，望穿秋水，一脉秋波，冰壶秋月……

一卷书，翻了又翻；一条路，走了又走；一阕词，填了又填。清风不识字，吹皱了一池秋水，荡起千层涟漪；明月自多情，摇落了千树倩影，婆娑万缕柔情。

秋天，是收获也是播种，是开始也是结束。

改变，从现在开始。对健康负责，就是对自己负责；对自己负责，就是对家人负责。生而为人，要做到：少年，不让生我的人操心；老年，不让我生的人担心。凡事全力以赴去做，得之坦然，失之淡然。余生要为物质做减法，为精神做加法。食不过三餐，居不过一间。疾病往往是食欲太贪，烦恼无不源于欲望太多。

人到中年才知道，东奔西走一辈子想去改变的恰恰是自己，数十年的时光换来的是心静如水。

顺其自然，最好；云淡风轻，最真！人到中年，做自己最重要。

当你活成了一道风景，你身边的人也会感觉到心情舒畅，会不由自主地向你靠拢。时光总是匆匆，忽而已到中年，人生似乎开始走"下坡路"，放缓速度，放平心态成为不得不面对的现实。少时，时光总是慢慢吞吞，恨不得一天就能长大，执剑江湖，纵横四海。中年才明白，时间是那么不经"过"，白云苍狗，倏忽即逝。年轻还没来得及认真，余生只能认真对待。保持一颗平常心，过程尽心，结果随缘，内心才能轻盈自在。人生其实就是一个圆，起点到终点，再远也会回归原初，变成零。人就是这样的出发，也将是这样的回归。

人，从生物角度上说，就是生命信息的传播介质；人，从精神层面上讲：就是生命的自我修行、自我完善、自我救赎。

余生做减法、淡得失，求健康。今后顺其自然、真实自己、丰盈灵魂！只愿不负生命、不负自己、不负来过！

在生活中遇见真实的自己

参禅不是为了遇见佛，而是为了遇见最真实的自己。无来无往，自然自在，如是观。所谓成者，前半生勿扰父母，后半生勿扰子女，大笑而来，坦然而去。何其快哉，幸哉幸甚！

所遇皆为成就我而来。变通，变则通；改善，改则善。让生命中每一天都有不一样的精彩。在反思中进步，在进步中完善自己。活在当下，不畏将来。不能让真实的今天去透支明天的虚无缥缈！感恩所遇到的每一个人，无论好与坏；感恩经历的每一件事，无论顺与逆，因为他们都是为了你的成长而来。

不为艰难困苦而却步，不为鲜花掌声而迷失，方显人生本色。高山无语，深水无波。心灵淡然若水，人生便如流水行云，轻盈飘逸。淡泊是一种醒悟和超脱，有所不为然后有所为，特立独行而非趋炎附势，稳重坚韧而不浮华躁动，义无反顾而举重若轻。不管人生有多少苦痛，我只一笑置之。一切都会过去，风雨皆成彩虹。我们的人生态度唯有坦然接受，勇敢应对。

没有什么比平安更重要，没有什么比活着更幸福。钱财买不来生命，利益换不回健康。身体健康，无病无灾，一辈子平平安安，就是一个人最大的福气。年轻时，牺牲健康可以赚取财富；垂暮时，牺牲财富却不一定换来健康。纵有千年铁门槛，终归一个土馒头。

人生有三件事不能等：对父母的孝；对孩子的教；自己身体的健康。

司马懿告诉了我们人生的真谛："世界是你的，也是我的，但归根结底还是属于那些身体好的，活得久的。"

人生没有永远，来日并不方长。一定要活好当下，珍惜眼前，想做的事快点做，想见的人早点见。岁月最不饶人，时光也是最经不起等待，别再等待，别总拖延，否则就会留下无法弥补的遗憾。别让我们的人生在等待中老去，也别让我们的梦想在遗憾中消失。有些人、有些事，只不过在你我转身之间。你遇到的人，一次回眸或成永别。你遇到的事，一旦错过，就成了过错。有想做的事情就要趁早行动，有相见的人就赶快去见，趁着春暖花开，阳光正好，微风习习，别再等待。

孝道

一位作家说："我慢慢地、慢慢地了解到，所谓父女母子一场，只不过意味着，你和他的缘分就是今生今世不断地在目送他的背影渐行渐远。你站在小路的这一端，看着他逐渐消失在小路转弯的地方，而且，他用背影默默告诉你：不必追。"

何为"孝"？"老"字，把下面的"匕"让"子"取代，即为"孝"！意思是说，孩子要让父母免受风刀霜剑之苦。"孝"，从会意造字角度，就是孩子弯腰曲背地背负着父母。

百善孝为先，孝是中华民族的传统美德，也是做人的基本准则。孝就要顺父母心意，这是孝顺。作为学生，最为紧要的就是全力以赴地学习，争取最好的成绩回报父母。这世上只有父母的爱，是以分离为目的。父母的爱，也是这世上最无私、不求回报的爱。故而，做人的底线，不能负了自己的父母。树欲静而风不止，子欲养而亲不待。爱，不能等待；情，不可能重来！

教育那些事

一、学生"假努力"的表现

做题不彻底,过于依赖参考答案;学习没有针对性,做题贪多求全;不懂归纳知识点,学过了就忘了;付出的学习时间越多,收效却越小。

二、孩子"真努力"的特征

积极主动,把学习当成自己的事,把学习当作最重要的事;积极思考,课前预习,课后复习,遇到不懂的一定要请教;积极学习,多动笔,多阅读,多练习,认真对待每次作业。

三、家长要学会"真关心"

把钱花在刀刃上,教育不能盲目从流,适合孩子才好;用检查代替唠叨,多关心孩子的学习,及时发现问题;狠得下心来管教,不纵容,不偷懒,守护孩子的成长。

四、老师要学会"真辅导"

提高课堂效率,尽量确保每个学生都能听懂学会;高度关注学生,及时发现问题并和家长商量对策;传授学习方法,帮助孩子更高效、更专注地学习。

五、教育箴言

1. 没有目标的努力,没有计划的奋斗,都只是作秀。

2. 一味纵容是对孩子的莫大伤害。真正有远见的父母,在教育孩子时都难免带点绝情。

3. 指望孩子自觉,是最无力的教育。指望孩子爱上学习,学会学习,是最难实现的愿望。

4. 伟大的教育学家叶圣陶先生说:"教育的本质,就是培养习惯。"

越自律,越优秀

多年成习,几十年如一日。每天第一件事,把今天要做的事情按轻重缓急罗列在日志上,以免挂一漏万。每天睡觉前,把今天所做的事情过一遍,检视一下得与失,力求诸事圆满。人都有惰性,我们所要做的就是,尽可能减少惰性,做一个自律的人,力争每一天不虚度、每一秒不妄负。

人至中年，时间和健康弥足珍贵。很多时候，我们只看到了别人优秀的样子，却往往忽略了他们为此付出了近乎疯狂的努力。

人越自律，越有话语权，身体和人生都是如此。一天两天看不出来，一个月两个月也许还是看不出来，但是一年两年，甚至十年二十年自律的人和不自律的人，终将走上截然不同的道路。付出和回报是成正比的，量变足够了才可能促成质变。越是自律的人越明白自己真正想要的是什么，所以才不会把时间和精力白白浪费在无意义的事情上，而是真的把碎片化时间都利用起来成长自己。

所有优秀背后都有苦行僧般的自律。说要自律的人很多，可坚持自律的人很少，就像爬一座险峻的高山，越临近山顶，能够咬牙坚持往前走的人越少。好的坚持本身就是一种自律。越自律，越优秀。

一个人的自律中藏着无限的可能性，你自律的程度决定着你人生的高度。每个人都有权利选择怎样活着，有人认为人生苦短，要及时行乐，没有问题。但我想告诉你，自律的人生其实更加美好，因为当你知道自己想要去哪儿并且全力以赴奔跑的时候，全世界都会为你让路。真正能够登顶远眺的人，永远是那些心无旁骛，坚持着往前走的人。人生没有近路可走，但你走的每一步都算数。

有人问球王贝利最精彩的进球是哪一次。球王答曰：下一次！

金庸先生说，人生就是"大闹一场"，悄然离去。思考代替不了行动，行动才是最好的答案！人生就是不断完善自我的过程，奋斗是最美的风景，最美的人生一直"在路上"！

越勤奋，越努力；越自律，越优秀。

为了那一米阳光

每个人都会经历一段人生的艰难时期，有些人在苦难面前选择了举手投降，而有些人选择了迎难而上。命运可以摧残光鲜的皮囊，却杀不死坚强的灵魂。

长风破浪会有时，直挂云帆济沧海。努力过后，相信希望一定会到来，相信我们终将会收获果实。

"黄沙百战穿金甲，不破楼兰终不还。"有的时候，已经坚持到无能为力，往前再走一步都显得那么艰难。怎么办？此时，你需要的只是一个决心,"不破楼兰终不还",燃起所有的壮志,勇敢坚持,奋力前行,你将收获胜利。

"千磨万击还坚劲,任尔东南西北风。"坚持,是一件最难的事,却也是一件最有效的事。古语云:不积跬步,无以至千里。

在前行的路上,一千步,一万步,都没有结果,让你心情沮丧。此后的每一步都让你备受煎熬,可只有"咬定青山不放松",才能根植大地。我们不能决定人生的起伏,却能决定自己的态度。当你强大时,困境就变小了。

为了那一米阳光,努力一直在路上。

第三章 慧言会语

正而得泰，正道则泰兴（2020-09-07）

——在高一新生军训会操上的讲话

尊敬的领导、各位教官、亲爱的老师们、同学们：

大家下午好！

为期六天的军训生活即将结束。在此，我谨代表聊城正泰翰林高级中学，向辛勤付出的教官们表示衷心的感谢！向圆满完成军训任务的同学们表示亲切的慰问和由衷的祝贺！

六天来，五位教官以身作则，对同学们既严格要求又热情关怀。为了同学们的点滴进步，他们挥汗如雨，忘我付出。同学们也经受了骄阳与酷暑的磨炼、体力与意志的较量、纪律与服从的检验；事实证明，同学们意志坚定，毅力顽强，面对困难，来之能战，战之能胜，充分展示了同学良好的精神风貌和无坚不摧的坚毅品质。

同学们，自进入高中那一刻起，大家就不再是翩翩的懵懂少年，而是飒爽英姿的青年才俊。握别昨天，拥抱未来，改变从现在开始。

在这里，我给同学们提三点要求：

一、做一个有梦想的人

人，有梦想，才能有前进的动力，没有梦想，人生就会失去方向。自己不扬帆，没有人替你启航；自己不勇敢，没有人替你坚强。不能因现实复杂而放弃梦想，不能因理想遥远而放弃追求。迈开第一步，你就有了成功的可能，坚持下去，你就将获得辉煌的成功。

二、做一个能吃苦的人

看似寻常最奇崛，成如容易却艰辛。幼苗不经历风霜洗礼，怎能长成参天大树；雏鹰不经历狂风骤雨，怎能飞上万里苍穹。泰戈尔曾说过这样一句话：人生路上坎坷多，只有经历地狱般的磨炼，才能炼出创造天堂的力量；只有流过血的手指，才能弹出世间的绝唱。有过多少奋斗拼搏，就有多少豪情激荡。有多努力的现在，就有多不惧的将来。唯累过，方得闲；唯苦过，方知甜。同学们，青春须早为，岂能长少年。

三、做一个懂感恩的人

感恩父母，父母之爱是用生命在爱，树欲静而风不止，子欲养而亲不待。同学们，勤学习，知上进，是对父母最大的感恩；感恩老师，老师是这世上没有血缘关系的人中最爱你的人，为师一日，牵挂一生；感恩正泰集团刘总给我们提供了如此美丽的校园，供我们生活和学习，饮水思源，知恩图报，终生莫忘；感恩生活，感恩得到和失去的一切。学会感恩，感动常在，幸福永存。

同学们，今天不是军训的结束，而恰恰是军训的开始。我相信你们一定会把军训中学到的知识贯彻运用到今后的学习生活中去；严格遵守中学生日常行为规范，自尊自爱，注意仪表；遵守纪律，勤奋学习；遵守公德，严于律己；也一定会把军训中养成的勇敢坚韧、团结向上，不服气、不泄气、有志气等优秀品质融入今后的学习生活之中，让自己的人生变得更加自信，让自己的未来更加辉煌。

同学们，你们从幼儿园到小学，从小学到初中，从初中到现在，你们按部就班地一路走来，你们的过去我不曾参与，但你们的未来我余生相陪。正而得泰，正道则泰兴。今天你们选择聊城正泰翰林高级中学，明天你们就是拥抱世界、放眼未来的翰林学士。聊城正泰翰林高级中学是你们梦想起飞的地方，也必将圆你们一个成功的梦。

同学们，最后让我们再次以热烈的掌声对各位领导、各位教官、各位老师的辛勤付出表示衷心的感谢和崇高的敬意。

谢谢大家！

聊城正泰翰林高级中学"十五大德"
（2020-10-25）

什么是教育？《说文解字》中解释，"教"，上所施，下所效也；"育"，养子使作善也。教育的最终落脚点是"育"。育，主要是指德育。育人先育德，成才先成人。德育的目的就是：唤醒人的先天品性，提升人的后天修为，铸造社会正义品格。德育，是教育精神的最高境界。正泰翰林高级中学弘扬传统文化，把中华传统美德赋予新时代的意义，对学生进行"十五大德"德育教育。"十五大德"即：仁义礼智信，温良恭俭让，忠孝廉耻勇。

一、仁

"仁"，即两个人，即人人心德，心德就是良心，良心即是天理，天理就是"推己及人"的意思。简而言之就是：己所不欲，勿施于人；以律人之心律己，以恕己之心恕人。"仁"就是有仁德，有关爱之心、慈悲之心、怜悯之心。孔子说，仁就是"爱人"。

二、义

义者，宜也，则因时制宜，因地制宜，因人制宜之意也。当做就做，不该做就不做。义就是有道义，三观正（三观就是世界观、价值观、人生观）。所谓义，就是坚持正义，保持节操；在不违背社会公德和法律法规的前提下，对待朋友要讲义气，不能出卖朋友，不能损害朋友。义不是团伙主义，更不是哥们义气，而是人类命运共同体观念、家国情怀意识、干事创业的人生梦想。

三、礼

礼者，体也，履也。统之于心曰体，践而行之曰履。礼有体，体是它的心。履就是实践的意思。在心，就是表示我们对一切人事物恭敬的态度，进而体现在我们外在的行为上，所以叫践而行之曰履。礼，就是知礼数，礼数包括人伦之礼，还包括敬神之礼。要注重礼仪，尊重他人；礼就是要保持良好的行为规范，即我们通常所说的礼仪、礼节和礼貌。

四、智

智者，知也，无所不知也。明白是非、曲直、邪正、真妄，是为智也。智，就是不被假象迷惑，有大智慧，知是非，明事理；也就是提高素质，服务社会。对于学生而言，就是学好文化知识，掌握一技之长，长大以后造福人类、服务社会、修身齐家。

五、信

信者，信字从人从言，即人的"学说""思想"。也可以说，信就是有思想，有想法，不盲从。现在延伸为"诚信守法，一诺千金""一言既出，驷马难追"。对一个人来说，更得信守承诺，讲究信用；一个不讲信用的人，在社会上是混不下去的，最终被社会抛弃。

"人无信则不立""人而不信，不知其可也""君子以诚为贵"等都说明了诚信的重要性。

六、温

温，就是和厚，温和宽厚，待人不冷淡，也不过于亲热，温和而又厚重。上善若水任方圆。水至柔至刚，虽随方就圆，但无坚不摧。越是修为高的人，待人越是谦逊，不会因为自己位高权重，而待人傲慢不屑。君子温婉如玉，就是这个道理。

七、良

良，易直也。平易正直。良，善良。要做一个善良的人，与人为善。帮助的是别人，快乐的是自己。赠人玫瑰，手有余香。你的善良里，藏着你的福气，你有多善良，就会多有福。只要你心存善念，懂得感恩，用平和的心态正确面对，始终保持一种顺其自然的心境，你的人生会坦然顺畅、幸福美好。自古好人有好报，善良之人洪福随，心存善念之人心胸宽广，豁达有度，心态坦然，这样的人容易满足，内心简单心无城府。

八、俭

俭，节制也。节制，既包含节俭的意思，同时还含有自我克制、自控力的意思。节俭既是一种美德，也是对劳动者的尊重。一粥一饭当思来之不易，半丝半缕恒念物力维艰。国家提倡的"光盘行动"也是节俭的体现。俭另一个意思就是节制。语言谈吐，有礼有节，经济发达，诱惑很多，我们也要自我约束，不贪图口腹之欲、声光之惑，多读圣贤书，常走健康路，洁身自好，独善其身。

九、恭

恭，庄敬也。恭是谦恭，待人庄重，谈话认真。从元代起，科举考场中设有"出恭""入敬"牌，以防士子擅离座位。士子如厕须先领此牌。因此俗称如厕为出恭。

待人恭敬，也可救人性命。郭子仪是大唐时期的名将，他晚年退休后，每日赋闲在家听歌看舞。一日，卢杞前来拜访他，于是郭子仪就让一众女眷和歌妓都退下，不准出来露面。卢杞与郭子仪谈了很久才离开，一离开后，那些家眷们就马上出来问郭子仪让她们避让的原因。

郭子仪这才解释给她们听："卢杞这个人，虽然有些才干，但是心胸十分狭隘，为人睚眦必报。他的长相有些难看，半边脸都是青色的，就像是庙里摆放着的那些鬼怪一样。你们这些人平时就很爱笑，到时候看到卢杞的脸，你们一定会忍不住笑出来。只要你们一笑，这个卢杞就会把这个记在心里，等到将来他得志了，你们和我的子孙们就都要遭殃了。"后来卢杞真的做了宰相之后，只要是之前看不起他或是得罪了他的人，他一律都将其杀害，严重的甚至用以抄家的手段报复。颜真卿就是被他陷害而死。只有对郭子仪一家很宽厚，就算郭家人犯了什么法，他也会想办法保全。

十、让

让：谦逊也。说话办事，待人接物，要学会礼让。语言既能悦人，也能伤人，要尽量柔和谦让，和人交谈，处处留有余地，得理也让人，别人当然愿意和你交往。忍一时风平浪静，退一步海阔天空。让，是一种修养，更是美德。让，不是一种屈服，而是一种大度；让，可能一时委屈，却能减少冲突。让，也许不能给你带来好运，但是一定可以帮你化解矛盾。忍一忍，春暖花开；让一让，柳暗花明。生活中好多的人，不一定针锋相对；人生中的好多事，不一定据理力争。忍，是一种胸怀，让，是一种心怀。

让一让，你的生活会减少不必要的烦恼，让你的人生多份看得见的美好。会让，你才是赢家，让了，你才是智者！

十一、忠

忠，忠诚、忠良、忠恕、忠贞。"天下至德，莫大乎忠。"忠，是人对天地、真理、信仰、职守、国家及他人等都至公无私，始终如一，尽心竭力地负责完成分内义务的美德。"天下兴亡，匹夫有责""精忠报国，舍生取义"等壮举，无不构成一幅幅扣人心弦的壮丽画面。

十二、孝

孝，孝敬、孝道、孝心、孝行。孝，就是孝敬父母。"孝乃德之本""百善孝为先"。孝有四层含义：第一是亲情，就是对父母亲要好；第二，尊敬所有的长辈，不能仅仅孝顺自己的父母；第三，懂得反哺，也就是一定要明白自己是怎么来的，不能忘本；第四要学会报恩、感恩。

十三、廉

廉，廉洁、清廉、廉正、廉明。洁身自好、不苟且不贪腐。廉生威、威生明、明生信，君子爱财、取之有道。富贵不淫，贫贱不移，威武不屈。

十四、耻

耻，耻辱、羞耻。知耻者慎行，知违者不羁。害人者为己不得善身，侵权者为人不得善终。遂人非圣贤，孰能无过，过而知耻，继而改之，焉能为君子矣。恭近于礼远耻辱，无以利害义，则耻辱亦无至矣。故知廉耻，完其生。作为学生，必须有正确的荣辱观。知荣辱，辨美丑，判对错，树立正确的人生观、价值观、世界观。

十五、勇

勇，勇敢、坚强、刚毅、勇猛。勇虽与智相对，但绝不矛盾。勇，也是能力的意思：敢想、敢干、敢说、敢为，开拓、创新、承担、坚持，自强不息、英勇顽强、百折不挠。"有志者，事竟成。"

如何做一名成功的教师（2020-10-29）

——全体教师会上的讲话

一、做山巅最挺拔的大树

教师要正确处理好学校和个人的关系，做到"三感"。

1. 学校认同感。认同自己的工作学校是教师应该恪守的底线。孤立的一滴水很容易消失，但一滴水融入大海里就能永存，学校就是大海。对学校没有认同感，你就是浮萍一片。力争做一个"学生认可、同事认同、领导喜欢"的教师。

2. 个人归属感。归属感就是把自己融入学校，是学校的一分子。努力工作，增强职业幸福感；自觉维护学校荣誉，为学校的发展献计献策。

3. 工作责任感。责任感就是把学校融入自己。把学校融入自己，就是学校的一切就是自己的一切。荣辱一体，切身关注，冷暖同知同觉。

学校是一座山峰，教师就是学校山峰上的一棵大树。个人之树再高，也不过是十几米。山峰之高，增加了树的高度；树立山顶，也会增加山的高度和俊秀。一个教师的责任心有多大，人生舞台就有多大。花有果的责任，云有雨的义务，太阳有光明的担当。

二、专业上精益求精，精神上气象万千

教师要加强业务学习，提升业务素质。不仅会教，还要会写。撰写教育叙事或教学反思是教师成长行之有效的最重要途径。

教育就是用生命唤醒生命，用激情点燃激情，用智慧引领智慧。一个教师既要有思想，又要有激情。思想好比一撇，激情好比一捺，一撇一捺如"人"的灵与肉，支撑起一个完整的"人"，这一撇一捺又如教师的双翼，飞翔起为师者大写的人生。教师要成为一个整个身心投入教育事业的人，一个随时都能从经验和教训中学习的人，一个富有创造精神的人，一个从人品到学识、才干都值得学生尊敬的人！

三、身体和灵魂一直在路上

多读书，丰盈自己的灵魂，儒雅自己的气质，书籍是最好的化妆品；

多健身，强健自己的体魄，愉悦自己的身心，运动是最好的开心药。

新单位，机会多，不看资格，社会关系简单，人才最容易脱颖而出。要像鸟儿爱惜羽毛一样，珍惜自己的平台。主动工作，用心工作，创新工作；敢担当，能干事，干成事。给你一尺的平台，你要把它拓成一丈；千万不要把一丈的平台给经营成一尺。

牢骚太盛防肠断，风物长宜放眼量。不抱怨、不埋怨，不推诿，方法总比借口多。成功，没有任何借口。弘扬正气，传播正能量。一个牢骚满腹、怨气冲天的人，不仅不会成功，也一定不会快乐。

莫道昆明池水浅，观鱼胜过富春江。这世上没有绝对善恶，只有相对的好坏。你所遇到的人、经历的事，都是为了教会你、成全你而来。

抓铁留痕，行胜于言（2020-12-15）
——学校工作推进会上的讲话

一、滚石上山，爬坡过坎，没有什么不可能

衡水市第十三中学前身是衡水铁路中学，2004年7月由完全制中学改办为规范性普通高中。衡水市桃城区每年有5000名左右的中考生，在市区里面，十三中属于第三批次招录学生，生源质量差。里面还有相当一部分流失到附近的县重点中学，可谓于强手林立的夹缝中生存。2012年2月9日，原衡水二中主管教学副校长白祥友同志为十三中新一任校长、书记，在白校长的带领下，全校师生栉风沐雨，宵衣旰食，窘境终于被打破。2012年高考本科上线率96.5%，本科一批、二批、三批各批次上线率均位列全市同类学校第一名。五年后，本一上线人数提升110倍，上线率提升47倍，十三中学不断超越，成为全国知名高中。衡水十三中的完美蜕变，告诉我们，没有什么不可能。心有多大，舞台就有多大。人的精神力量，人的潜能一旦被激活爆发，将会出现让人意想不到的奇迹。一所没有激情的学校是没有希望的，一个没有激情的年轻人是没有未来的。管理者的工作在于激发教师的工作激情，教师的工作在于点燃学生的学习热情。教师是燃烧的一团火，学生是一团火在燃烧。星星之火，可以燎原。火热的青春在校园里激情燃烧，一切皆有可能。一分布置，九分落实，十分坚持。

二、心中有火，眼中有光，脚下有力量，明天有希望

六十三岁的张桂梅先生，现任云南省丽江市华坪女子高级中学党支部书记、校长，华坪县儿童福利院（华坪儿童之家）院长。为了改变贫困地区女孩失学辍学状况，她推动创建全国第一所公办免费女子高中，建校十二年来已帮助1800多位女孩走出大山、走进大学，用知识改变贫困山区女孩命运，用教育阻断贫困代际传递。中央宣传部近日授予她"燃灯校长，时代楷模"的荣誉称号。

张桂梅先生说："如果我是一条小溪，就要流向沙漠，去滋润一片绿洲。"如果说我有追求，那就是我的事业；如果说我有期盼，那就是我的学生；如果说我有动力，那就是党和人民！

青春由磨砺而出彩，人生因奋斗而升华。心中有火、眼里有光，奋斗不息，这就是青春的模样。无奋斗，不青春；越奋斗，越青春；新时代，正青春。

三、一切皆有因果，你明天的模样总有今天的影子

王秋云局长语：一所学校，校长要有校长的样子，中层干部要有中层干部的样子，教师要有教师的样子，学生要有学生的样子，这才是学校应该有的样子。全校师生各负其责、各安其位、各行其是。应该做的必须做到极致，抓铁留痕。凡事有章可循，有规可依，确保校务运行有条不紊。干部要管好自己的事，班主任要管好班，任课教师要上好课，值班教师要尽好责。每个人都恪尽职守，学校就会高速良性运转。

干与不干看表格，干好干差看数字。干部管理看业绩，教师教学看成绩。教师考核看量绩，是评模晋级的依据。

管理是严肃的关爱——让管理有温情。工作是自我的成就——让工作有热情。学习是生命的成长——让学习有激情。

管理就是决策、落实和坚持。再科学的决策，只有落地生根才能开花结果；成功源于坚持，贵在坚持，成在坚持，只有一直坚持，才能铸造辉煌。

雕刻时光　无问东西（2020-12-31）
——2021年元旦致辞

亲爱的老师们、同学们：

大家下午好！

今天我们欢聚一堂，隆重举行"激扬青春　绽放生命"2021年元旦联欢会，庆祝元旦，喜迎新年。

在这辞旧迎新、继往开来的时刻，我代表聊城正泰高级中学向辛勤耕耘的全体教师致以新年的问候！向勤奋学习、拼搏向上的同学们表示热烈的祝贺！向参与元旦联欢活动付出辛勤劳动的师生表示诚挚的谢意！

岁月不居，时节如流。2020年9月，我们缘聚翰林，在孔书记的正确领导下，栉风沐雨、宵衣旰食、众志成城、勠力同心，见证了翰林高中从无到有、从一粒种子到破土萌发的美丽过程。星光不负追梦人，一路汗水一路歌。四个月来，翰林高中一日千里，成绩斐然。茌平区优质课评选，李新艺等三位老师荣膺一等奖。聊城中段联考成绩与中考对比，突飞猛进，增幅居首。"宏大杯·阳光少年作文大赛"中，张鑫琦等三位同学斩获特等大奖，作品被收录在《2020年茌平文学作品精选》一书中。"办高品质

的卓越学校，做高素质的卓越教师，育高素养的卓越学生"是正泰翰林人坚持不懈的追求。正泰翰林学校的"卓越定位、文化内涵、阳光品质"已初步形成，正泰翰林学校——茌平区一颗冉冉升起的璀璨新星。

总结得失，2020再见；盛装起航，2021你好！

2021年，正泰翰林人将以高度自觉的工作意识、尽善尽美的工作境界、极端负责的工作态度、雷厉风行的工作作风、不辞辛苦的工作精神、有条不紊的工作秩序，使得管理再上新水平、质量再上新台阶、发展再添新亮点！最后，预祝元旦文艺演出圆满成功！

祝全校师生：所求皆所愿，所行化坦途！阖家幸福，万事胜意！

谢谢大家！

凝心聚力，提质增效（2021-01-15）

——期末统考备考再推会上的讲话

一、紧张有序、热火升腾的备考状态

每天5:50，班主任按时到位，盯在班级，或巡视纪律，或与学生交流，或安心备课，力争让分秒都发挥功效。实施单班辅导自习后，自习工作量翻番，老师们毫无怨言，无怨无悔，专心工作。这种高度自觉的工作意识、极端负责的工作态度、不辞辛苦的工作精神、有条不紊的工作秩序，正是翰林精神的真实写照！

二、见贤思齐、精益求精的听评课

每周2—3名教师上公开课，没课教师全部参加。同科教师必须参加评课。主讲教师首先自评，解读课堂教学的设计思路。同科教师评课，必须做到"三个一"，至少指出一条优点，发现一条缺点，说出一条措施。

解读三种课堂类型：

新授课关键在"生成"，注重新知识、新能力的生成。

复习课重心在于"升华"，把孤立的知识点升华为知识体系，织网结点，限时训练。

讲评课核心在于"评"，评知识的缺陷、能力的不足，分析错误的原因，找出提升方法。

课堂教学，只有"预设"，才有可能"生成"。课前"三问"，备课时要提出三个问题：教什么，怎么教，教到什么程度。课后"三思"，上课后要反思，本节课有什么得，什么失，如何改进。

三、考核方案的解读

考核制度分为"德、纪、量、绩"等四项，既注重过程管理，又强调结果考核。坚持公平、公正、公开，体现多劳多分、优效优绩的原则，量化结果作为评先选优、职称晋升、绩效发放的依据。

行百里半九十，年末岁尾举足轻重，老师们看好自己的门、管好自己的人、做好自己的事，凝心聚力、提质增效，期末统考再创佳绩。

写给放假前的孩子们（2021-01-28）

——聊城正泰翰林高级中学教师的寒假"苦恋"

今天考试结束，明天就可以放假了。高兴之余，更多的是担忧。

孩子们，开学五个月来，老师们与你们朝夕相处，共同奋斗。

你们的快速成长与华丽蜕变，凌晨的星光可以作证，因为星光不问赶路人；操场上的苦楝树也可以作证，因为教育就是老师对你们一生的"苦恋"。

孩子们，学习是一件日积月累、细水长流的事情。所谓日积月累、细水长流的意思是，每天都有一点浸润，一点进步，让时间带给你惊喜。

孩子们，假期是拉开你们差距的重要"分水岭"。这个假期，你不是超越别人，就会被别人超越。如果说，在学校是同学之间明刀明枪的角逐，假期就是暗流涌动的竞争。

孩子们，作家桐华有句话说得好："孩子生命中每一个虚度的假期，都是通向平庸人生的滑梯。"

孩子们，假期是你们可以自由支配的时间。在这段时间里，有的孩子在往前跑，有的孩子却在往后退，彼此间的差距也越来越大。

孩子们，1.01的365次方约等于37.8，而1.02的365次方却约等于1377.4。你们由此想到了什么？如果把它看作你们的分数，原本只有0.01的差距，经过了日复一日的努力叠加，两者之间便有了无法跨越的鸿沟。今天的一分之差，就是明天的天壤之别。

孩子们，老师学校五个月的不离不弃，是否抵得过你们一个月假期的若即若离！

孩子们，寒假作息时间表和学习计划，老师们都替你们做好了。

这就是聊城正泰翰林高级中学老师对你们的"不舍"与"苦恋"。

时光不负,愿你们归来时依旧是激情十足的翩翩少年。

我的二十八年教育苦恋（2021-03-06）

——茌平区新入职教师培训会上的讲座摘要

2021年2月24日,杜郎口中学进行全区新入职教师培训。做《施有温度的教育,做有幸福感的教师》的报告。

开篇导语

教育是一场不求回报的灵魂修行,教育是一场甘之若饴的精神苦恋。

电影《你好,李焕英》教育启示录：

1. 家长的修养,就是孩子的教养。

2. 有多少欢笑,背后就一定有多少泪水。

3. 经典台词：人生就是不断地放下,然而难过的是,我都没能好好地和他们道别。

作为教育者,我们在教学生涯中送走一届又一届老生,又迎来一批又一批新生。也许对于老生,我们会不断放下,但偶尔驻足,回忆生命中某个过往,某个学生,心中最柔软的地方往往被触动,也许都明白失去了才懂得珍惜。所以珍惜当下,关心每一个学生,用自己的青春岁月照亮讲台下那一双双明亮的眼睛,坚守一方净土,用爱铸造师魂！

一、回首二十八载教育路

1. 班主任

（1）二十八年教育之路,二十三年班主任,向高校输送了千余名优秀人才。

（2）教天地人事,育生命自觉（无为而治,依法管班,个人量化,自我管理,文化引领）。

（3）披星戴月,暑往寒来,并肩奋进,休戚与共。

（4）没有当过班主任的老师,不是最完美的教师！

（5）有一种责任,叫"老板儿"；有一种幸福,叫"成长"；有一种亲老师,叫班主任。

（6）班主任是教育管理者的摇篮。"宰相必起于州部,猛将必发于卒伍。"

2. 教学历程

（1）不止二十八年的课堂坚守。（2009年副高职称后依然坚守课堂，任班主任）

（2）尴尬的教育教学之路。

七年数学之痒，教研荒漠期（教而不研则浅，研而不教则枯）；

七年地理之恋，教研绿洲期（市县教学能手，茌平名师）；

七年管理之变，教研停滞期（教研室、教务处、年级、副校长）；

七年素养之沉，沉淀提升期（成长反思、教学实践，业务沉淀）。

3. 教学建议

（1）教育生涯规划——做怎样的教师？（经师？人师？管理者？）

教师的职业境界——经师。所谓经师是指严肃、严谨、严格地对待教育教学工作，做一个不"误人子弟"的合格教师。经师是把教师职业作为一种谋生的手段。

教师的事业境界——人师。"人师"为陶冶学生性格的导师，不但要有高深的学问，而且要有伟大的人格和高尚的修养。人师以自身人格的魅力塑造学生的人格，以自己的德、才、情给学生以潜移默化的、终身受益的影响和感化。这种境界也是教师完善自我、实现自我、超越自我的享受境界。人师是把教师职业作为一种事业追求与精神享受。

（2）和优秀的人在一起，你今天接触的人就是明天的自己。

鸟随鸾凤飞能远，人伴贤良品自高。和阳光的人在一起，心里就不晦暗；和快乐的人在一起，嘴角就常微笑；和进取的人在一起，行动就不落后；和大方的人在一起，处事就不小气；和睿智的人在一起，遇事就不迷茫；和聪明的人在一起，做事就变机敏。与优秀的人做朋友可借人之智，完善自己。学最好的别人，做成功的自己！

（3）机遇总是留给有准备的人——不断学习。

机遇就是机会，就是突然间遇到的好的时机。机遇是一只野鸡，突然出现从你身边跑过，然后你伸手去抓它。你不知道这只野鸡是什么时候跑出来的，你也不知道你伸手以后到底能不能抓住它，一切都得靠你足够的准备。能抓住机遇也是一种能力，它会帮助你在苦苦跋涉中来一次人生的飞跃，让你目睹成功之神的微笑。机遇永远在能力和努力之后，永远是真刀真枪拼实力之后，决定成败的核心竞争力，可遇不可求，却又客观存在。

4. 教学反思（156篇高三日记，94篇教育行思录）

（1）写成功之处。教学过程中引起教学共振效应的做法，课堂教学中临时应变得当的措施，某些教学思想方法的渗透与应用过程中的改革与创新等。

（2）写不足之处。即使是成功的课堂教学也难免有疏漏失误之处，对他们进行系统的回顾梳理并对其做深刻的反思探究和剖析，为今后的教学吸取教训。

（3）写教学机制。课堂教学中，随着教学内容的展开，师生的思维发展及情感交流的融洽，往往会因为一些偶发事件而产生瞬间灵感。

我的自画像

一支粉笔两鬓白，四季躬耕三尺台。
五子登科六月笑，七荷八桂沁香来。

信奉格言：身体和灵魂，至少有一个在路上。

二、榜样的力量

"感动中国2020"给张桂梅的颁奖词：烂漫的山花中，我们发现你。自然击你以风雪，你报之以歌唱。命运置你于危崖，你馈人间以芬芳。不惧碾作尘，无意苦争春，以怒放的生命，向世界表达倔强。你是崖畔的桂，雪中的梅。

平凡生命，极致绽放（2021-03-11）

岁序更替，华章日新，草木蔓发，春山可望，在这美好春日里，我首先向受表彰的老师们、同学们表示衷心的祝贺！希望受表彰的老师和同学，戒骄戒躁，再创佳绩；未受表彰的老师及同学，迎头赶超，见贤思齐。

3月9日，我校举行了初三年级百日誓师大会，孔祥庆书记送给初三同学三句话，铿锵有力，掷地有声，可谓句句经典，字字珠玑。现在我再转送给大家。

一、用目标引领方向——做一个追梦的人

爱默生说：一个朝着自己目标永远前进的人，整个世界都会给他让路。
尼采说过："人需要一个目标，人宁可追求虚无，也不能无所追求。"
只有目标明确，我们才会拥有希望和执着，就像是长夜中远方的一盏明灯，让我们知道自己的位置和方向。哈佛大学曾针对一群智力、学历、家庭背景相差不大的年轻人，做过一项关于目标对人生影响的长期跟踪调查。调查结果是27%的人没有目标，60%的人目标模糊，10%的人有清晰但比较短期的目标，只有3%的人有着清晰且长期的目标。二十五年后，哈佛大学又进行了一次调查，结果是：3%目标清晰且长期的人基本上都成了自己所奋斗领域的顶尖人士。10%目标清晰且短期的人大多生活在社会的中上层，成为各行各业专业人士。60%目标模糊的人大多生活在社会的中下层面，平平凡凡，没有什么成绩可言。27%没有目标的人几乎都生活在社会的最底层。生活不如意，经常失业，并且习惯抱怨他人，抱怨社会，抱怨世界。希望同学们树立学习目标，明确方向，做一个有理想的追梦人。

二、用拼搏超越自我——做一个顽强的人

世界上所有人的优秀无一不是拼搏得来的。成功从来不是传奇地一跃而上，而是靠自己踏踏实实地一步一步拼搏获取的。你有多努力的现在，你就有多不惧的未来。你今天的偷懒，都是为将来掘的坑。世间唯有努力起舞的模样才最令人动容。北宋诗人林逋说：少不勤苦，老必艰辛。唯累过，方知闲；唯苦过，方知甜。越怕吃苦，越有苦吃。怕吃苦，苦一世；不怕吃苦，苦一时。现在能用汗水解决的事，不要留着以后用泪水面对。况且，泪水也解决不了任何问题。

同学们，不要抱怨读书苦，总有一天，那些吃过的苦会变成一条宽阔的道路，带你走向你梦想的远方；总有一天，那些吃过的苦会变成一对有力的翅膀，带你飞向你遨游的天际。同学们，请你一定记住，读书时偷的懒，要用一辈子来还！

三、用坚持绽放梦想——做一个优秀的人

坚持是一种优秀的品质，只有坚持到底的人，才是能走到最后的人。成功的路上并不拥挤，就是因为坚持的人不多。很多同学为什么没有坚持自己的理想、梦想，就是因为放弃、抛弃。《把冰卖给爱斯基摩人》的作者、世界推销大师、世界房地产界"销售冠军的缔造者"——霍普金斯说过：每当我遇到挫折的时候，我只有一个信念，那就是行动，那就是坚持到底。这世界真的没有什么不可能，只要你竭尽所能，就有无限可能。成功者绝不放弃，放弃者绝不成功！坚定不移，坚韧不拔，坚持到底，成功贵在坚持，成功源于坚持。

下面，我再送给老师三个词：心中有爱、眼中有光、脚下有力。心中有爱，没有爱就没有教育；眼中有光，没有光就没有前途；脚下有力，没有力就没有担当。心在哪里，哪里就有风景；爱在哪里，哪里就有感动；梦在哪里，哪里就有未来；志在哪里，哪里就有成功！

"三寸粉笔，三尺讲台系国运；一颗丹心，一生秉烛铸民魂。"

希望老师们不忘初心，砥砺前行，拥有自我幸福的能力，用技术去武装教育，张弛有度，教育有方，不急不躁，静待花开，静候成长，施有温度的教育，做有幸福感的教师。挥别庚子风风雨雨，迎来辛丑万象更新。今年是农历年牛年，牛是勤劳、奉献、奋进、力量的象征。全国政协新年茶话会就提到了要有"为人民服务孺子牛、创新发展拓荒牛、艰苦奋斗老黄牛"的"三牛"精神。

老师们，同学们，2021年，让我们发挥"俯首奉献孺子牛、进取创新拓荒牛、艰苦奋斗老黄牛"的精神，九牛爬坡，再创辉煌，平凡生命，极致绽放！

家校共育，你我同行（2021-03-12）

——2021年3月10日家长会上的讲话

一、重视孩子的教育

教育孩子，就是投资自己后半生的幸福，教育好自己的孩子，才是父母最重要的事业。孩子的管教永远是你的事业。因为你是孩子的家长，终身不能辞职不能退休的职务。你后半生的幸福指数就是你孩子的发展状况。

二、每个孩子都是一粒种子，只不过是花期不同而已

教育不是管，也不是不管。在管与不管之间，有一个词语叫"守望"。

最近发展区理论告诉我们：别老是拿自己孩子和别人孩子比较！我们要多纵向比，孩子自己多与自己比，今天与过去比，只要现在的自己超过过去的自己，就应该肯定自己，鼓励孩子。"看起点，比进步。"每个孩子学习能力、情商智商有差别，每个孩子只要做最好的自己就行了。

三、相信和配合学校老师很重要

家长支持老师，就是支持自己孩子的成长，必须形成家校合力。家长支持老师，不护短，教育才有力量。老师管教学生，不姑息，孩子才有未来。老师和家长就是孩子成长路上最重要的左右手，缺一不可。

老师、家长、学生三者之间的关系就好比一个等腰三角形，三角形下边两角是家长和老师，老师和家长的长度可以决定学生的人生高度。学生是顶点，无论活动的方式还是内容都要围绕学生，以学生为中心。家长更不要当着孩子的面非议老师，非议学校的规定要求。这不利于孩子建立规则意识，会让孩子增加抵触情绪、投机心理。如果家长不尊重老师，孩子也不会尊重老师，学习效果更不会好。

四、家庭教育也要形成合力

夫妻双方管理孩子要约法三章：

1. 夫妻双方管孩子，只要一个在管，另外一个就不能插手，其他人也不准插手，不管对错；目的是维护权威。

2. 夫妻双方不能在孩子面前出现激烈争吵，有问题私下解决；目的是孩子有安全感，让孩子感受到家的温暖。

3. 夫妻双方不能在孩子面前非议对方的老人，有想法私下交流；目的是孩子尊老敬老。

五、沟通是理解的前提，谈话是沟通的方式

如何与孩子谈话？

首先是抓住把柄谈。俗话说，"牵牛要牵牛鼻子，打蛇要打七寸"。如果家长谈话抓不到点子，整天泛泛地要求他应该这样，应该那样，一见面就反复叮嘱"要好好学习"，成天将陈词滥调挂在嘴边，孩子必然不胜其烦。

如果家长平时多观察，积极与老师沟通，多到学校走一走，了解一些真实的具体情况，那么一旦谈话，"某月某日某时某地某事"内容确凿具体，学生一下子被点中穴位，知道你在真正关注他，也不会狡辩托词了，再继续谈下去效果会截然不同。

其次是集中时间谈。学生平时忙于学习，任务重，人累，回家你啰唆，心累，没有喘息的空间，他怎么可能会与你心平气和地坐在一起呢？因此平时应看在眼里，记在心里，注意场合，一周或一段时间，找一个不受干扰的固定时间和地点将问题集中起来，家长提前备课，很庄重地与孩子坐在一起，要么不说，要说则集中起来一次说到位，有力度有深度。

其三是针对问题谈。成长中的孩子不可能没有不足，而且不足表现在多方面。与孩子谈话不要奢望面面俱到，全面开花，毫无重点，集中地针对一两个问题突破就足够。其他问题时机不成熟则不谈。谈得多，面拉得宽反而效果不好。要就事论事，孩子最忌提陈年老账，与其他孩子攀比，胡乱联系，主观臆断。孩子长大了，要面子，也渴望被理解，家长必须站在孩子角度理解他，以平等的身份尊重他，以理谈事说服他，既指出问题又给足面子；既找到不足又善于肯定。相信孩子，给孩子以成长发展的机会，孩子才会慢慢理解家长的苦衷，才会慢慢敞开心扉。人到中年，事业要顾，家庭也要顾。孩子是我们生命的延续，不管我们在外面如何轰轰烈烈，最终还是要回归家庭。培养好自己的孩子，关注他的成长，同样可以作为一项事业。多一个成功的孩子，就多一个成功的家庭，就多一个和谐的社会。

赢在执行，胜在极致（2021-03-30）

——学习冯明才先生学术思想报告会精神的讲话

为进一步深入学习冯明才先生思想报告精神，落实"提升育人水平，促进全面发展"的教育目标，全面高质推动学校教育教学工作，特此召开本次会议，会议主题为"找差距　谋发展　抓落实　促提升"。

孔校长曾说："我们也本可优秀，但是我们没有做到心无旁骛的专注。"

我们学习冯明才先生，要学习他坚定不移的意志、坚韧不拔的精神、坚定不移的作风、舍我其谁的担当、持之以恒的追求。我们要落实孔书记"结硬寨，打呆仗，下大力，干精活"十二字工作要求，简单的事情重复做，重复的事情认真做，认真的事情坚持做，坚持的事情极致做。我们要不忘初心，追梦前行。年轻就是力量，有梦才有未来。

我们要落实冯先生报告精神，践行英特学校极致管理举措。

一、统一思想，凝心聚力，上下必须一盘棋

以"九牛爬坡、个个出力"的奋斗合力，形成具有凝聚力、向心力、战斗力的团结集体，勠力同心、尽职尽责、全力以赴做好本职工作。

领导干部必须以身作则、率先垂范。

二、领导六要素

巧如天工的业务素养；亮如航标的方向引领；坚如磐石的责任担当；韧如牛筋的原则坚持；阔如大海的心胸包容；定如愚公的矢志不渝。

执行到位，落实到底，切实提高执行力。

建立健全各项规章制度，用制度约束人，用制度引领人，用制度激励人，用制度成就人。天下之事，不难于立法，而难于法之必行；不难于听言，而难于言之必效。全体教师必须严格遵守学校各项规章制度，以《工作简报》为抓手，"个人考核"为落脚点，加强日常工作检查，检查结果即时公布，把各项工作做到极致。

三、尽职尽责，主动作为，成就最好的自己

用匠心做匠人，善于发现问题，对工作要有预见性。我们用激情点燃激情，用精神振奋精神，用思想孕育思想，用素养提升素养，用精气神激发精气神。

四、明确分工，做好规划，建立倒逼机制

课间操由靳俸禄、高树琛负责；宣誓、课前唱歌由张彦哲、李新艺负责；教师方队由田明阳、崔秀娟负责。做出落实方案：做到什么程度，采取什么措施，时间怎样规划。本周三必须完成方案设计，周三下午第四节在校长办公室开会交流。

我们要铭记冯先生的三句话：回头有一路的故事（回首过去）；低头有坚定的步伐（立足当下）；抬头有清晰的远方（展望未来）。

我们要以冯明才先生为榜样，学习冯先生追求卓越的境界、迎难而上的担当、一抓到底的激情、常抓不懈的执着及开拓创新的精神。

愿我们坚持初心与梦想，一路披荆斩棘，见贤思齐，积极上进，追求卓越，极致绽放，做最好的自己，正泰翰林高中未来可期！

谢谢大家！

母亲是女人最神圣的天职，父亲是男人最重要的工作（2021-05-28）

——高一年级家长会上的发言

尊敬的各位家长朋友：

下午好！

昨天我们召开了高一全体学生会，表彰成绩优秀的同学。

在会上，姚嘉同学即席发言："同学们，去年九月其他高中抛弃了我们，是翰林高中给了我们圆梦高考的机会。他们不是伯乐，但我们是千里马。"听完姚嘉同学的发言，我非常感动，感动于姚嘉同学的才华，锦绣文章，瞬间写就；感动于姚嘉同学的志向，舍我其谁的霸气；感动于姚嘉同学的感恩，感恩翰林，感念老师。春节之前，张鑫琦曾写文章《那些人，那些事，那些景》，孩子们眼中的翰林是那样美好，那样感人，那样令人难以释怀！

下面，我讲三点：

一、教育路上，最不该偷懒的是父母，最不该放养的是孩子

孩子的教育是一场无法撤回的直播，一辈子只有一次机会。为人父母，不要缺席孩子的教育。不要等到孩子的教育失败了，才幡然醒悟。教育路上，最不该偷懒的是父母，最不该放养的是孩子。对孩子来说，你的陪伴，你的管教，你的以身作则，都将是最好的教育。投资孩子的教育，就是投资下半生的幸福。那些真正有远见的父母在教育孩子的时候，都会带点狠心。因为他们知道，想要培养出一个优秀的孩子，那就要给他恰到好处的管束。孩子优秀靠的不是天赋，而是在他人放纵的时候，默默地坚持和努力。

教育孩子最容易犯的一个错误，就是用成年人才明白的道理去说服孩子。身教重于言教，一个自律的孩子背后往往都站着以身作则的父母。武亦姝受到爸爸的影响，空闲时间也不玩手机，而是用来读书、背诗词、练习书法等。父母懂得自律、自制和自尊，生活井然有序，孩子就会心领神会，并奉之为最高准则，最终通过模仿和学习，成为和父母一样的人。

没有任何"言教"能胜过"身教"，在自律这件事上更是如此。"父母是什么样的人"，远比"父母要求孩子做什么"更重要。育儿先育己，为人父母最重要的一件事就是自身的自律。

二、母亲是女人最神圣的天职，父亲是男人最好的工作

陪伴对孩子很重要，在一起本身就是教育。孩子来到家庭和你成为一个共同体，这就是人生的缘分，怎样珍惜和孩子在一起的时光？事实上我们知道，当孩子真正离开你的时候，你想和他在一起也很难了。所以真正在一起的时间是非常有限的，而且在一起本身就是教育。高中三年是长期陪伴的句号。大学、工作、成家立业，肯定是聚少离多。

欢迎大家到班级坐一坐，听一听课，看一看书，陪一陪孩子，陪伴是最长情的告白。母亲是女人最神圣的天职，父亲是男人最好的工作。现代幼儿教育的重要奠基人福禄贝尔曾经说过："国民的命运，与其说是操在掌权者手中，倒不如说是握在母亲的手中。因此，我们必须努力启发母亲——人类的教育者。"父亲是一个坚毅的称谓，意味着责任与担当。要当好父亲这个角色，实际上就是两个关键词。一个词是"榜样"，另一个词是"陪伴"。父亲是男人最重要的工作。父亲不像母亲那样和孩子有那么强的依恋关系，父亲更粗犷、简单，和父亲的相处能让孩子拥有面对困难的勇气，孩子更具有冒险精神，因此，陪伴也是父亲很重要的职责。

三、毁掉一个孩子，只需一部手机

家长，也许为了联系方便，也许经不起孩子的软磨硬泡，给孩子配备了手机。手机带来的各种诱惑往往会使孩子陷入无法自拔的境地，导致一个个必然恶果。只要有手机，就会想时时玩弄，根本不会去听老师讲的知识。迷恋网络玄幻小说、打网络游戏……极易上瘾，根本无法控制，甚至

肆无忌惮，完全陶醉在这个虚幻的美妙世界里，上课昏昏沉沉，对枯燥的学习更是失去兴趣，学习成绩一落千丈。凡是出现成绩突然下滑、厌学、逃学、辍学的，家长一定要引起重视，不是上网成瘾就是有了情感问题。

学生使用手机收发短信、看小说、玩游戏，在宿舍深夜不睡，甚至三五成群一起玩游戏，干扰他人休息，影响别人学习。

性格冷漠，亲情疏远。世界上最遥远的距离莫过于我们坐在一起，你却在玩手机，会让多少父母感到一些悲凉。

盲目攀比，不择手段。羡慕别人有手机，不择手段购买，可以谎称学校收费，可以从一日三餐中省。为买到更好的手机，更是不顾一切。远离手机，成就辉煌人生。

爱自己，是终身浪漫的开始（2021-05-28）

2021年5月25日下午，茌平区心理学会在我校五楼报告厅组织了一场精彩的心理健康教育讲座，茌平区心理学会会长翟晓鹍出席，副会长张允允老师做了题为《焦虑知多少》的讲座。讲座结束，即席总结发言。

尊敬的翟会长，张老师，亲爱的同学们，大家下午好！感谢茌平区心理学会的精心组织，感谢张老师的精彩报告！张老师的讲座，既有理论分析，又有案例说明；既有生动讲解，又有师生互动，张老师的讲座如春风拂面，又似冬梅绽芳。让我们以热烈的掌声对张老师再次表示感谢。同学们，王尔德曾说过：爱自己是终身浪漫的开始。生命只有一次，弥足珍贵。

一、珍爱自己，尊重生命

人生在世几十年，这几十年的光华是一去不复返的，所以要懂得珍惜。"爱自己是终身浪漫的开始。"

二、团结同学，尊敬师长

浩瀚宇宙中，地球形成是偶然；万千物种，人类形成是偶然；芸芸众生，你我相遇更是偶然。珍惜缘分，懂得感恩。遇见只是开始，懂得珍惜才能长久。

三、帮助别人，快乐自己

当你帮助别人时，别人会感激你，你也会收获快乐，"赠人玫瑰，手有余香"。一老太太，有两个女儿，一个卖伞，一个卖鞋。阴天时，替卖鞋的女儿担忧，担忧鞋卖不出去。晴天时，为卖伞的女儿发愁，发愁伞销路不好。换个角度看问题，老太太也可以高兴欢喜的。阴天时，为卖伞的女儿高兴，高兴伞会大卖。晴天时，替卖鞋的女儿欢喜，欢喜鞋能畅销。遇事不要钻牛角尖，换个角度看问题。"横看成岭侧成峰，远近高低各不同。"心若计较，处处都是怨言；心若放宽，时时都是春天。心中有爱，眼中有光。珍爱生命，天天都是525。愿所有的美好都能如期而至！

谢谢大家！

你若盛开，蝴蝶自来（2021-08-25）

——新入职教师见面会上的讲话

老师们大家好，欢迎优秀的你们入职翰林。大家的到来为学校的发展注入了新鲜的血液和蓬勃的生机。四十九位新职教师，就如春天的四十九棵花树，绚丽而又蕴含着希望。十一位中共党员、十二名硕士研究生更是自带光环，分外夺目。入职翰林，美好的故事即将发生。广阔天地，大有作为。海阔凭鱼跃，天高任鸟飞。翰林学校是大海，是天空，是你们梦想起飞的地方。风是水的诗，云是天空的诗，你们是翰林的诗。作家张爱玲曾说，出名要趁早。我说：干事创业也要趁早。

在此，给大家提四点要求，力争做"四有教师"。

一、心中有爱

教育是"一棵树摇动另一棵树，一朵云推动另一朵云，一个灵魂唤醒另一个灵魂"。教育是爱的事业，教师必须爱学生，没有爱就没有教育。一个人是否喜欢自己的工作，决定了他将来的生存状态；对自己工作意义的认识高度，决定他能走多远。爱自己的工作，才会从工作中获得乐趣，享受工作，才会钻研，走到更高层次。

二、眼中有人

一是眼中有学生，我们的初衷是立德树人，学生的成绩固然重要，但学生的身心健康、学习习惯、意志品格、道德素养也不可忽视。

亲其师才信其道。因为爱，所以爱。因为亲近老师，所以模仿老师，听从老师教导，爱上老师教的科目，学业成绩很自然就上去了。

二是眼中有同事，同事是工作伙伴，更是知心朋友，我们与同事的关系是相互合作，共同育人。

三是眼中有家长，家长是学生的监护人，是社会人，我们与家长的关系是联合家长，一起育人。家庭教育和学校教育是教育学生的两条腿，缺一就要出问题。

三、手上有活

有活就是有本事，站得稳课堂，做得好研究，带得好班级。干一行，爱一行，专一行。教学要出彩，形成自己的风格，打造自己的品牌。带得好班级，当班主任是新老师的必修课，不会带班的老师享受不到完整的教育幸福。学生和班主任关系最亲，最喜欢班主任带的课程，若干年后来母校看望老师，第一个就是看望自己的班主任。能管理好一个班级，只要有机会，就能管理好一所学校。管理能力就是这样历练出来的。班主任工作是最考验人的，欢迎大家加入班主任队伍，让我们成为学生人生中的贵人。

四、脚下有风

腿脚勤快，多做事、多走动。年轻人朝气蓬勃，朝气在勤字，一勤万事成。做了再说，错了就改。初上讲台，不怕犯错，只怕不做。犯错才能有历练，有经验，很多事不做就丧失机会。

你若盛开，蝴蝶自来。希望大家从今天开始，放眼未来，脚踏实地，做一名"心里有爱，眼中有人，手上有活，脚下有风"的高素质的卓越老师！

高中三问（2021-09-03）
——高一年级晨会上的讲话

一、高中生三问

哲学上有三问：我是谁？我从哪里来？要到哪里去？

高一的学生也应该有三问：为什么上高中？高中三年应如何度过？三年之后去向何处？中考成绩揭晓时，自己是何种感受？今天不能重复昨天的故事，只有改变才能进步。变通变通，只有改变才能通达，你今天偷的懒，都是为明天掘下的坑。今天，是你明天的因；明天，一定是你今天的果。

二、苦不苦，想想老师和父母

父母的爱，是这世上最无私的爱，只知付出，不求回报。换位思考，你的叛逆、你的刁蛮、你的无理，让父母在背后落过多少伤心的泪。莫让你的任性，成为一生无法弥补的缺憾和深及骨髓的伤痛。老师是这世上除却父母最爱你的人。这种爱无须用血缘来维系，依靠的是老师的责任和良知。我们的老师，从早到晚，从白到黑，一直陪伴，从跑操、自习到课堂；

从三餐、午休到晚就寝，无时无处不在。我们的老师也有父母、妻儿，也有家庭和生活，但他们选择舍弃团聚，而陪伴你们。老师，是人，不是神。孩子们，当你觉得苦的时候，想一想你的老师和父母，他们是你此生最不该辜负的人。

三、你可以不优秀，但你不能不进步

我们不用必须考清华、北大，因为那毕竟是少数人的清华和北大。

我们无须如此优秀。我们只需成为最好的自己，最美的不同。

是大树，就要有直插云天的伟岸；是小草，就要有绿染大地的风姿。孩子，你可以不优秀，但你不能不进步！滴水精神，蜗牛品质，只要我们一直坚持，我们也会像雄鹰一样到达金字塔的顶部。

卓越从"规范"开始

——高一"规范月"启动仪式上的发言

翰林学校的办学追求：办高品质的卓越学校，做高素质的卓越教师，育高素养的卓越学生。卓越植根于规范，归功于创新。办高品质的卓越学校，必须立足于规范的学校管理。做高素质的卓越教师，必须植根于规范的常规教学。育高素养的卓越学生，必须起步于规范的学生行为。

一、规范的学校管理，从"信"开始

"信"，即诚信，就是让被管理者对管理毫不质疑，心服口服。

如何做到"信"？用"制度"约束，用"团队"实施，用"简报"强化，用"数据"评价。

制定行之有效的、可操作性强的、简约的规章制度，把所有的人和事都关在制度的笼子里，变人治为法治。

用"团队"实施。建立校级、年级、学生等三级管理团队，落实各项规章制度，逐级落实，相互监督，相互制约。有检查，必有反馈，各项结果即时公示，即时整改。

用"简报"强化。编制《翰林高中工作简报》，每周一期。通过《工作简报》倒推各项工作坚持推进、强化落实。公示各项检查结果，让老师相互对照，让各管理人员相互对照，让学校领导对学校工作有整体清晰的掌控。

用"数据"评价。检查有"表格"，结果有"数据"。数字最有说服力，一切都用数据说话，优劣自见，无关亲疏。

二、规范的常规教学，从"心"开始

凡事就怕认真，认真源于用心。心想事成，心在哪里，收获就在哪里。有心，才能成才；用心，才能成才快；专心，才能成优才。

教学向规范要质量，向落实要效率。

1. 备课

集体备课定时间、定内容、定主备人、定地点，年级安排、督导、评价。个人教案环节齐全、书写认真、注重方法、追求实效。

2. 课堂教学

语言：普通话、使用学科专业术语。

板书：注重章法布局，强调结构笔顺，禁用别字错字。

仪式：课堂开始、结束时，师生必须相互问好。

3. 批改作业

数量：课时数即作业数。一次作文按两次作业计算。

细节：必须有评价、有批改日期。等级评价写在作业的封皮上。每个学生的作业次数和质量，一目了然。

4. 自习辅导

提前三分钟到教室；自习目标明确，任务具体，写在黑板上；自习最多盯两个班，一个班逗留时间单次不能超过十分钟。

提倡限时训练，有发必收，有收必改，有改必评。

5. 考试

监考教师在考场一前一后。监考十不准：不准早退，不准解释题意，不准抄题做题，不准看书看报，不准打瞌睡，不准随意翻看考生试卷和答卷，不准在考场内谈笑，不准串岗、脱岗，不准穿响底鞋，不准使用手机。10月上旬，教学规范月验收，教案、作业批改、课堂教学评比展览。

三、规范的学生行为，从"新"开始

高一新生入学，重在立规养习，好的开始等于成功的一半。加大管理力度，开好头，起好步，给高中三年一个坚实的起步。

9月为"学生行为规范月"。

成立校级、年级、班级（包括班主任、教师）、学生等四级联动管理机制，四线并行，齐抓共管，全面推进，不留空间死角，不留时间盲点。规范学生的言行举止，规范自习秩序，规范课堂管理，规范接水如厕行为，规范就餐就寝秩序，规范三操、集会行为。严慈并济，关爱学生。通过举办丰富多彩的活动，让学生有认同感和归属感，让学生有家的感觉。

最高标准，极致落实，抓铁留痕，追求卓越
（2021-09-13）
——管理工作会上的发言

一、同舟共济，勠力同心，群策群力，未来可期

一个人走得快，一群人走得远。相互补台，好戏连台；相互拆台，大家倒台。众人划桨开动大船，翰林方能行稳致远。

二、有畏才有为，有为才有位，有位才有未

有畏才有为：尊重领导，敬畏规则，克己尽责，创新工作，才能有一番作为。

有为才有位：春种秋收，先舍后得，行胜于言，成绩才是真实力，有了成绩，一定会有干事创业的舞台。

有位才有未：人微言轻，位高权重。人只有在一定的位置，才能使自己的想法落地生根，变成现实。

三、干部——先实干后部署

"干"——率先垂范（火车头），身体力行，做好表率，打好头阵，是干部的第一要务。"怎么做"比"怎么说"重要，张瑞敏信奉"领导要是坐下，部下就躺下了"。干部必须率先垂范，以身作则，正人正己，否则管理起来就会底气不足、腰杆不硬。干部带头，老师加油。

"部"——用人管事，制定规则（动车理论）。部即部署，所谓部署就是制定好规则，用对人，然后监督实施，不断地指导。比如，年级组：班歌、宣誓、闭灯、查课、值班、三餐、就寝、两操等，事事有人管，事事有规范，事事有反馈，事事有评价。

四、大事有规划，小事有计划（文案）

我们各负责一摊工作，必须有一个规划，三年规划、年度规划、学期规划、每周规划等。现在的《工作简报》中下周计划是零星的、碎片化的规划。小事有文案。大扫除（卫生打扫的标准、布置、检查、评优、整改等）、双周测、会议等。

五、最高标准，极致落实，抓铁留痕，追求卓越

1. 最高标准，极致落实

做任何事情都要按最高标准。不争第一，就是在混——潍柴老总谭旭光。董姐走过的路寸草不生——董明珠。栟茶中学：扫地也要扫个全国第一。做事情必须有始有终、有头有尾，凡有任务，必有跟进；凡有布置，

必有检查；凡有问题，必有反馈。

2. 抓铁留痕，追求卓越

各项工作一定要抓铁留痕，踏石留印，切忌蜻蜓点水，浮皮潦草。

工作留痕，保存好各项过程性的材料。六大主管在分管领导的安排下，建立系列档案。

仰望星空，脚踏实地，坚持不懈，未来可期。

未来可期，不负韶华（2021-09-15）

——学生表彰会上的发言

敬爱的老师们、亲爱的同学们：

大家下午好！

气排残暑，风迎金秋，在这五谷流金、七色溢彩的丰收季节里，我们追忆往昔，更畅谈未来。2020—2021学年，全校师生勠力同心，奋力拼搏，取得了优异的成绩，翰林高中的社会认可度和成绩美誉度大幅提升。

期末考试全区前3000名由入学时的0人增长到56人，姚嘉、曹其乐同学都曾冲进全区前1000名。姚嘉生物成绩全区第158名。

第十八届叶圣陶杯全国中学生新作文大赛总决赛，3名同学参加，全部获奖。全体同学都实现了完美蜕变、华丽转身，脸上有了笑，眼中有了光，脚下有了劲。成绩的取得既源于同学们的努力，又依赖于老师们的无私奉献、忘我付出。

同学们，你们是新时代的青年学子，即将迎来"苦心志、劳筋骨"的重要人生阶段，也必将面临"天将降大任于是人"的时代使命。希望你们能以强烈的自信、积极的行动，掌握科学文化知识，用实干肩负起历史责任和历史使命，让青春在奋力追逐中绽放耀眼光芒。

在此，我给大家提出五点要求。

一、爱国爱家，有担当

家，是温馨的港湾，同学们每天都享受着来自父母长辈的呵护与关怀，"家是最小国，国是千万家"，每个快乐幸福的小家身后是强大有爱的祖国，同学们都应该热爱这片生养自己的土地。

爱国爱家不是一句空话，改变山区女童命运的张桂梅等时代楷模，用使命和担当向世人诠释了生命的意义和人生的价值。同学们要以他们为榜样,从小树立家国意识,从身边的小事做起,孝顺父母、努力学习,挑战并超越自我,长大为祖国建设做贡献。

二、确立目标,有梦想

"人无志不立",有了目标,生活才充满阳光,人生才更有意义。

心想事成,事成的前提条件是心有所想。心有多大,舞台就有多大,心在哪里,收获就在哪里。装睡的人永远叫不醒。

同学们一定要自我驱动、自我加压,马不扬鞭自奋蹄。无奋斗,不青春;越奋斗,越青春;新时代,正青春。"不积跬步,无以至千里;不积小流,无以成江海",在此,我要提醒同学们,除了确定远期目标,还要确定近期目标,要善于把大目标分解为一个个具体的小目标。如:一学期的目标,一个月的目标,一天的目标,一节课的目标。从大处着眼,从小处着手,会让你们轻松实现目标并体验到成功的快乐。

三、勤学善思,有文化

"勤能补拙是良训,一分辛劳一分才。"世界上没有一蹴而就的成功,只有日积月累的坚持。成才的关键是勤奋。因为勤奋,安徒生才从一个鞋匠的儿子成为童话大王;爱迪生才有了1000多种伟大的科学发明;爱因斯坦才得以创立了震惊世界的相对论。"少年不知勤学早,白首方悔读书迟",时间是公平的、慷慨的,他只给勤奋、刻苦的同学带去智慧、力量和喜悦。新学期,同学们要继续培养良好的学习习惯,自主学习、合作探究,乐学善思、博学笃行、比学赶帮,努力拼搏,更上一层楼。

四、文明守纪,有道德

说文明话,做文明事,做文明人,同学们要注重自己的言谈举止,自觉遵守《中学生日常行为规范》,尊师爱友,遵纪守法,自律自强,知荣弃耻,倡导新风,遵守公德,营造整洁、舒适、美丽的校园。为此,向同学们发出倡议,请同学们做到"三管":管住口,不随地吐痰;管住手,不乱扔垃圾;管住脚,不随便奔跑。"三随":随手关灯、随手关水龙头、随手捡拾废纸。"四轻":说话轻、走路轻、关门轻、取放物品轻。"勿以善小而不为,勿以恶小而为之",同学们要从小事做起,从身边做起,引领文明风尚,争做文明守纪学生!

五、牢记安全,有健康

安全是一切学习生活的保障,人的生命只有一次,同学们一定要善待自己,珍爱生命。学校将通过班会、讲座、演练等形式,向同学们传授交通安全、防溺水、防火防震等安全知识。同学们要牢固树立安全第一的思想,遵守学校一切安全管理制度,积极学习、宣传安全知识,提高安全意识和安全防范能力，确保自身安全。同时也希望你们平日加强体育锻炼，不断增强体质，保持充沛的精力，健康快乐成长。山，因其形而巍峨；水，因其势而磅礴；人，因其勤奋而伟大。

同学们！我们既要仰望星空，又要脚踏实地，恰逢青春韶华，更需乘风破浪。奔跑的青春，付出的是心血，挥洒的是汗水，浇灌的是花朵，盛开的是未来。道阻且长，行则将至；行而不辍，未来可期！

最后祝同学们身体健康，学习进步！祝老师们工作顺利，万事胜意！谢谢大家！

只有激情才能点燃激情，唯有精神才能振奋精神
（2021-10-16）

——2021级家长会发言

尊敬的各位家长、老师，亲爱的同学们：

大家下午好！

首先让我代表聊城正泰翰林高级中学全体师生，对百忙之中参会的家长表示热烈的欢迎，对大家支持翰林、关心翰林的行动表示衷心的感谢。

一、学校简介

学校下辖小学、初中、高中三个学部，现有教师319人，全部为本科或本科以上学历，其中研究生18人，中共党员52人。现有102个教学班，在校生4000余人。高中部2020年首次招生280人。

一年来，全校师生勠力同心，奋力拼搏，取得了一定的成绩，获得了社会认可和赞誉。高一期末考试全区前3000名由入学时的0人增长到56人。第十八届叶圣陶杯全国中学生新作文大赛总决赛有3名同学参加，全部获奖。2021年招生506人，生源数量和质量较去年有了明显的变化。

二、与家长共勉的五句话

1. 教育孩子，就是投资自己后半生的幸福

家庭是孩子的第一课堂，也是孩子一辈子的课堂，父母要给予孩子优秀的习惯、品质、人格和处世态度，为孩子的成长打好根基。孩子的教育是一场无法撤回的直播，一辈子只有一次机会。教育，是一场漫长的修行。孩子要学习，家长也要学习；孩子要成长，家长也要成长。孩子的成长没有回航，每一位父母都要珍惜孩子的成长时刻，哪怕担子再重，也要对孩

子的未来负责。高中三年是孩子人生分流的重要阶段，也是家长投资自己后半生的关键时期。机不可失，时不再来。人生关键只有那么几步，一步错，全盘皆输。

2. 有远见的父母，对孩子都带点绝情

世上没有生来就自觉的孩子，孩子自觉性的建立更是一个漫长且复杂的过程。没有天生自觉的孩子，只有长期督促的家长。

教育是一项严肃的事业，为人父母的少不得要多监督、多引导。

央视主持人董卿曾坦诚地说，自己今天的所有成就都要感谢父亲的严苛。她说："是父亲让我成为一个内心挺强大的孩子。因为进入社会后，你会遇到很多很多的打击，你都需要坚强去面对。所以现在，我发现很多事情我还挺能咬着牙去坚持下来。"小时候，父亲就每天督促她抄成语、古诗，再背下来检查。上了中学，父亲就每天给她开书单，要求她必须读完多少名著，并且要摘抄书中的精彩句子。甚至天还没亮，父亲就把她从睡梦中揪起来，让她到家门口的中学跑一千米。董卿曾经无比讨厌父亲的严苛，如今却无比地感谢父亲。正是父亲一直以来的逼迫和督促，才让她学会了坚持，成就了现如今台上熠熠发光的自己。真正有远见的父母对孩子都没有"仁慈"，甚至还有点"绝情"。但正是因为父母的狠心，孩子才能飞到更高处欣赏更美的风景。父母之爱子，则为之计深远。当然，我们并不推崇一味地对孩子严厉，只是在孩子世界观和人生观还没有树立起来的时候，需要家长为之引导，这份引导有时候不得不需要父母狠下心来。父母有多"狠心"，孩子就有多优秀。

3. 相信和配合学校老师很重要

好的教育必然是宽严相济、奖惩分明的；好的老师必然是管教同步、严慈同体的。戴在老师身上的镣铐终究会锁住孩子的前程。请善待每位老师，特别是那些为您孩子好、对您孩子严厉的老师。老师越严厉，为孩子着想的心就越真诚。

4. 家长的补偿心理要不得

爱孩子是本能，如何爱是技能。溺爱孩子是许多家长的通病，实际上是补偿心理在作祟。表现在以下几方面：

当代委屈，隔代补偿。

有的家长小时候受到过虐待，或是家里特别穷，从来没有过上好日子，于是平时就会尽量满足孩子，处处迁就孩子，给孩子创造最好的条件，以此补偿自己儿时受过的苦难。

陪伴缺失，物质补偿。

有的家长工作特别忙，经常早出晚归，没时间陪孩子。家长自知亏欠孩子，便想从其他方面进行补偿，以减轻内心的愧疚。

怜悯孩子，特殊补偿。

有的家长因为孩子有某方面的缺陷，于是给予孩子特别的照顾，从不让他干家务活，即便孩子犯了错，也不批评他。

补偿，对孩子有百害而无一利。补偿心理容易造成孩子任性、自我、不懂感恩。物质补偿无法代替精神需求。

5. 每个孩子都是一粒种子，只不过是花期不同而已

有的花，一开始就会很灿烂地绽放；有的花，需要漫长的等待。也许有的种子永远不会开花，因为他是参天大树。最近发展区理论告诉我们：别老是拿自己孩子和别人孩子比较。我们要多纵向比，孩子自己多与自己比，今天与过去比，只要现在的自己超过过去的自己，就应该肯定自己，鼓励孩子。"看起点，比进步。"每个孩子知识能力、情商智商有差别，做最好的自己，美丽的不同。

三、孝敬父母最重要

孩子们，天下最难的是父母。为了让你们生活得更好，父母克难负重，餐风饮露，夜以继日，有苦默默地受，有泪暗暗地流。你们如果要天上的星星，父母都有可能去摘。父母的爱是普天之下最无私的爱。当你叛逆的时候、当你任性的时候、当你消沉的时候、当你生病的时候，父母彻夜难眠、心急如焚、双泪长流，那是一种怎样的感受——痛彻骨髓、百爪挠心。父母不易，中年父母最难。人到中年，时常会觉得孤独，因为他一睁开眼睛，周围都是要依靠他的人，却没有他可以依靠的人。人生苦短，经不起太多的等待。不要让你的任性与叛逆给自己留下终身的悔恨与眼泪。作为学生，成人、成才就是对父母最大的孝顺。孩子们，孝敬父母，从现在开始，从点滴开始，从学习开始，从遵规守纪开始。

各位家长朋友！孩子是我们生命的延续，不管我们在外面如何轰轰烈烈，孩子的成功才是我们最终的成功。我们相信，在各位家长朋友的关心与支持下，家庭和学校联动，家长与老师携手，凝心聚力，同频共振，定能实现新超越，创造新辉煌，汇成一束光，照亮孩子未来的路。

谢谢大家！

艄公不努力，耽误一船人（2021-11-10）

最美好的生活方式，不是躺在床上睡到自然醒，也不是坐在家里无所事事，更不是走在街上随意购物，而是和一群志同道合的人一起奔跑在理想的路上，回头有一路的故事，低头有坚定的脚步，抬头有清晰的远方。

——题记

一、统一思想，凝心聚力

1. 责任意识——艄公不努力，耽误一船人

学校是校长的责任，年级是年级主任的责任，班级是班主任的责任，学生是教师的责任。创业者既要有"艄公不努力，耽误一船人"的紧迫感，更要有"万人划船唱大风"的自豪感。一个人遇到好老师是人生的幸运，一个学校拥有好老师是学校的光荣，一个民族源源不断涌现出一批又一批好老师则是民族的希望。——2014年9月9日在北京师范大学师生代表座谈会上的讲话

2. 奉献意识——白日莫闲过，青春不再来

好老师应该懂得，选择当老师就选择了责任，就要尽到教书育人、立德树人的责任，并把这种责任体现到平凡、普通、细微的教学管理之中。正是因为爱教育、爱学生，我们很多老师才有了用一辈子备一堂课、用一辈子在三尺讲台默默奉献的力量，才有了在学生遇到危难时挺身而出的勇气，才有了敢于攻克新知新学的锐气。老师责任心有多大，人生舞台就有多大。——2014年9月9日在北京师范大学师生代表座谈会上的讲话

无数人生成功的事实表明，青年时代选择吃苦也就选择了收获，选择奉献也就选择了高尚。青年时期多经历一点摔打、挫折、考验，有利于走好一生的路。泰戈尔曾说过："你今天受的苦，吃的亏，担的责，扛的罪，忍的痛，到最后都会变成光，照亮你的路。"

结硬寨，打呆仗，下大力，干精活——孔书记提出的十二字工作方针。

一个人若不懂得在团队中主动贡献，总是让团队为了他而特别费心协调，就算他能力再强，也会变成团队进步的阻力。

3. 精品意识——为人性僻耽佳句，语不惊人死不休

夜里千条路，早起卖豆腐。想永远是问题，做才是答案。赢在执行，执行力是核心竞争力。简单的事情重复做，重复的事情认真做，认真的事情坚持做。把每件简单的事情做得不简单，把每项平凡的工作做得不平凡，

努力用一流标准争创一流业绩。优秀和平庸的区别在于：一个是立足把事情做好，一个是着眼把事情做完。

二、落实教学常规，创建高效课堂

规定动作做到位，自选动作有创新。规定动作做到位：集体备课、高效课堂、精批作业；自选动作有创新：没有个性就没有人才，没有教学个性就没有课堂的生命。

初心如磐，笃行致远（2021-11-24）

——管理工作推进会上的发言

一、明确目标，指方向

高二年级提前进入高三状态，特长生教学有序开展，现在正备战冲刺12月10日的学业水平测试。高一年级学生管理难度大，工作重心在于立规养习，在俸禄和彦哲及三个级部负责人的带领下，学生习惯逐步养成。

二、率先垂范，做榜样

干部身先士卒、率先垂范，相互补台、无缝对接，各安其位、各尽其责、各显其能，不等不靠、不推不诿，凝心聚力，主动工作，创新措施。众人划船，绝对不能把事儿掉地上。尤其是五个级部负责人，学校管理注入了新的血液和活力，海阔凭鱼跃，天高任鸟飞，八仙过海各显其能，争优创先，逢一必争，干事创业的局面逐步形成。

三、制定制度，抓管理

所谓管理，即"一个中心，两个基本点"。一个中心：定规则。两个基本点：其一，抓住不落实的事，督促落实；其二，追究不落实的人，降职调岗。

修改《工作简报》内容。18位参与管理人员，本周工作内容、下周工作计划，都体现在工作简报上。

四、培养干部，带队伍

按照孔书记的指示，发现干部，培养干部的要求，为年轻教师建台子、搭梯子、压担子，建立了"能者上庸者下，贤者上平者让"的竞争机制。定期召开管理工作会议，集思广益、群策群力，提高管理水平。翰林高中的干部标准：高度自觉的工作意识，尽善尽美的工作境界，极端负责的工作态度，雷厉风行的工作作风，不辞辛苦的工作精神，有条不紊的工作秩序。

1. 有效管理四原则：汇报工作晾结果；请示工作带方案；总结工作说流程；布置工作给标准。

2. 中层干部工作的"三常管理"：尊重常识，不做违背教育教学规律的事；抓实常规，简单的事情认真做；形成常态，认真的事情重复做。

3. 中层干部工作的"9个0"：开会没落实=0；落实没坚持=0；布置没检查=0；有问题没发现=0；有能力没发挥=0；有舞台没作为=0；有机会没抓住=0；有计划没行动=0；有制度没执行=0。

曾国藩——曾经的笨小孩（2021-11-27）
——中段学情评价表彰会上的发言

一、圣人曾国藩
两个半圣人：圣人，孔子和王阳明；半个圣人，曾国藩。
晚清中兴四大名臣：曾国藩、李鸿章、左宗棠、张之洞。
古今第一完人：立功立德立言三不朽，为师为将为相一完人。

二、曾经的笨小孩
1. 基因一般

从明朝到清朝曾国藩家五六百年世代务农，没出过一个做官的，也从未有过一个秀才。

2. 小偷嘲笑

曾国藩少年时期十分愚笨。盛夏的一个晚上，他书房来了小偷，正在翻箱倒柜找东西，恰好，这时候曾国藩从私塾回来，小偷听见脚步声，赶紧藏到床底下。曾国藩推门进来，开始复习当天学过的内容，特别是有一篇文章，虽然不长但是他怎么也背不下来。曾国藩很执着，虽然已经学到了后半夜，但还是没有睡觉的意思，反复地洗脸，然后回到座位上接着背那篇文章。这可苦了床底下的小偷，他本想等曾国藩学一会儿睡觉后，出来再拿一点东西，然后就走。但是，听曾国藩读文章的劲头，好像这晚不睡了。炎热的夏天，他在床底下满头是汗。小偷耐着性子，听曾国藩又读了那篇文章几百遍，还是背不下来之后，实在控制不住自己了。他从床底下爬出来，来到曾国藩面前，拿过曾国藩手中的书摔在地上，吼道："就你这么笨，还读什么书，我在床底下听都听会了。"

说完很流利地把曾国藩背了大半夜还没有背下来的文章一字不差地背诵下来，然后扬长而去。曾国藩直直地看着小偷，羞愧难当。从此以后，曾国藩更加努力学习，勤能补拙，终于成就了自己的伟业。

3. 考试之路

曾国藩爷爷发誓要改变家族命运，高薪聘请最好的教师教曾国藩的父亲曾麟书读书，曾麟书第十七次考试终于考中，成了曾家几百年来的第一个秀才。曾国藩第六次考试，不仅没有考上，还被"悬牌问责"，成为文理不通的反面典型。曾国藩开始反思，发现以前的死记硬背是错误的，自己不能再重复原来的老路，他悟到写文章如何才能写出自己的真见解、真感情，怎样才能把道理讲得透，讲得通。于是第七次考试终于考取了秀才，第二年又中了举人，湖南省第36名，取得"连捷"的好成绩。

三、曾国藩给我们的启发

1. 勤奋

天下之至拙能胜天下之至巧。曾国藩并不是个天才，也不是什么"神仙降世"，就是很普通的一个人。在曾国藩读书的时候，父亲要求他不读懂上一句，不能读下一句；不读完这本书，不能去看下本书。笨的学习方法在他身上培养出超乎常人的勤奋、吃苦、踏实精神。拙，看起来很慢，其实却是最快的，因为这是扎扎实实的成功，没有遗留弊端。曾国藩秀才就考了七年，一旦开窍后，他后边的路越走越顺。一年后中举，四年之后中了进士，而在他周围早早中了秀才的同学，却连个举人都没有一个。曾国藩总结自己的经验说：读书立志，须以困勉之功。

2. 执着

曾国藩做事执着，一条道走到黑，不撞南墙不回头。拙的方法让他养成在为人处世上从不投机取巧的行为习惯。曾国藩当上翰林之后，为了见当时的军机大臣穆彰阿一面，天天写诗文呈送，一连被穆彰阿拒了十三次，后来硬是把这位军机大臣给感动了。曾国藩带兵打仗把"尚拙"的哲理用到了极致。在平定太平天国时，曾国藩从不主动出击，日日不断修筑工事，筹备火炮，直到把太平军困得人心惶惶，再慢慢攻城。最终取得了四场干净利落的胜仗。结硬寨，打呆仗；日拱一卒，功不唐捐！

3. 写日记

写日记的三个技巧。

态度。要把写日记当成人生的大事来对待，不能敷衍了事，不能心浮气躁，要态度端正，用恭楷来写，按照我的理解，就是一笔一画来，这是态度。

细节。在写日记的过程中要抓住生活的细节。细节决定成败，一屋不扫何以扫天下，量变引起质变。

公开。曾国藩写的日记会给朋友看，目的是让别人监督自己。

日记最大的作用是认识自己、反思自己、完善自己。记日记这一习惯，确实可以做到查漏补缺，通过写日记，可以发现自我的不足，对自我加以检讨。写日记是一个自我检讨的过程，如果有条件的话，常写日记的确也可以帮助提升自我。功到自然成，这世上没有什么做不成的事情。让我们以中段考试为起点，努力奋斗，攻坚克难，道阻且长，行则将至。

2022年元旦贺词（2022-01-05）

敬爱的老师们：

大家好！

2022年悄然到来。首先祝大家万事胜意，身体康泰！回首2021，意义非凡。

高中的办学条件日臻完善。

物理、化学、生物等学科实验室投入使用，微机室、录播室、千人大礼堂等闪亮在线，艺体综合楼主体建设完工，高中专属的教学楼、公寓楼正在紧张施工，预计今年暑假后投入使用。

2021年我校高一招生500人，超额圆满完成招生计划。55名新聘教师的加入，为学校的发展注入了新鲜血液和不竭动力。李秋娴等教坛小将、管理新锐脱颖而出。生物、地理区域教研中，王茜、许如意两位老师的发言有高度有深度，雏鹰能言老凤声，得到与会领导和老师的高度评价，发出了翰林声音，也展示了翰林形象。从稚嫩到成熟，从茫然到坚定，从厌烦到热爱，老师们快速蜕变，完成了从台下到台上、从学生到教师的华丽转身，迈出了初为人师坚实的第一步。

教学教研启智润心。

集体备课、电子教案、推门听课等活动稳步推进。政治、历史学科区教学能手评选由我校承办，语文、政治、历史三科学科教研在我校举行。日语教学精耕细耘，因生施策，成效显著。高二年级专业教学稳步推进，文化与专业精准对接，艺术生导师制顺次展开。

德育活动培根铸魂。

春季运动会、拔河比赛、篮球比赛、军事训练、学星评选、铿锵宣誓、激情早操等活动异彩纷呈，丰富多样。2022元旦晚会精彩登场，震撼亮相，得到了孔校长及幼儿园、小学、初中的领导高度赞誉。压轴节目《我和我的祖国》编排组织匠心独运，全体演员集体亮相，台上台下交相辉映，将整台晚会推向高潮。

感谢彦哲主任、云云、传辉、殿庆等老师的辛勤付出，成功不是一人的成功，而是大家勠力同心、群策群力的集体心血。

2021年，翰林高中被评为"安全文明校园"。2021年是翰林职称元年，在孔书记的努力争取协调下，老师们的职称终于得到解决。

从年头到年尾，教室、宿舍、餐厅、操场……都是大家忙碌的身影。披星来，戴月归；冒严寒、战酷暑；舍小家，顾大家。大家忙了一整年，付出了，奉献了，也收获了。在飞逝的时光里，我们看到的、感悟到的翰林，是一个激情四射、欣欣向荣的翰林。

这里有可亲可敬的老师，有让你喜极而泣而又哭笑不得的孩子们，有日新月异的发展，也有赓续传承的事业。这里有激情燃烧的岁月，也是筑梦创业的乐园。不忘初心，方得始终。我们唯有踔厉奋发、笃行不怠，方能不负时代、不负社会、不负家长、不负学生、不负韶华，也不负"人民教师"这一称谓。

成就使人振奋，经验给人启迪。我们只有勇于自我反思才能赢得未来。教育的成功绝不是轻轻松松、敲锣打鼓就能实现的，也绝不是一马平川、朝夕之间就能到达的。我们要常怀远虑、立足当下，保持甘于平淡的定力和干事创业的耐心，"致广大而尽精微，极高明而道中庸"。这一年，还有很多难忘的翰林声音、翰林瞬间、翰林故事。"请党放心、强国有我"的青春誓言，"不计得失、只讲奉献"的深情告白。这里有你，这里有我，这里有我们大家——相亲相爱的翰林一家人。我们聚是一团火，散作满天星。

一时的同事，一世的朋友，一生的牵挂。千年回眸，换得今日之缘。我们所遇的人，所经历的事皆为成就你而来，都是为了教会你什么而来。感恩遇见，感恩援手，感恩我们一起走过的岁月。

要想结果更加完美，唯求过程不留遗憾。

所有过往，皆是序章。握别2021，拥抱2022。一个人是首诗，两个人是幅画，多个人则是一道风景。愿我们翰林人就是2022年那道最亮丽的风景。谢谢大家！

踔厉奋发，笃行不怠，敢于担当，不辱使命
（2022-02-16）

——开学全体教师会上的讲话

老师们，大家好，2020年寒假是史上最长的寒假，2022年寒假也不短，长达四周。本次会议旨在统一思想，凝聚共识，明确目标，共启愿景，起步就是冲刺，开局即为决战；用实干树立形象，用质量赢得尊严，以质量为中心，以奋斗实干为本，艰苦奋斗，自我批判，再创佳绩。

一、教育大势

1. 2021年8月，教育部会同中央编办、国家发展改革委、民政部、财政部、人力资源社会保障部、自然资源部、住房和城乡建设部联合印发《关于规范公办学校举办或者参与举办民办义务教育学校的通知》。

2. 本周区教体局将召开高中校长、业务校长、年级主任会议。

3. 高中学校暗自发力，铆足劲儿冲刺高考。高考成绩是学校的生命线。机遇与挑战共存，发展和淘汰同在。

二、本学期的总体工作要点

1. 明确岗位职责，勇于担当作为，做好本职工作

莫道君辛苦，更有负重人。凡事内求，不抱怨，不埋怨。学校情况特殊，大家都身兼数职，工作烦琐而不易。

2. 严格教学常规，规范为本，狠抓落实，提高教育教学质量

备教批辅考等各环节，规范落实。家长和社会对民办学校的要求更高，民办学校只有依靠较好的成绩、严格的管理、家长的口碑谋生存。

3. 加强学生管理力度，提高科学管理水平，立规养习，激情教育，成才先成人

4. 年级工作要点

高二年级：2023年高考，翰林开局之战，社会瞩目，关乎学校的生死存亡，责任重大。

关键：艺体生专业和文化课成绩的吻合度和优秀率。

课题：非艺术生的稳定问题。

高一年级：继续狠抓学生的管理，培养学生的学习兴趣，增强学生家的归属感。

三、教师个人成长

观看女足视频和《熵》。面对困境，中国女足不屈不挠、稳扎稳打，

超级逆转、补时绝杀，最终获得冠军。胜利来之不易，过程荡气回肠，让人热血沸腾、热泪盈眶。缔造"奇迹"的背后，是无数次在训练场上的挥汗如雨。追逐梦想总是百转千回，风雨彩虹又见铿锵玫瑰。我们要从女足勇毅夺冠中获得启示，弘扬女足精神，勇于拼搏进取，不到最后绝不放弃。一切皆有可能，人人都有可能，奋斗创造可能。

短片《熵》启示我们：一是个人的自律，让自己产生积极的精神状态，目标明确，产生熵减，改进我们的行动；二是要不断学习充电，解放思想，利用外界的力量产生熵减，提升我们的教学质量；三是矛盾是事物发展的动力，不平衡是我们提升的关键，我们就是在不平衡中逐步寻求平衡，平衡后再次打破，由平衡到不平衡。

老师们，育人事业是神圣的，使命是光荣的，我们的目标是坚定的，是不遗余力的。启航2022年，我们要有鲜明的价值导向：团结他人是人品，协作产生战斗力；让人放心是品质，让人信任是能力；实干树立形象，质量赢得尊严；学习是最强的竞争力，研究是最有效的落实。一切皆有可能，人人都有可能，奋斗创造可能。让我们携起手来，凝心聚力，踔厉奋发，笃行不怠，敢于担当，不辱使命，共创翰林高中的美好未来。

做最好的自己（2022-02-20）

——学生收心会上的讲话

同学们：

大家下午好！

今天是开学的第五天。在这个春回大地、万物复苏的时节，我们告别了寒假，回到了校园。新的一年、新的学期，同学们应该更懂事、更快乐、更充实，应该成为更有教养的孩子，更会学习的学生，更有担当的青年。这个假期，有一件事让国人难忘，那就是中国女足时隔十六年再次捧起亚洲杯冠军的奖牌。"时隔十六年"，中国女足一定经历过一次又一次的失落，遇到过一次又一次的埋怨、嘲讽，但是她们挺过来了；"再次捧起亚洲杯冠军的奖牌"，告诉人们，在这个世界上，很多事情是必须靠实力来说话的。当你处于低谷时，需要始终坚持，最终梅花香自苦寒来。与其抱怨、彷徨，倒不如立即行动，不断地提升自己、完善自己，让自己更加优秀！

同学们，在全校师生的共同努力下，上学期我校取得了优异的成绩。

高二同学瞩目高考，顽强拼搏，专业课和文化课成绩齐头并进；高一同学立规养习，进步明显，完成由初中到高中的顺利过渡，实现了从少年到青年的完美转身。

全国"叶圣陶杯"新作文大赛近几年我校获奖情况。

2021年：一等奖3名；二等奖7名；三等奖15名。

2022年：一等奖10名；二等奖25名；三等奖43名。

同学们，一年之计在于春，春天是希望，是憧憬。在此，提四点希望与大家共勉。

一、做一个有责任感的人

列夫·托尔斯泰说："一个人若是没有热情，他将一事无成，而热情的基点正是责任心。"一名优秀学子必须具备四种品质：对国家对社会有责任感，对学习有进取心，对他人有团队合作精神，对自己有否定、超越的勇气。对同学们而言，勤奋学习、刻苦锻炼就是对自己的责任；遵守校纪校规、遵守社会公德就是对学校和社会的责任；孝敬父母、尊敬长辈就是对家庭的责任；爱护公物、关心集体就是对班级的责任。希望同学们做一个有责任感的人，在成就自己的同时促进社会发展。

二、做一个有良好习惯的人

爱默生说："习惯是一个人思想与行为的领导者。""勿以恶小而为之，勿以善小而不为。"学校生活无大事，亦无小事。比如，进班就进入学习状态，不随地吐痰，不乱扔废弃物，弯腰捡起一片纸屑，听到铃声立即进教室，课前准备好学习用品等。

看似都是小事，却关乎大德，不可等闲视之。"堤溃蚁孔，气泄针芒"的古训请同学们务必牢记。

三、做一个品格优良的人

一个斤斤计较的人，难以发现别人的长处和优点；一个自命清高的人，难以与人合作共处。量小失众友，度大聚群朋。新的学期，希望同学们做一个大度、大方、大气的人，生活中明辨是非，待人接物大方得体，为人处世大度大气，开诚布公、相互信任，做一名品格优良的翰林学子。

四、做一个好学乐学的人

子曰："知之者不如好之者，好之者不如乐之者。"孔子这句话告诉我们三种学习的境界，而乐学无疑是最高境界。学习实苦，但是苦中也有快乐，很多同学之所以没有体会到学习之乐，还是在于没有找到适合自己的学习方式。如能以学为乐，乐享其中，必能汲取知识，享受学习带来的心旷神怡。

同学们，机遇在每个人面前都是平等的，就看你有没有用心把握。把每件事做到极致，才能改变自己的世界。做事先做人，万事勤为先。人们眼中的天才之所以卓越非凡，并非天资超人一等，而是付出了持续不断的努力。临渊羡鱼，莫如退而织网。灿烂美好的人生，恰恰就是在你情愿放下自己的小聪明、决定脚踏实地咬定目标的那一刻开始的。

做人当自强，凡事靠自己。吃饭要靠自己的嘴，走路要靠自己的腿。任何人要掌握自己的命运，不能依赖别人。要学会自立，你的荣耀要靠自己去争取，你的成功要靠自己去创造。教育家陶行知曾经说过："流自己的汗，吃自己的饭，自己的事自己干，靠天、靠地、靠老子都不是好汉！"

同学们，终其一生，我们活着的目的不是改变世界，而是在这个世界上成为最好的自己，做最美的不同。

最后希望同学们朴实沉毅争朝夕，虎力全开握新机，后生可畏更可爱，未来可为尤可期！

祝大家新年新气象，虎年行虎步，再向虎山行；成绩虎虎生威，气吞万里如虎。

所有问题的根源，都是管理的问题（2022-03-02）
——管理人员述职会上的发言

紧抓快办，说干就干。人活一世，总要干点事儿，认准了的事情就干，要干就快干，要干就大干，要干就干出点名堂来。想干事是态度，能干事是能力，干成事是实力，有实力才能赢得尊重。

低调做人，高调做事。

何为管理？

1. 管理就是责任和担当。明确职责，勇于担当；责任不推诿，矛盾不上交。想干事，能干事，干成事，不出事。

2. 管理就是主动和创新。要积极主动开展工作，等领导安排，工作就已经晚了一步。眼中有活，手中有技，脚下有行。规定动作不走样，自选动作有创新。

3. 管理就是坚持和认真。大多岗位都是简单而又平凡的，一直坚持下去，就是不平凡，就是不简单。

4. 管理就是感召和带动。管理的实质：只有精神才能振奋精神，只有激情才能点燃激情，只有智慧才能启迪智慧。正言正行正能量，心中有梦想，脚下有力量。

5. 管理就是以身作则和坚持原则。正人先正己，管理者必须率先垂范、以身作则。"其身正，不令而行；其身不正，虽令不从。"坚持原则，一视同仁，公平公正，依规操作，遵章办事。不要因为一两个人而辜负了大多数人。

6. 管理就是持续常规和专项行动。常规工作必须长期坚持，久久为功。以活动促管理，不定期开展专项整治活动。

十八岁的花季不下雨（2022-04-13）

——全体学生会上的发言

亲爱的同学们：

下午好！

感谢同学们90分钟的认真聆听，把掌声送给李主任，也送给自己。

孩子们，请不要把报告中的事故当成故事来听。或许有一天，危险就有可能悄然来到我们身边。我们一定要心存敬畏，行有所止，未雨绸缪，防患于未然。不识规矩，难成大器。偶然的失误，冲动的逞强，都会造成不可挽回的损失、不可逆转的伤害。

孩子们，你们是父母的生命依托、家庭的美好希望、祖国的金色未来。老师和家长最心心念念的就是你们的安全，对生命和健康而言，其他都不值一提。生命大于天，安全重若山。

同学们，下面我强调三个问题。

一、我们为什么读书

1. 读书能改变认知

一个人陷于困境，最大的可能就是认知不足，而读书恰是拓展认知和视野的最佳途径。要知道你经历过的书中都经历过，你没有经历过的书中也会提前给你铺路。哪怕书不能立即给你答案，亦能承载你的情绪、丰盈你的灵魂。周国平说："一个人但凡有了读书的癖好，也就有了看世界的一种特别眼光，甚至有了一个属于他自己的丰富多彩世界。"

2. 读书决定人生的高度。读书的厚度决定了人生高度

获得的知识储备，铺就的是通往光明的路；所提升的认知高度，托举的是人生的高度。毕淑敏说："书不是棍棒，却会使人铿锵有力；书不是羽毛，却会使人飞翔。"1988年，一个来自江苏小县城的姑娘考入南京大学外语系。初入大学的她没有沉溺于跨入大学的欣喜，也没有跟其他同学一样忙着融入各种圈子，更没有和其他女学生一样忙着谈恋爱。一个人的时光里，她高度自律，把所有的精力都放在了学习知识、提升自己的口语水平上，光笔记就有厚厚一摞。每一本都记录得密密麻麻，比老师的还整齐。她的老师曾感慨道："她或许不是最优秀的，但一定是最有毅力的那一个。"四年后大学毕业，她是宿舍里唯一没有谈过恋爱的姑娘，却是当年学校被外交部录取的唯一的女大学生。她就是华春莹，首位中国外交部新闻司女司长。教育学上有一个"分层理论"，指的是教育对劳动市场而言，主要功能不是培养人才，而是筛选人才，将人分为不同的层次，向用人市场输送传递对应的价格标码。身处何种教育层次往往决定人生会走向何方。读书能让你拥有一个高质量的平台。当我们以读书为钥匙，推开人生之门，目之所及的便是一个广阔天地。

二、成功也有秘诀

今天上午的校长会上孔书记说：把规范修炼成一种习惯，把认真内化为一种品格，久久为功，即可成功！蝉先要在暗无天日的地下蛰伏三年，忍受着寂寞和孤独，努力汲取树根的汁液，才能在夏天的某一个晚上爬出地面，一飞冲天。这就是著名的"金蝉定律"。从来没有一蹴而就的成功，所有熠熠闪光的背后都是默默拼命的努力。你的每一次努力，都是在雕刻生活；你的每一次坚持，都是在塑造自己。你的自律，必将一步步化为你脚下的铺路石，终有一天通往你想去的地方。

三、安全重于泰山，生命高于一切

谨言慎行，言行是品质的外表，更是灵魂的一面镜子。忍让和宽容，是一个人良好的美德。同学们一定要把今天的会议内容入眼、入脑、入心、入行。时刻谨记，事事践行。孩子们，你们正处于十七八岁的花季年龄，希望我们共同努力，为大家撑起一片无雨的天空。

卓越学生，成就自己（2022-04-19）

——全体教师会上的发言

人的生命只有一次，青春也只有一次。现在，青春是用来奋斗的；将来，青春是用来回忆的。教育，是有果实的事业，是师生彼此成就的共同成长。希望老师们：

一、重信守诺，做值得信赖的人

凡事有交代，件件有着落，事事有回音（发图片、报结果）。做事有头有尾、有始有终，让人放心，不用担心。重信守诺，少说多做，行胜于言。

二、活在当下，做心智通透的人

不念过往，不畏将来，守住当下，踏踏实实做事，坦坦荡荡为人。

避免无谓的烦恼和负面的情绪。大多烦恼都是自寻烦恼。远离抱怨，改变能改变的，适应无力改变的。抱怨有毒，消极自己也沉沦别人。功崇惟志，业广惟勤。没有白费的努力，也没有碰巧的成功。

三、学习反思，做有梦想追求的人

教师要有积极的人生态度、良好的道德品质、健康的生活情趣，用自身的成长历程、精神追求、模范行动为学生做好表率。热诚关爱每一个学生，做好学生成长的引路人。学习是成长进步的阶梯，实践是提高本领的途径。青年人正处于学习的黄金时期，应该把学习作为首要任务，作为一种责任、一种精神追求、一种生活方式，让勤奋学习成为青春远航的动力，让增长本领成为青春搏击的能量。

教师要做到敬畏课堂、善待学生、持续学习、不断反思。

岗位是稀缺资源，既是历练能力的磨刀石，也是显露才华的展示台。

全国著名的教育改革家魏书生给青年教师的20条建议：

1. 把表拨快两分钟，不能迟到。
2. 要学会忍受孤独，千万别浮躁。
3. 学会原谅他人，不生自己的气。
4. 不怕失败，就怕一蹶不振。
5. 别与他人攀比，别与自己过不去。
6. 不要谈论自己，更不要谈论别人。
7. 抓住给你的机会，别让它丢失。
8. 获得同事的支持，不要单打独斗。

9. 学会控制自己，不要将情绪带进课堂。

10. 每天喝六杯水，不要坏了嗓子。

11. 尊重老教师，不能太张扬。

12. 尽职尽责，不要奢求额外的回报。

13. 与日俱进，别让自己成为新文盲。

14. 把事当事来做，别敷衍塞责。

15. 不怕做不到，就怕想不到。

16. 要始终保持一种开放的心态，不要心胸狭窄。

17. 做快乐的教师，不当工作的奴隶。

18. 照亮别人，不损伤自己。

19. 关爱健康，别透支生命。

20. 从小事做起，别眼高手低。

青年教师选择吃苦也就选择了收获，选择奉献也就选择了高尚。

教育是一棵树摇动另一棵树、一朵云推动另一朵云、一个灵魂唤醒另一个灵魂，在这不懈追求中，卓越了学生，成就了自己，实现人生的升华与超越，收获人生的美好与幸福。

新学期送给教师的"六句话"（2022-09-16）

——全体教师会上的发言

"自古逢秋悲寂寥，我言秋日胜春朝。"秋天是收获的季节，也是播种希望的季节。35位新入职教师的到来，为学校增添了蓬勃的生机，注入了新鲜的活力。分享六句话与老师们共勉：

一、心中有方向，脚下有力量

人这一生总要干成点事情。人生需要规划，工作也需要计划。人生走的每一步都算数。只有用一滴滴汗水、一步步丈量，才能见证未来的模样。青春因磨砺而出彩，人生因奋斗而升华。

二、一勤天下无难事

蚂蚁因为勤奋筑起了完美的巢，蜜蜂因为勤奋酿造了甜美的蜜。教师因为勤奋，培育优秀的人。勤奋，是成功的秘诀。一勤天下无难事。

三、学习永远在路上

向古人学习，鉴古知今；向书本学习，不如书卷好；向同事学习，三人行，必有我师；向学生学习，教学才有针对性。虚怀若谷，空杯才能接纳；人低为王，吸收才能成长。成熟的麦穗总是低垂的。读书，丰盈灵魂；运动，强健体魄。

四、教书育人在细微处，学生成长在活动中

细节决定成败。作为教师，举手投足皆是教育，言谈举止无不示范。希望把工作做得再细一点、再活一点、再趣一点。少些空洞的说教，多些有效的活动，让学生在活动中感悟，在感悟中成长。加强教室文化建设，力求墙壁能说话，环境能育人。

五、珍惜岗位，感恩遇见

我们务必珍惜岗位，把握机会，懂得感恩，少一点抱怨，多一点努力！各行业不需要纸上谈兵的"军师"，需要冲锋陷阵的"大将军"。少说多做，行胜于言。尊严要靠实力赢得，实力要用成绩说话。芸芸众生，渺渺宇宙。我们都能生而为人，又都能在地球相遇；地球上近80亿人口，我们能一起工作，这该是一种怎样的缘分。感恩遇见，彼此珍惜，不负相逢。

六、言有所规，行有所止

没有规矩，难成方圆。我们必须敬畏规则，谨言慎行，言有所规，行有所止，有所为，有所不为。

用奋斗擦亮青春底色，用实干成就时代新人

（2022-09-30）

亲爱的老师们，同学们：

大家好！

金秋九月，叠翠流金，硕果飘香。今天，我们激情满怀、欢聚一堂，表扬先进、挥手过去，勠力同心、再启新程。首先我代表翰林高中师生，对受到表彰的教师、同学表示衷心的祝贺！对2022级高一年级新同学表示热烈的欢迎！

2021—2022学年，全校师生踔厉奋发、笃行不怠、宵衣旰食，再创佳绩。在第十九届"叶圣陶杯"全国中学生作文大赛中，我校有78位同学荣膺大奖。14名同学和三个班集体分别喜获省、市、区级优秀学生和优秀班集体的荣誉称号。我们谨记"做最好的自己"的校训，秉承"乐思多学，笃志笃行"的学风，弘扬"崇德尚智，励学精进"的校风，培养"滴水品

质",践行"蜗牛精神",天天有进步,日日有提高。流水不争先,争的是滔滔不绝。每个同学学业成绩都有进步,道德水平都有提高,综合素养都有增强。

追峰不计山路远,昂首砥砺新征程。为了更好实现学校持续健康高质量发展,实现学校"培养既具有中华传统文化素养,又具有国际视野的现代人"的育人目标,借此机会,我要跟大家分享四个"学会":学会学习,学会知礼,学会敬畏,学会感恩。

一、学会学习,做一个精进的人

在知识经济时代,学习就是生存与发展的垫脚石,学习是开启文明幸福之门的金钥匙,学习是瞭望世界、展望未来的一扇窗。学习无处不在,学习无时不有。"活到老,学到老",学习学习再学习,在学习中提高,在学习中成长。苏霍姆林斯基说:"真正的教育是自我教育,真正的学习是自觉学习。"三分天注定,七分靠打拼。郑板桥临终前告诫孩子:"流自己的汗,吃自己的饭,自己的事自己干,靠天靠人靠祖宗不算好汉。"距2023年高考还有250天,高三的同学们,你们身上汇集了老师期盼的目光,倾注了家长艰辛的心血。十年磨一剑,一朝试锋芒。你们是正泰首届,你们是翰林一期,你们将打响正泰翰林学校的第一枪,你们必将被写进校史,你们定能辉煌。你们已经为实现自己的人生理想付出了宝贵的时间和心血,希望你们不犹豫、不彷徨、不退缩、不徘徊,砥砺奋进、勇毅前行,全身心地投入高三的紧张学习中去,以最优秀的成绩考进理想的大学。十年苦读磨一剑,气定神闲战犹酣;势如破竹捣黄龙,千帆竞发齐凯旋。高一高二的同学们,你们离高考还有段时间,但学习任务一样繁重。你们要抓紧时间,不断锤炼,自我加压,刻苦好学,夯实基础,做好准备。

二、学会知礼,做一个文明的人

人,一撇一捺,写起来容易做起来难,我们要学会做人,崇礼尚德。成才先成人,做人先学礼,不学礼,无以立,讲礼貌不会失去什么,却能得到许多。国有礼则国昌,家有礼则家大,身有礼则身修,心有礼则心泰,没有礼貌的人,就像没有窗户的房屋。道德是一种习惯。道德没有重量,却可以让人有泰山之重;道德没有标价,却可以让人的心灵高贵;道德没有体积,却可以让人的情绪高昂。道德是做人的准则!种树者必培其根,种德者必养其心。崇礼尚德就是要尊师爱校,学校是我家,成长靠大家。在校园内,你弯身捡起垃圾,弯下了你的身,却挺起了一个形象高大,道德高尚的你。学习成绩的提高不单依赖于智力,更源于个人良好的学习习惯。未来的道路取决于我们今天的行动,人生的高度取决于我们自身的习惯。希望同学们牢记：良好的形象是你一生的财富，现在进行明智的投资，将来你会获得丰硕的回报。

三、学会敬畏，做一个守纪的人

孔子曰："君子有三畏：畏天命，畏大人，畏圣人之言。"常怀敬畏之心，方能言有所戒、行有所止。作为学生，我们必须严格遵守校纪校规，尊敬师长，关爱同学。没有规矩，不成方圆。学校规章制度的建立并执行，不是为了限制自由、约束个性，而是为了维护正常的教育教学秩序，维护学生生活与学习的权益，并为安全提供保障，提高同学们守规守法的自觉性，这才是校纪校规的实际意义。实际上，一个没有纪律和规则约束的地方是绝对没有自由可言的。同学们设想一下，如果允许你们在教室里随便玩弄手机，允许男女同学过密交往，允许在教室吃零食，随意丢弃垃圾，允许你们在走廊、教室大声喧哗，考试时允许你们作弊，我们学校会变成什么样子？我们的学习和生活还能有保证吗？为了大多数同学的利益，为了校园的和谐，知礼守信，遵规守纪，从现在做起，从自我做起，从点滴小事做起。严肃校纪校规，一直在路上。

四、学会感恩，做一个忠信的人

常言道：羊有跪乳之恩，鸦有反哺之义。感谢父母给了我们生命，让我们享受到了人世间的亲情和幸福；感谢老师的谆谆教诲，让我们尝到了学习知识的快乐；感谢同学真诚的关怀和友爱，感谢所有关心、爱护我们的人，让我们体验了人间大爱，世上温情。

同学们，你们身上有三个引领成功的条件。一是你们的青春芳华，所以你们具备坚定信念和开创精神，年轻人的字典里没有"不可能"；二是你们的父母老师，所以你们有了物质、情感和增长学识的依靠；三是你们的同窗同学，所以你们互相帮助，比学赶超，共担风雨，共同成材。我们要利用和沉淀这三个条件，重要的就是学会感恩。感恩，才懂得去孝敬父母；感恩，才懂得去尊敬师长；感恩，才懂得去关心，帮助他人；感恩，才会勤奋学习，珍爱自己。

老师们，同学们，学校为我们提供了一个施展才华、获取成功的平台，我们就可在此放飞理想，实现自己的人生价值。我们既要仰望星空，更要脚踏实地。在此引用孔书记在校长办公会上的一段讲话：办高品质的卓越学校，做高素质的卓越老师，育高素养的卓越学生。追求卓越，应该成为我们正泰翰林人共同的誓言；勇立潮头，应该成为我们正泰翰林人不变的信仰；坚忍不拔，应该成为我们正泰翰林人固有的心性；铸就辉煌，应该成为我们正泰翰林人永远的理想。

老师们，同学们，回望过往的奋斗路，丈量脚下的开拓路，眺望前方的奋进路。我们翰林师生将继续以排山倒海的气势、舍我其谁的担当、励精图治的实干、坚忍不拔的毅力发出翰林声音，展示翰林形象，做好翰林教育，凝聚翰林力量，实现新跨越，谱写新篇章，再创新辉煌！同学们的明天值得期待，老师们的明天值得期待，正泰翰林学校的明天值得期待！谢谢大家！

一年春作首，万事干为先（2023-02-06）

春山可望，草木蔓发。阔别75天后，我们相聚美丽校园，握手言欢，再启新程。首先，在这里给老师们拜年，祝大家兔年祥瑞，椿萱并茂，棠棣同馨，万事胜意，大展宏图。2022极不平凡，2022极度艰难，2022终成过去。11月22日离校，1月14日放寒假，我们上了54天的网课，何等不易，何其艰难，我们的学生线下学习兴趣不浓，线上更是可想而知。好多老师带病上课；高二学业水平测试、高三英语听力、高考考试领导及班主任冒着感染风险代考，一幕幕令人泪目。春节后，教学楼中央空调漏水，清理积水，冰水浴足，寒浸骨髓。李岩、树琛、运山、登奥、陈云云、立坤等老师加班加点，不辞辛苦。在此对全体老师道声辛苦，一并表示衷心感谢！

新学年新气象，新春谱新篇。开局决定结局，起步即是决战。

今天距2023年高考还有120天，距聊城一模考试还有42天。

新学期，给老师们提如下要求：

一、规范意识

言传身教，学生就是教师的复印件，学生的一生或多或少留存着老师的影子。严格按照教育法、教师法等相关的法律规范施教。教育并不缺少爱，也不缺少艺术，缺少的是真正有温度的教育，真正能润泽生命的教育。在学生失落沮丧的时候，鼓励他；在学生困难的时候，帮助他；在学生迷茫的时候，指引他。人生最好的不是锦上添花，而是雪中送炭。给学生安静的目光和长远的期待，做一个温暖的老师，让学生永远洋溢着自信和阳光，那就是有温度的教育。这样的老师，既温暖了学生，也快乐了我们自己。当然，当我们保持了教育的温暖，也就保持了自身内心的愉悦与光明，这样，我们自己也能永葆幸福的底色。

二、大局意识

要处理好个人与单位、现在与未来的关系。单位是你和社会之间、和他人之间进行交换的桥梁,单位是你显示自己存在的舞台,单位是你提升身价的增值器,单位是你安身立命的客栈。

在单位最忌讳三点:

一是把工作推给别人。工作是你的职责,是你立足单位的基础。把属于自己的工作推给别人,不是聪明,而是愚蠢,除非你不能胜任。推诿工作是一种逃避,是不负责任,更是无能,这会让别人从内心深处瞧不起你。

二是愚弄他人。愚弄别人是一种真正的愚蠢,是对自己的不负责任。尤其是对那些信任你的人,万万不可耍小聪明。长期在一起共事,让人感动的是诚恳,让人厌恶的是愚弄和虚伪。

三是沉不下心来。沉不下心来是在单位工作的大忌。单位不是走马观花之处,而很有可能是一生的根据地,是一个人一辈子存在的证明。要沉下心慢慢干,有机会了也不要得意忘形,没有机会或者错过了一个机会也不要患得患失。最后的赢家往往是那些慢慢走过来的人。

三、担当意识

教育要立德树人。育人的根本在立德,立德的重点是面向全体学生,核心是立大德、守公德、严私德,关键是促进学生全面发展,让每个孩子心中有梦想,脚下有力量。总书记说:一个人遇到好老师是人生的幸运,一个学校拥有好老师是学校的光荣,一个民族源源不断涌现出一批又一批好老师则是民族的希望。教师是知识的传播者,更是思想的启迪者,道德的润泽者。教育就要启智润心,培根铸魂。陶行知先生曾这样评价教师这一职业:"教师的手操着幼年人的命运,便操着民族和人类的命运。"作为教师,使命重大,责任重大,因为我们的言行关乎学生的一生、家族的兴衰、祖国的未来。教育是一场温暖的旅行、一场双向的奔赴、一场共同的成长。我们要经常想一想:如果学生是我的孩子,我的手足,我该怎么办?

教学方面的几点建议(尤其是高三年级):

1. 教学内容有的放矢

考点即重点:高考考什么就教什么,每位教师务必研究课程标准和考试说明。增分点就是重点:跳一跳,摘桃子。根据我们的学生实际,学生能学会的才是我们的教学重点。规范点就是重点:规范答题,分寸必究。语言规范(专业术语,记忆准确)、格式规范,卷面清晰。

2. 管理对象有的放矢

高三学生因生施策,一生一策,精准施教;导师制,全员、全程、全方位重点关注。

3. 落实措施有的放矢

点燃激情：一个都不能少，一个也不能放弃。激情宣誓、励志班会、班级对抗。

跟进式落实：课上提问、自习辅导、作业批改、谈心谈话。

忍是一条线，能是一条线，两者的间距就是生存机会。市场生存竞争非常残酷，胜负往往就在毫厘之间，两方对阵你比他多一口气，最后你就会是赢家。

做人贵在至诚，做事贵在坚持。想要成功，那就得忍常人所不能忍的，受常人所不能受的。越是在关键时候，越是要保持头脑清醒，越是要慎终如始，越是要再接再厉、善作善成。

一年春作首，万事干为先。新的一年，我们要以远大理想为引，坚定"衣带渐宽终不悔"的奋斗意志，长存"路漫漫其修远兮，吾将上下而求索"的志向，做与时俱进的新时代追梦人。

路虽远，行则将至；事虽难，做则必成。展望2023年，期待无限，重任在肩，站在新的起点，点燃新的希望，行动是最好的答案。2023年我们必将不负期待，不负华年，不负时代！

高考百日誓师大会上的发言（2023-02-21）

尊敬的各位家长、老师，亲爱的同学们：

大家上午好！

春潮传喜讯，万物显生机。今天，距离2023年高考还有105天，此刻，我们在这里隆重集会，举行2020级学生成年礼暨百日誓师大会。在此，我谨代表学校向辛勤工作的高三老师们表示衷心的感谢！向奋力拼搏的高三同学们表达美好的祝愿！向任劳任怨的家长朋友们致以崇高的敬意！同学们，光阴似箭，斗转星移。曾记否，我们有多少次伴着《我们都是追梦人》的歌声在黎明前的夜色里、瑟瑟的寒风中激情跑操；曾记否，我们有多少次在寂静的深夜，专注思考、奋笔疾书；曾记否，我们有多少次在赛场上拼搏，受过多少苦，流过多少泪，但我们没有气馁。十年面壁图破壁，十年铸剑，今朝试锋，不飞则已，一飞冲天；不鸣则已，一鸣惊人。一百天，天翻地覆；一百天，功败垂成；一百天，改变一生。我们必须百分之百地投入，毫不懈怠地坚持，给自己前途一个圆满，还家长老师一个期待。心若在，梦就在。再苦再难也要坚强，只为那些期待的眼神。

下面，我讲三句话与同学们共勉。

第一句话：青春美在奋斗，成功源于坚持。

最慢的步伐不是跬步，而是徘徊；最快的脚步不是冲刺，而是坚持。"行百里者半九十"，最后一程往往最为艰苦难行。文化课学生需要一如既往的坚持，学专业的同学们更需奋起直追，专业成绩尘埃落定，我们一只脚已经迈进大学校门，功败垂成就在最后的坚持。海到无边天作岸，山登绝顶我为峰！无论前进的道路多么崎岖难行，都不能放弃，坚定信念，勇往直前，才能改变命运，取得最后的胜利。

第二句话：选择改变人生，信念锻造辉煌。

新东方总裁俞敏洪说："人的一生可供选择的机会并不多，选择就在关键的几个点上。"高考将是你们遇到的第一个关键点，挑战人生是我们的无悔选择，决战高考是我们的青春梦想，拼搏百日是我们庄严的承诺。春为岁首，一年之计在于春，是实现人生梦想的新起点。只有抓住春天，才有姹紫嫣红；只有辛勤耕耘，才能硕果满园。

第三句话：平和彰显气度，格局成就人生。

平和是一种难能可贵的心理品质，更是审时度势的应战技巧。每临大事，有静气。与别人比，实事求是看问题，主动交流找差距，在享受学习中调整心态和状态；与自己比，要客观分析找原因，反思自己的复习计划与存在的问题，坚持问题导向，查漏补缺，做到不偏科、不侥幸、不偷懒；与过去比，肯定自己的微小进步，让看得见的成功不断激励自己。高考既是学习能力的比拼，也是心理素质的竞争。所以，大家要增强自信，坦然地面对高考，不急不躁，稳扎稳打，实现人生的华丽转身。格局成就人生，越是关键时候，我们越要分清轻重缓急，今后一百天，我们最重要的事情就是高考，一切为高考让路，一切为高考服务。

老师们，同学们，百日冲刺，已经吹响决战的号角，人生百年，高考百天。今天，农历二月初二，是龙抬头的日子，也是一个千帆竞发、百舸争流的新起点。希望同学们以对自己一生负责的态度，以只争朝夕的精神、志在必得的心态、舍我其谁的勇气投身到复习迎考中，勤奋学习，取长补短，趁势而上，勇往直前，迎战高考，决胜未来！

填词一阕，送给大家：

春耕节里提精神，百日誓师着戎装。

墨海怀珠寻硕果，书山抱玉索真章。
想爹娘，鬓如霜；战百日，慨而慷。
寒窗酬得鸿鹄志，蟾宫桂子竞飘香。

备注：春耕节，农历二月初二的别称。

谢谢大家！

能用汗水解决的事情，绝不用泪水（2023-04-01）
——高三一模复盘总结会上的发言

亲爱的老师们、同学们：

风传花信，雨濯春尘，春天是生命律动、希望萌生的季节，风里满是拔节破土的声音。今天，我们与春天相约，与希望握手，共话高考，憧憬未来。今天，是我们翰林相聚的945天，距高考还有67天，距二模考试还有18天。

一、感恩高考，抓住高考

高考，不是让全世界看到你，而是为了你能看到全世界。诗人艾青说过："人生的路虽然漫长，但紧要处却只有那么几步，特别是当人年轻的时候。"高考就是关键的一步。改变人生的机会有很多，但高考绝对是最快捷的一种。高考不仅是一场考试，也为人才晋升、社会选拔建立了直达通道。高考为每个人都提供了一个公平竞技的平台，身份、地位、财富的作用统统屏蔽，知识学习成果得到直接反映，也使得万千学子的教育晋升通道变得透明，社会晋升的机会也是人人平等。如果人生是一场宴席的话，高考让每一个普通的孩子都有了上桌的机会。至于能否上桌以及上桌以后如何享受这桌人生盛宴，那就要靠自己了。孩子，我要求你读书用功，是希望你将来能拥有选择的权利，选择有意义、有时间的工作，而不是被迫谋生。当你的工作在你心中有意义，你就有成就感。当你的工作给你时间，不剥夺你的生活，你就有尊严。成就感和尊严会给你快乐。

二、相信自己，抓住当下

与其用泪水悔恨，不如用汗水拼搏。不舍寸功，才能善作善成；精益求精，才能更进一步；久久为功，才能行稳致远。这世界上最无用的话：

我本可以。哪怕只是一个遥不可及的梦，在乾坤未定的此刻我们也没有任何理由妄自菲薄。唯久久为功者进，唯持续发力者强，唯奋勇搏击者胜。抗美援朝特级英雄杨根思牺牲前发出"三个不相信"的铮铮誓言：不相信有完不成的任务，不相信有克服不了的困难，不相信有战胜不了的敌人。

三、时间很金贵，效率很重要

1. 树雄心，立大志，上好大学。

2. 抛杂念，专其心，全力以赴。

3. 重基础，回头看，明错纠错。考点积累本，双色满分试题夹。

4. 强学功，练写功，分分必得。全面认真，专业术语，学会审题，规范答题。

5. 多微笑，养心态，静待花开。

作为翰林学子，我们必须秉持"少壮工夫老始成"的勤奋，"咬定青山不放松"的定力，"不破楼兰终不还"的韧性，以昂扬之势破茧成蝶，以奋进之姿展翅高飞。在蛰伏中蓄力，在成长中蜕变，在煎熬和痛苦中涅槃重生。奋斗是青春最亮丽的底色，行动是青春最有效的磨砺。让我们扛起责任，为青春加冕，以昂扬的生命状态、蓬勃的奋进姿态向未来出发，为圆梦出征。擎天揽月金榜题名，蟾宫折桂尽显风流！

时光知味

第四章

儿时的古漯河

古漯河是现在的名字，儿时大人们称之为沙窝，又叫沙荒，可能是因为它不长庄稼吧！古漯河在村西一里多地，东西宽约二里，南北绵延十余里，地势低洼，一年大多数时间有积水，河中芦苇丛生。

春天的古漯河一片生机。浅浅的河水浸润着抱在一起谁也理不清、谁也分不开的错综复杂的芦根，芦苇芽像小孩赛跑似的争先恐后地挤出地面。嫩嫩的芽尖尖的，顶着水珠，像一个个绿色的精灵，青葱葱的、鲜嫩嫩的，绿得鲜亮，嫩得让你不忍心伸脚去踩它。芦苇给平坦的大地铺上了一幅巨大的绿毯，宽广而不空旷，满眼的青绿让你陶醉。不知名的小花赶趟儿似的竞相开放，五颜六色、姹紫嫣红直逼你的眼睛。茅草在枯黄的叶子里面藏着嫩绿的芽，轻轻地向上提起，嫩芽就"咕"的一声被提下来，扒去绿色的外衣，露出嫩嫩的、白白的毛，咬在嘴里甜甜的，很是好吃，这就是儿时的最爱——"嘀咕"。每天放学后，我和几个小伙伴便经常去古漯河的芦苇丛中去打嘀咕（又称打杠子）。

夏天，古漯河变成绿色的海洋。修长的芦苇顶着嫩紫色的芦花在风中摇摆，英姿飒爽如凯旋的将军。微风吹过，如海洋上掀起绿色的波浪，伴着沙沙的和弦，各样的鸟儿欢快歌唱，芦苇荡成了欢乐的海洋。水少时，刚没脚踝，这时是我们捉鱼的最好时机。芦苇很密，鱼儿是跑不快的，双手并拢，看准鱼儿向下一按，就是一条，每次我们定会满载而归。若是碰到惊飞的野鸭，就会有意外的收获，觅到野鸭飞起的地方，大个的野鸭蛋就成了餐桌上的美味。

秋天是古漯河最亮丽、可人和富足的时节。"蒹葭苍苍，白露为霜。"芦苇叶已变黄，头顶的芦花已变得雪白、飘盈，摆脱了稚嫩，俨然如战功赫赫、英俊威武的将军。芦苇荡成了白色的海洋，芦花轻扬，乘着气流在舒缓地飘荡、旋转，将天地氤氲一片柔软。置身于无声的苇荡中，总能感受到一种亲和的召唤，品味到收获的芳醇。芦苇荡的水已基本退去，地势较低的水坑成了我们的乐园，用脸盆把坑里的水舀出，惊恐的鱼儿立刻蹦出水面，没准到最后还会捉条大鱼。幸运的话，有的洼坑不用费力就可以拾干鱼。碧云天，黄叶地，西风紧，雁南飞。秋天的古漯河成熟厚重，给人带来收获的喜悦。

冬天，光秃秃的芦苇荡是最为空旷而萧条的。芦苇都被乡亲们收割回家，用来编织苇席、苇篮等生活用品了。而芦苇的根依然活着，并且努力积蓄着力量,憧憬希望,续写新的辉煌。

现在,这里成立了古漯河生态园,专门生产无公害、绿色农产品,建立了度假休闲设施,为古漯河注入了新的生机。但是,我对古漯河生态园的名字很陌生,我喜欢的还是儿时的"沙荒"(芦苇在当地的俗称)。

过年

忙年,每逢春节忙得不可开交!或许是新旧交替,辞旧迎新的缘故。

春节必须回老家,陪父母。腊月二十八,蒸年糕。腊月二十九,炸年货,藕盒、山芋盒子、鱼、绿豆丸子一盆接一盆,没有一天的时间,是解决不了的!一家人忙忙碌碌,紧张有序。腊月三十,贴春联,打扫卫生,包水饺,请家神,准备祭供。晚上,吃完水饺,必然整上几个菜,边喝边聊,边看春晚。晚上十点半以后,鞭炮次第,赶趟似的接连不断,一直持续到大年初一的清晨,吃新年的一顿饺子。大年初一的早上,彼此拜年问候,大街上赶集似的人来人往,彼此寒暄问候。拜完年,早饭后,三五知己推杯换盏;中饭后,送家神。田间地里又是一片鞭炮不断。

过年,图的就是个热闹劲儿,过的就是个祥和的氛围。辞旧迎新,把所有的烦恼和不快通通留在2016年,金鸡报晓,2017年迎来满眼的希望和幸福。除夕之夜,大约凌晨五时始,第二轮的爆竹声比赛似的传来,如同炒豆一样,噼里啪啦地响个不停。难得的是,在这样的氛围中,竟然北京遇上了西雅图,小虾来到了教授的大学!祥和又浪漫,就连鞭炮声都那么有诗意,平仄韵味,抑扬顿挫起来。是不是笑醒了?笑醒了,就来点儿雪吧。漫天飞雪,琼花起舞,红泥小火炉,青梅煮酒,是不是别有一番浪漫?

有想象才有浪漫,有诗意不至骨感。

春日遐思

春日的午后,沐浴在阳光的怀里,我不知不觉地想起你。

和煦的风儿轻吻着你的脸,你欢快地在阳光里舞蹈,如孩子一般。

这样的日子,这样的天气,最适合相思。你不言,我不语,时光静好,如此美妙。静静地触摸阳光温柔的心跳，默默地倾听春姑娘花儿般轻盈的舞步。你说，春天来了，我就去看你，是吗？你是不是就在路上？

情感和语言永远有着隔阂。我不知道如何描述我此时的感觉，如此奇妙，期待也变得那么美好。最喜欢你清泉般的笑声，笑声夜夜爬上我睡梦中的眉梢。给你条胳膊，你抱着，就像婴儿似的熟睡，我看着你，才懂得了什么是真正的幸福。没我的日子，电话能否给你个依靠？我的爱人，我们风雨同舟、不离不弃，虽然也吵吵闹闹，曾经的爱情已经被亲情浸泡。衣要暖，酒要少，饭要七分饱，觉前泡泡脚，诸事随缘心莫劳，自己一人一定把自己照顾好！这样的话，你说上三遍不算多。一通电话，满满的思念；一句问候，甜甜的情缘。今生情，前世缘。爱你到暮雪千山，千年万万年！

儿时年味浓

小时候最盼望的是过年，因为过年有新衣服穿、有好东西吃。

进入腊月门，时间比蜗牛还要慢，天天扳手指头算，倒计时还有几天。好不容易盼到腊月二十三，俗称小年，这天要吃饺子。因为这天祭灶，要送灶王爷上天，上天言好事，这可是头等大事，必须在上天之前把灶王爷侍候舒服。俗话说："送行饺子迎风面"，饺子就成了不二选择。过了二十三一天快一天，意思说年快到了。老家习俗，腊月二十三这一天要扫房子，打扫屋内卫生。年货最少要赶上两个集市才能购置齐。年前最后的集市称"大集""花集"。

腊月二十六要蒸馒头，农村大铁锅要蒸上三四锅。小时候，过年走亲串友，馒头是好东西，是亲友相互馈赠的佳品。

腊月二十七，炸年货，绿豆丸子、牛肉馅藕盒、地瓜盒、带鱼等花样多多。炸年货时，我和弟弟在一旁焦急地等待，没少咽口水。炸出第一锅我们是不能先吃的，要先上供，敬天爷爷、地奶奶、灶王爷等诸神仙先吃。虽然他们也那么矜持，不好意思吃，最终还是让我们大快朵颐，有了实际的口福。

腊月二十九晚上开始煮肉，把猪肉切成方形，一大块一大块地放在锅里煮，放上八角等香料。由于炖肉的时间较长，我经常在锅中的肉香刚冒出来的时候，不知不觉地睡去。不知睡了多长时间，在母亲的呼唤中醒来，啃着喷香的猪排骨，感觉天下最好的美味也莫过如此了。若母亲在煮熟的肉块中割下一块肉，吃起来更是过瘾得很了。

年三十中午包包子，这是一年中最香、放肉最多的包子。不管吃几个，非得吃个肚圆，否则是不会罢休的！下午开始包水饺，一下子就要包够三顿吃的，一般得三四盖垫（用高粱秸秆编制的摆放饺子的物件）。包完水饺就得摆供桌子，靠桌子的墙上挂上家谱轴子（上面画有神仙的府邸），桌子摆上家神神位，上面写着已逝长辈的名讳，每一位长辈旁边竖上一双筷子。桌上摆上十个碗，碗中有烧的肉、炸的年货、苹果等好吃的东西，再摆上四个凉菜、三个酒杯，点上两支蜡烛。这一切准备好，父亲就拿六炷香出了门，到爷爷奶奶的坟上烧上三炷香，然后点燃另外三炷香，领众家神回家过年。到家大门口，把比较长的棍子横在家门口。把点燃的三炷香插在供桌上，倒上酒。这时候，我们就不能乱说话，以免惊扰家神。于是家里顿时蒙上了一抹神秘的色彩。天近黄昏，鞭炮声次第传来，各家开始煮水饺，吃晚饭。吃水饺前，母亲要在家中每一扇门的两旁、粮囤、牛棚等处点上一炷香，烧上一张纸钱，然后磕上一个头。我和姐姐、弟弟也帮忙烧香、烧纸。父亲每年要守岁，时不时在供桌子上点点香、烧烧纸，我们实在睁不开眼了，就要去睡觉。父亲每年都说，除夕哪能睡觉呢！要陪家神，要守岁呢！除夕零点，还要吃一顿水饺。这两顿水饺，每碗不能吃完，剩下一两个就要去盛，好像是中年年有余的彩头的寓意吧！

初一早上，比较近的几家又要一块儿去大院的各家拜年。每家在供桌子前铺上扇子或塑料编织袋子，拜年是要磕头的。先给家神磕一个头，然后给长辈一人磕一个头，磕头时喊着"给俺奶奶（爷爷、大爷、大娘、叔、婶子）"，该家的长辈说："别磕啦，别磕啦，越磕越老。"然后分烟、分糖。街上也热闹起来，十多个人一伙，有说有笑。见面寒暄，都是过年的祝福话，以往彼此之间的过节和不愉快也就烟消云散。

初一中午吃过水饺，上过供，比较近的几家开始一块儿送家神。到了祖坟上，点两响、鞭花、烧纸、磕头，这算把家神送走了。

初二是上坟的日子，有新近去世的亲戚，就要去上坟祭奠。死者为大，初二祭奠了亡灵。过后，就开始亲友之间相互探望，你来我往，推杯换盏，好不热闹！初三是媳妇回娘家的日子。正月十五元宵节，白天舞龙、踩高跷，晚上赏灯、猜灯谜。

正月十五一过，年也基本上过去了。现在生活水平提高了，物质丰盈了，人的幸福感却少了很多，特别是年味就淡了很多。

陪父亲看戏

父亲年近八旬，老戏迷。老年戏曲收音机已经听坏了好几台，整天形影不离，咿咿呀呀地唱个不停。豫剧、评剧、河北梆子、曲剧、山东快书等剧种，一应俱全。父亲听了一遍又一遍，不厌其烦。父亲有点耳沉，有时开的声音大了，母亲就吵嚷着责怪声音太大，"整天听，有啥听头儿，拉破嗓子似的，小点小点音儿"。父亲虽不高兴，但也知趣儿地调低音量，每次父亲和母亲的"冲突"一定会以父亲的妥协结束。戏曲收音机更新换代，戏曲视频播放器出现了，有像有声，内置充电，方便携带，父亲也理所当然地拥有了一台。戏曲视频播放器难敌真人演出秀的魅力，每逢立集搭会戏曲演出，父亲每场必到，听了一出又一出。

2013年5月3日，学校西邻张庄村，文昌市场开市，请了茌平豫剧团和河北梆子剧团唱起了对台戏，一南一北甚是热闹。于是把父亲接来过过戏瘾。晚上，早早吃过晚饭，我陪父亲去看戏。晚上七点半开演，我们六点半就到场了。选了前面中间的好位置，接下来就是等待。周围也陆续坐满了人，但大部分都是老人，还有几个小孩子，40岁的大老爷们，我是唯一的"葱花"。

弦管鼓钹——响起，戏曲《卖苗郎》拉开了序幕。伴着节奏点抑扬顿挫，我的思绪回到了几十年前。小时候，我特别喜欢听广播，爱看书、看戏、看电影。父亲在我的再三要求下，用刚卖棉花的钱，带我去聊城买了一台收音机。那时候的农村，收音机还是稀罕物件，结婚彩礼四大件之一（三转一响四大件，三转：缝纫机、自行车、手表；一响：收音机），人们一般听的是绑在电线杆上的大喇叭。自此，每天一有空，家里总是萦绕着收音机的美妙旋律和迷人声音，好多节目现在都记忆犹新，如曹灿叔叔讲故事、评书（《杨家将》《呼杨合兵》《夜幕下的哈尔滨》《三国演义》《水浒传》等）、广播剧、每周一歌等。晚上睡觉，收音机就在枕边，不知道什么时候睡着了，一觉醒来收音机声音还在继续悠扬。还记得，自己七八岁时，几里地外的闫庄村搭台唱戏，自己非得闹着去看戏，当时正值秋忙，母亲没有答应，执拗的我自己走着去了。母亲不放心，又担心我出事，放下手中的活，在半道追上了我，用自行车驮着我去看了我终生都难忘的一场戏。想着自己的固执，心里满是内疚。观众的欢呼声把我从回忆中拉了回来，父亲正看得入迷。

茌平经济快速发展，建立了茌平大剧场。每逢大型节日都有演出，我就尽可能挤出点时间来，陪父亲看上一两场。父亲虽然年纪大了，但不糊涂，看上一两场就说不看了，说看够了。哪是看够了，我知道这是他老人家怕影响我的工作。父亲总是为别人着想，自己把辛苦背在肩上，把一切感受埋在心里。

您用青春滋养我的生命，我却无法用生命延续您的青春！您把我养大，我唯一能做的就是陪您变老。

品味孤独

晨曦初照的黎明走进孤独，夕阳西下的黄昏走进孤独，万籁俱寂的黑夜走进孤独，才深深体会到，孤独是一种美丽。

孤独中，一切才变得真实。孤独中，自己才是真正属于自己的，不再属于父母、妻儿、姐弟还有学生。笑对自己，哭对自己，或淡淡的惆怅，或甜甜的喜悦，或幽幽的乡愁，任思绪像醉酒的词人，在藕花深处争渡。泡一杯清茶，袅袅清香，挠得心里痒痒的，如春日暖暖的阳光，带着桃花的芬芳在柔柔的湖心荡漾。

往事如烟，时而清晰，时而缥缈，如儿时的炊烟，若隐若现，散发的香味已经浸透了灵魂。莫名的疲惫、无故的忧伤如潮水般潮起潮落。孤独，让飘忽不定的眼神清澈如水；孤独，让焦躁不安的面孔宁静似月。孤独中，把自己融入自然，完美地领略春花的绚丽、夏风的清凉、秋色的醇厚、冬雪的晶莹，云卷云舒，花开花落，四季轮回，流光忽逝，一切自然而又恬静。在孤独中完成使命的人是伟人。只有领略了孤独，才能用自己的力量战胜孤独，曲径通幽，柳暗花明。孤独并不可怕，可怕的是孤独中的消沉与颓废。

喜欢一件事，或爱上一个人，才会孤独，才会自己傻傻地笑，痴痴地呆。人与人有形的亲密，或许还隔着无形的距离。天涯咫尺的美丽，咫尺天涯的窒息，让你喜欢上了孤独。爱到极致，孤独也是令人向往的美丽。人，喜欢孤独，是为了找到自己，倾听自己心底的声音，让自己摘下人前的面具，变得真实。

孤独是与生俱来的。享受孤独，在沧海桑田的变迁中收集新绿。与其让生命在无休止的纷争中窒息，不如置身孤独，漂洗心扉，净化灵魂。

贝多芬的孤独奏出铿锵的命运交响曲；俞伯牙的孤独最终遇到了钟子

期；陆游独处，存诗九千余。孤独的时候，人是最冷静的，也是最自信的。拥有孤独是一种感受，善待孤独是一种境界。

在孤独中思考得失，咀嚼成败，品味爱恨。孤独，变得如此美丽。

暖暖的80年代

回不去的20世纪80年代，现在回想起来，心里痒痒的，身上暖暖的，眼里酸酸的。

1980年我没有上育红班，直接上了一年级。一间破屋里，一边是一年级，另一边是二年级。老师给这边的一年级讲完课，再给另一边的二年级讲课。那时候的老师"很厉害"，一个人教语文，也教数学；教一年级，还教二年级，还时不时地干地里的农活。

1985年我读初一，一辆破自行车，一个粗布干粮袋子（一周回家一次，前两天在家拿干粮，后三天在学校订饭），一个布书包（那时候只有课本和作业本，没有什么复习资料）是我的全部家当。那时候不愿去上学，每周日下午返校上晚自习，好像去刑场一样，有时一路走一路哭。到了学校就盼着周五放学回家。过了星期三，一天快一天，同学们都掰着手指头这样盼。

1988年我读高一，来到茌平一中，和初中不同的是一周放假一次改成了一月放假一次。1991年在茌平一中高考首冠！80年代，看小人书是一件幸福的事情；初中以后，男生读武侠（金庸、古龙、梁羽生），女生看言情（琼瑶、三毛）。80年代，电影《少林寺》《少林小子》《南北少林》《武林志》等武侠电影风靡不衰，万人空巷。一部片子，我们不仅在本村看，还要到周围村去看，最后看得大部分台词都能准确背诵。电视剧《霍元甲》《霍东阁》《八仙过海》《西游记》等也是我们的最爱。那时候，一个村只有一两台电视机，还是黑白的。晚饭后，全村人早早地到有电视的人家等着看电视（那时候，晚上七八点钟才来电），主人把电视机搬到院子里，院子里满满的人。乍一来电，欢呼声里的电光刺得人睁不开眼。

80年代，最时髦的是喇叭裤，裤腿很瘦，绷着腿；裤口很肥，像喇叭一样。那时候的近视眼镜是变色的，一到室外就变成红棕色。

80年代，迪斯科舞很时髦！我们初中刚分配的年轻老师，周末聚在一起就跳迪斯科舞，我们就在老师办公室的窗户下偷听，还悄悄议论哪个老师和哪个老师恋爱。

80年代，简单贫穷，但幸福而又快乐。80年代的日子很慢，太阳慢吞吞地升，不紧不慢地落。那时候的夏夜，我们都在房顶上睡觉，星光满天，凉风习习。

绒花树还是倒地了

2019年10月4日，秋风秋雨中，茌平一中操场上的绒花树倒地了。

2019年10月6日14:20，秋风秋雨中，原茌平一中校长、茌平一中高考成绩六连冠的缔造者、深受茌平人民爱戴与盛赞的贺照禧老先生与世长辞，于2019年10月9日14:30在殡仪馆举行遗体告别仪式。

雨泪风咽，草木同悲！

贺老先生是一位将军，带领全校师生勠力同心，披荆斩棘，高考成绩在聊城六奏凯歌。全国各地的校长、老师纷至沓来，争相学习，形成了"茌平一中现象"。

贺老先生极具教育情怀、教育智慧、教育胆识、教育奉献精神，老先生的大名在茌平县无人不晓。当时，茌平县可能没有人知道县委书记是谁，但是没有谁不知道贺老校长。茌平县差不多家家户户都有子女或亲戚曾受教于老先生。1991年我高中毕业于茌平一中。当时，贺老校长在全体学生会上讲话，声音铿锵、激情四射，振聋发聩。时隔30余年，那情景依然历历在目，清晰如昨，醍醐灌顶的讲话还好像久久地在绒花树上空回响。

斯人已去，音容宛在，精神长存！作为茌平一中首冠毕业生，特敬献挽联以示哀悼，愿老校长一路走好！

> 六冠成王桃李满园功彪千秋，一心为公资深望重德炳万古。

绒花树为什么会倒地？有人说，绒花树是神树，之所以称神，肯定先知先觉，未卜先知。与其引颈受戮，让人诟病，莫如羽化升仙。我不会相信，绒花树是寿终正寝。唐槐宋柏汉松，比比皆是。为什么绒花树，年不过百，轰然倒地？

绒花树，不会瞑目！绒花树，永远铭刻着一中人的记忆！

纵有激情万千，能留芳华几何

——深切缅怀贺老先生

雨泪风咽，草木同悲！谨以此文缅怀贺老先生，祭奠我们已逝的青春芳华。

送别是为了更好地前行。

贺老先生无私奉献的精神，是我们这些有教育情怀、有责任担当的一中人拼搏奋进的不竭动力。2019年10月4日，秋风秋雨中，茌平一中操场上的绒花树倒地。

合欢树，又名绒花树，马缨花。绒花树，承载着一中人的美好记忆。令万千一中学子魂牵梦萦，终生难以释怀。绒花树极有灵性，知荣辱，懂感恩。站，她伟岸美丽，清香无限；倒，她自由洒脱，来去自如。她在，是一中人一道亮丽的风景；她去，也是一中人一生美好的记忆。

绒花树的记忆，清香、阴凉、美丽。花，若烟，似霞；叶，如缕，如剑。绒花树的清香，给我们的不是一般欢喜，是陶醉，是痴迷，是食无味，是寝不寐。没有绒花树下的卿卿我我。如果有，那就是远远地望，静静地思，一切都在心里，不言不语。

绒花叶子昼展迎晨光，夜合沐清辉，绒花树，坦荡襟怀；马缨花，磊落成蹊，叶茂根深能蔽日，芳香妩媚戏来风。

最美好的永远是回忆，虽然青涩，但很真实，合欢树不是一个人的喜欢，而是几代人的记忆。

艳若红唇轻若羽，合欢树下情几许？旧时青丝已成灰，体胖顶稀谁与催？红尘百载千般梦，刹那芳华转白头。惆怅彩云飞，碧落知何许？不见合欢花，空倚相思树。岁月匆匆，千帆过尽，回首当年，那份纯净的梦想早已渐行渐远，如今岁月留下的，只是满目荒凉。

数千年沧海，浮世芳华，袖中云烟，回首处明月清风，却是浮生一场。

芳华已谢不能留，几度秋。秦时明月照荒丘，难回头。

三春过了，看庭西两树，参差花影。妙手仙姝织锦绣，细品恍惚如梦。脉脉抽丹，纤纤铺翠，风韵由天定。堪称英秀，为何尝遍清冷。曳曳因风动。缕缕朝随红日展，燃尽朱颜谁省。可叹风流，终成憔悴，无限凄凉境，有情明月，夜阑还照香径。率性青葱年少。芳华刹那，霜鬓催人老。

六冠成王桃李满园功彪千秋，一心为公资深望重德炳万古。

贺老先生精神不朽，贺老先生一路走好！

长相思·忆合欢树

学一中，教一中，读书工作效牛耕，戴月又披星。
春也绒，秋也绒，神树驾鹤常梦萦，心寒泣无声。

再忆绒花神树，重拾紫陌芳华
——茌平一中绒花树下的记忆

绒花树，茌平一中神树。

1950年建校时栽植，栉风沐雨七十载，见证了茌平一中的辉煌历程，无数学子在树下苦读、成就学业，走向全国各地。绒花树，她在，是我们眼里最美丽的一道风景；她不在，是我们心里一段永存的青春记忆。绒花树，又名合欢树。姿态美观，叶型雅致，花色艳丽，形似绒球，气味芳香。叶奇，日出而开，日落而合，给人以友好之象征，兼有怀旧相思之雅意（绒花花语：回忆）。

绒花树耸立在茌平一中的操场中间，昼沐阳光清风，夜饮月华玉露。每到春天的时候，从每一根树枝的最尖端渐渐地钻出一簇簇新芽，然后慢慢地展开，在叶茎的两旁排成两串像豆芽似的小叶；没过几天，新叶已长满全树，郁郁葱葱、生机勃勃，观之令人赏心悦目、心旷神怡……东方既白，朝霞满天，绒花树下书声琅琅。渐渐地，学生次第多了起来，熙熙攘攘，欢声笑语。早操开始，嬉笑声随即被整齐的步伐、响亮的口号淹没。学生飒爽的英姿、蓬勃的朝气，伴着斑斓的朝晖，在绒花树的嫩芽间隙里闪亮跳跃，满怀着憧憬希望，洋溢着青春激情。

握别春天，绒花树开始绽放，花瓣像一根根粉红色的绣花针，从花托伸向四面八方，形成一个毛茸茸的小羽扇。绒花先从树梢最高处开起，不几天的工夫，就开满了全树，火红火红的一片，似乎连天空都被绒花染红了，翠绿翠绿的树叶陪伴着火红火红的鲜花。和风熙徐，树丫露结，满树绒花点点开启绵延，银白和红相间，似绒绵细。满树绯红，冠盖枝头，仿佛云霞簇拥，绮丽无比。一层层的花朵是那样娇柔轻盈，像极了一把把小小的粉红色的伞，花瓣似针一样纤细，在微风的吹拂下不时会有几朵花飘然落下，不禁让人心生怜爱。每一片叶子都如同一把精致的羽毛扇，鲜翠欲滴，令人浮想联翩……传说中那艳丽的霓裳羽衣，也许就是用这样如云似雾、如梦如幻的花丝织成的吧。绒花的花期特别长，从初春直到夏末，这朵还没败落，另一朵已经绽开，为了美化人们的生活环境，给人们制造新鲜空气，前赴后继、继往开来。而绒花树的叶更有它的独到之处，每当晚霞夕照的时候，树叶就一对一对地闭合起来，似乎也要进入甜蜜的梦乡。然而当太阳从东方刚刚升起的时候，树叶又重新展开，像是排成一队展翅欲飞的小蝴蝶，重新开始为人们更新空气、遮阳蔽日。当烈日炎炎的时候，枝繁叶茂、花团锦簇，成了许多鸟儿遮阳、避雨、嬉戏、觅食之地。

欢快清脆的晚自习放学铃声一结束，静静的操场立刻喧嚣起来。学生们嬉笑着，三一群、五一伙地向操场潮水般涌来。跑步的、聊天的、打篮球的，各式各样；站着的、走着的、坐着的，姿态纷繁；大声嬉笑的、小声低语的、默然无声的、暗自垂泪的，心情各不相同。绒花树下，捷足先登的双人组合在悄声细语。紧张劳累了一天的学生们，沐浴着徐徐晚风、溶溶月色，疲惫和焦虑瞬间化作虚无，享受这难得的惬意与片刻的清闲。半小时的时间倏忽即逝，六七个值班老师东西排成一排，自北向南，催促学生回宿舍或抓紧回家。"都抓紧回啦，快点哈！""那几个同学怎么还在打球啊！快点，快点！"学生们极不情愿、慢慢吞吞，久久不舍得离去。操场绒花飘香，夜色静默。

秋意渐浓，绒花树叶也不输老，叶枝遇风则招摇着，不到深秋严寒叶不落。虽时至寒秋，也总有一些树叶紧紧地"抓住"绒花树的枝梢，不愿意与母体分离，一直到朔风劲吹、大雪纷飞的时候，它们才很不情愿地飘落下来……

大雪纷飞，雪茸覆盖的枝丫干，俨然一个天然大盆景巍然屹立着，冰清玉洁着，藏绿于枝干，蕴藏着无限的希望。

放假的大学生们重返母校，故地重游，纷纷与绒花树合影。低眉悄语，来回徘徊，雪地上留下了一双双清晰的脚印，大气中回响着一个个粉色青葱的故事。2016年，不知何故，绒花树开始干枯，尽管学校用尽浑身解数也回天乏力，依旧无法让其重泛新绿。2019年暑假，茌平县顺河街南延民生工程实施。2019年10月4日，凄凄秋雨中，绒花树轰然倒地！

绒花树，见证了茌平一中六十九年的发展历史，见证了学校从小到大的成长变迁，也见证过茌平一中高考六连冠的辉煌。绒花树，承载着万千莘莘学子的青春记忆，承载着一代又一代一中人的青葱岁月，也承载着我们追不回的似水流年、回不去的紫陌芳华！

回老家，走亲戚

两周没有回老家了。上午盯完课间操，买了几个菜，驱车回家。

"久在樊笼里，复得返自然。"逃离繁忙的工作，顿觉神清气爽，空气也越发变得清新起来。田野里，玉米已经收完，空旷辽远，一览无余。一马平川的视野里时而出现一片葱绿，有些蔬菜还在努力地抓住霜降之前的残热，可劲儿地长。道路两旁的杨树，叶子在秋风里翩翩舞蹈，偶尔有心急的叶儿，随风飘进大地的怀抱。经过村庄时，房顶上、屋舍前，满是晃眼的玉米的金黄。

与父母聊天，他们的孙子是首选的话题，嘘寒问暖，问这问那。"最近回家没？""学习怎么样？"……然后再问，"乐他妈怎么没回来？""又去哪里忙去了？"……再然后，聊的就是村里最近发生的"新闻"，谁家的二小子娶媳妇了，谁家的闺女出嫁了……午饭时，父母说得最多的话："吃点这！""尝点那！""多吃点"……

稍事休息，由于下午还有工作，只能抓紧时间返回茌平。自家种的葱、石榴、柿子、白萝卜等，还有中午做的包子、花卷，大包小包的必须一并带回。

每次回家，都像走了一趟亲戚。每次回家的情景大同小异，步骤和环节都非常相似。每次回家，虽无新意，但乐此不疲，回家的感觉真好！

时光都去哪儿了？（2019-10-15）

十月，丹桂飘香，是握别的时候，也是收获的季节。两个好友的孩子结婚，喜宴分别设在中午和晚上，除了喜悦，还慨叹流光易逝，岁月无情！时光如河，生命如无帆的船，或停或行，由不得自己。

有些人，一转身就是一生；有些事，一开始就已结束。白云苍狗，青丝白发，变化是这个世界的永恒。人到中年，希冀越来越少，回忆越来越多。或同学，或知己，大多谈论的是过去往昔、童真童趣，这样的话题永远聊不完，也聊不够。人至中年，跑得最快的，走得最匆忙的，莫过于时间。一天比一天快，从早到晚，倏忽之间，总感觉没干啥事就匆匆过去了。

20岁步入杏坛，一转眼，已经是26年的时光！青涩时代木讷寡言，曾经为如何面对几十个孩子愁眉不展，而今在课堂上变得侃侃而谈，收放自如。登上讲台，一如上了发条的机器，不知疲惫。生活中，人堆里，我一如既往地无言，静静听别人说话，你争我抢，旁观一隅，泯然一笑，好似看云卷云舒，品花开花落。曾经年少的我也逐名求利，历经风雨，才懂得人生最难能可贵的是波澜不惊的心，如卷舒自如的云，任意东西的水。

谁是谁的风景

"你站在桥上看风景，看风景的人在楼上看你。明月装饰了你的窗子，你装饰了别人的梦。"不必羡慕谁，或许你正在被别人羡慕。生活不是过给别人看的，自得其乐、自我陶醉比自惭形秽、自愧不如要好得多。

不要让别人的风景，打湿了你自己的眼！

一次擦肩，或许是百年的前缘！一次回眸，有可能就是千年！

这世界，没有无缘无故的恨，也没有无缘无故的爱！一切的一切，冥冥中自有因果！今生的牵绊，或许就是前世的相欠！现世的爱恋，或是往生的债要偿还！岁月清浅，似水流年，无事就是人间四月天！

独处，是一个人的清欢

有一句耐人寻味的话："一群人的狂欢，是一个人的孤单。"在独处中遇见最真实的自己，回归精神的安宁，找回生命本真的快乐。

独处，是回归真实的自己。

余华的《在细雨中呼喊》中有一段话："我不再装模作样地拥有很多友人，而是回到了孤单之中，以真正的我开始了独自的生活。"让心灵回归平静，让生活返璞归真。唐白余说："活了大半辈子，会发现有些东西是可以舍弃的；留下的，就是最重要的那个。"独处亦有清欢事，未必人生尽相知。

独处，是一场修行。

《围炉夜话》中说："滥交朋友，不如终日读书。"

与其低质量地社交，不如高质量地独处。主动把一群人的狂欢关在门外，两耳不闻窗外事，沉下心去提升自己的修养，增进学识，升华人格，发现更好的自己。享受独处，可以不受外界的喧扰，而是静下心来思考，反省自己。都说越强大的人越渴望独处，越喜欢独处的人，也往往会变得越强大。

独处，是一个人的清欢。

作家蒋勋说："寂寞会发慌，孤独则是饱满的。孤独是生命圆满的开始。"独处是人生中的美好时刻和美好体验，虽则有些寂寞，寂寞中却又有一种充实。

"举杯邀明月，对影成三人。""采菊东篱下，悠然见南山。""长恨此身非我有，何时忘却营营。""小舟从此逝，江海寄余生。"在自己的世界里，尽情为灵魂插上翅膀，无限逍遥，内心则越发充盈。有一句话说得好："生命为自己而存在。它是朴素而自然的事情，不是在众人之前的杂耍。"世界是自己的，与他人毫无关系。生命不是活给别人看的，生命就像是一朵花，静静地开，悄悄地落。我即独处，亦有清欢。

最美欧若拉
——电影《南极之恋》的启示

电影《南极之恋》讲的是一个发生在南极的爱情故事。因为一场发生在南极的坠机事故，一家婚庆公司的老板吴富春和一个高空物理学家荆如意的生命交织在一起，他们两人在南极冒险生存的70多天中，敬畏了自然，领悟了纯粹的爱情。

《南极之恋》震撼人心的，不仅有男女主人公纯粹的爱情、南极唯美的风光，更多的还是应对困难的感悟。

启示一：团结是战胜困难的法宝

飞机失事，吴富春和荆如意相互合作，抱团取暖。吴富春利用自己矫健的身躯，顶着暴风雪把荆如意带到小木屋里取暖，然后到处去寻找救援。而荆如意则利用自己的优势——过硬的专业知识去指导吴富春该怎样躲避暴风雪。她分析出离这20千米外有个考察站，然后指导吴富春该如何找到这个考察站。在南极生活的过程中，两个人不计较个人的得失，为了活下去互相激励、互相帮助，最终战胜困难，成功获救！

启示二：再苦再难，终不言弃

不到最后一刻，绝对不可以轻言放弃。荆如意在小木屋里，她也只是勉强活着。当她等不到富春的时候，她甚至会选择割腕自杀，结束自己的生命。吴富春及时赶回，救了如意。只要有一线希望、一丝可能，就不能轻言放弃。轻言放弃，自己绝了自己的后路。只有不轻言放弃的人，才能等到希望，等到曙光。吴富春的人生信条是：就算是死，也要死在路上。

启示三：乐观是灾难中一缕明媚的阳光

富春每次寻找长城站，都充满了希望！他乐观豁达，和企鹅拍照，学企鹅走路，和小企鹅、海豹讲话，像是来南极游玩观光似的。

海伦·凯勒说：乐观主义是通往成功的信念。没有希望和信心将一事无成。

启示四：灾难，不能泯灭心中的良善

同行人飞机失事丧命，如意坚持要富春把尸体一起带走。富春就拖着如意和另一个队员往前走。后来富春的鞋掉在海里，他没有鞋穿，死去的队员的鞋在关键时刻帮助了他。没有鞋，他没有办法继续去寻找科考站，只能等死。不速之客小企鹅，富春想把它当作晚饭。如意坚决反对，最后留下了小企鹅。虽然两个人自己都没东西吃。后来富春遭遇暴风雪，正是这只小企鹅带着他找到了科考站。

纵使在患难中，面对人性考验的时候，也要保持心中的良善。善有善报，待人以善者善亦所趋。如意告诉富春："当我安息时，我希望你活着！"欧若拉是南极美丽的极光，这句话无疑就是灾难面前，温暖你我最美的欧若拉！

很喜欢《南极之恋》中的一句台词：极夜再长，太阳也有升起的时候，它终将放出光和热！

乍见之欢与久处不厌（2020-03-01）

一则故事，耐人寻味！

禅师问："你觉得是一粒金子好，还是一堆烂泥好呢？"求道者答："当然是金子啊！"禅师笑曰："假如你是一颗种子呢？"其实，换个心境，或许你会得到解脱。禅师有一位爱抱怨的弟子。一天，禅师将一把盐放入一杯水中让弟子喝，弟子说："咸得发苦。"禅师又把更多的盐撒进湖里，让弟子再尝湖水。弟子喝后说："纯净甜美。"禅师说："生命中的痛苦是盐，它的咸淡取决于盛它的容器。这个容器就是你的心！"你愿

做一杯水，还是一片湖水？心有多大，世界就有多大。心是一面镜子，能照出整个世界的风刀霜剑、阴雨晴柔。人与人的相处，也莫过如此。世间哪有什么久处不厌，只不过用心而已。用心过好与家人相守的每一天，平淡之中就隐藏着真正的幸福。久处不厌，需要耐心，柴米油盐为真味，人间烟火是夫妻。乍见之欢，只需要一时的欣喜；久处不厌，却需要持久的耐心、包容与理解。久处不厌，要自觅舒心。想要久处不厌，就得学会在平淡的生活中给自己找点儿乐子。杨绛先生晚年曾这样回忆她的家庭生活："我们工作之余，就在附近各处'探险'，或在院子里来回散步。"与家人分享自己一天的见闻，让家人参与自己的工作与生活，是杨绛先生家庭幸福的秘籍。

杨绛先生也曾在散文集《我们仨》中写道："我们这个家，很朴素；我们三个人，很单纯。我们相聚在一起，相守在一起，各自做力所能及的事情！我们相伴相助，碰到困难一起承担，困难也就不复困难；不论什么苦涩艰辛的事，都能变得甜润；稍有一点快乐，也会变得非常快乐。"命运给了我们成为一家人的机缘，必定是缘分使然！

我们应当心存感激，且行且珍惜，亲人是用来彼此相爱、相互取暖的！

这世间的每一次相遇，都是久别重逢。

我们最好的一面，不仅要留给别人，更要留给自己的亲人，因为来日并不方长。

悠悠书卷气，淡淡梅花香（2020-03-22）

书卷气是一个教师最好的气质，书香气是一个校园最好的氛围。

读书才能教书，自育方能育人。读书的灵魂，一定是芬芳、丰富而有趣的。腹有诗书气自华，读过多少书，你的脸上写得清清楚楚。丘吉尔说过：最有益的消遣方式，就是读书。信息时代，知识更新日新月异，信息瞬息万变。如果教师不读书、不学习，教育就成了无源之水，无本之木。读书是教师最崇高的职业素养，最美丽的人生习惯，更是教育最亮丽的一道风景。唯分数、重成绩，是一种舍本逐末的功利教育，彻头彻尾的短视行为。十年或者二十年以后，学生还能想起来的东西，才是教师教给学生最有价值、最有意义的内容。

一个真正的教师，一定是读书爱好者；一个优秀的教师，更是一个对书有着独特情感的读书人。读书就像吃饭，你不可能清清楚楚记得每顿饭吃了什么，但每一顿饭的营养都已经化作你的血肉渗入你的身体中去了。你读的每本书也许记不住，但你并没有白读，因为每一本书的内容都已经化作你的精神营养融入你的灵魂中了。读书，能使教师不断增长职业智慧，能使教师的教学闪耀着睿智的光彩，充满着创造的快乐。教师作为"读书人"和"教书人"，始于读，发于思，成于行。一个人会读书可以改变自己的命运，一群教师会读书就可以改变一所学校的命运，千千万万个会读书的教师就会改变无数个孩子的命运，进而改变国家、民族的命运。

青山不老，为雪白头（2020-03-27）

闲词一阕，聊表心声。

鹧鸪天·人生

身陷红尘心未闲，一溪云水梦江南。
青山是否还依旧，烟柳弄晴濯我颜。
桃李风，杏梅苑。花开花谢度流年。
兰为知己竹为友，笔作花锄诗作田。

前生本是一朵青莲，为了一曲云水谣、一段江南梦，投身婆娑世界，沉浮缥缈红尘，一刻不停地寻梦。曾经的青山是否还在？阡陌烟柳，潋滟水波，艳阳高照，春风拂面而来。春天的百花园里，桃红李白，默默耕耘。"晨兴理荒秽，带月荷锄归。"躬耕杏梅苑，松土、播种、浇水、除草、收获，做一个辛勤园人，与世无争。

远离熙熙攘攘金粉客，睥睨蝇营狗苟不良人。闲看一溪云、一窗月、一卷书；笑对草上露、花间蝶、陌上尘。铁打的学校，流水的学生。学生走了一拨又一拨，花开花谢一年又一年。每年高考，你高歌猛进，我原路返回。友兰花，我手写我心；邻翠竹，我诗言我志。

琴里知闻唯绿水，茶中故旧是青山。闲来泡一壶清茶，茶香四溢，品茗润乏身心。那遥远而弥久的香甜甘露，伴着一首喜欢却许久未闻的音乐，滋润着困顿迷惑的灵魂，曼妙的旋律在耳畔旋转，慢慢游进身体里，浸入脑海中，润泽心灵间，那一刻的惬意，无不是诗和远方。

"空山新雨后，天气晚来秋。明月松间照，清泉石上流。"静坐于苍翠挺拔的古树下，什么都不干，就静静地坐着，微风轻轻拂过脸颊，芳香幽幽触及心底，那份安宁、舒适、恬静，不正是那诗和远方。

粗缯大布裹生涯，腹有诗书气自华。随手翻看一页书卷，任思绪在书海中翱翔，泛波游于知识的海洋里，去触碰那千古流传的文字所带来的身心洗涤，在那章句中挥洒着梦与青春的韵味，这何尝不是那诗和远方。

"人生得意须尽欢，莫使金樽空对月。"婆罗大众，身心俱乏时，偷得那浮生的半日清闲，在那短暂的时光中，尽情地享受那一刻远离喧嚣的安然闲适，感受那一片心中向往的诗意远方。

青山原不老，为雪白头；绿水本无忧，因风皱面。诗在心里，远方也在脚下。心中种下桃花源，何处不是水云间。人生最重要的是把握当下，不负过去，不畏将来！

陌上花开，缓缓归矣（2020-03-29）

春寒料峭，繁花成雨。校园里的紫叶李银装褪去，绿意葳蕤。

怒放的海棠、及腰的袅柳、蓓蕾的樱花，告诉我，春天还在。虽然朔风不甘，没有了前几日的和煦，但春天还在。

中午的春日里，依然可以享受春光赠予的美好。调皮的微寒不约而至，或气急败坏，或莞尔一笑，绿意逼你的眼，春风拂你的脸，花香沁你的鼻，没有不开心的理由。虽不能轻装出行，但可以放飞心情。怒放心花，轻松地踏上寻找春日的旅程。闭上眼睛，山间细流涓涓，陌上春花灼灼，天空纸鸢翩翩。

春日融融池上暖，娇俏在寒冬中蜕变，生命在温暖里悄然。因为刚刚握别冬日的凛冽，所以对春日里的温柔无比贪恋，就像饥饿孩童享受乳汁的甘甜。春光易逝，珍惜遇见的美好，珍惜拥有的柔软，珍惜诞生的喜悦，莫在夏暑冬寒里伤春悲秋，让春日的美好永远在记忆里温柔。时光总是在我们尝到点滴甜头的时候，悄然散去，徒留些幻想让我们去期待，然而正是这些期待让美好在心中绽放出迷人的花儿，芬芳而灿烂。

春光易逝，珍惜，珍重，珍爱。人至中年，活得要通透，看得要淡然。

最美的时光是在当下，最美的人生是在路上
（2020-04-02）

> 四月春潮满目芳，两只朱雀掠花墙。
> 翩翩轻梦随风散，淡淡忧思着雨凉。
> 几日荼蘼飞绪去，一朝零落心暗殇。
> 十里清明三杯酒，万丈谷雨一段香。

最美人间四月天。四月美在清明，美在谷雨。清明时节，霜雪了然无踪，山青水润，天地清明澈亮，万物欣然萌发，一切变得豁然开朗起来。千娇百媚赶趟儿似的，竞相争奇斗艳。人们走到百花丛中，深深地呼吸，花香沁人心脾，立时心情也跟着明快起来。即使有些许小雨，也不扰心境，反倒多了几分诗的意境，烟雨朦胧出一番江南的韵致来。天色空蒙，花香氤氲，姹紫嫣红，绿肥红瘦。雨住天晴，天空变得从未有过的明净，树木庄稼也有着说不出的空灵，让人感觉生活在迷人的诗与画中。花儿吐艳，柳枝婀娜，山峦叠翠，处处芳菲浸染。

四月，是欢闹的时节。四月美在花开，也美在花落。桃花风起，杏花雨落，梨花却正当时，花落芬芳满地，花开香溢家园。荼蘼花事，空气中都是浓郁的漫漫香气。百鸟鸣唱，盎然生机。盛大的春日里奏着一首首欢快的交响乐。

花开如雪，蜂蝶翩翩起舞，这是盛世的美景；花香醉人，鸟儿鸣唱枝头，这是生命的歌唱。

苔色终年绿，藤花四月齐。

走出去，岁月不再匆忙，时光只有闲适；走出去，放下生活的微凉，拥抱四月的阳光。

余生，活出真实的自我，活出幸福的模样。余生，莫输心情，莫负时光。

童年暖暖的记忆（2020-04-09）

我的童年，被命运安排在20世纪七八十年代。长大以后一对比才知道，

那时我们真穷。或许是年代久远,童年的大多记忆缥缈而又模糊。但有的画面或者片段却异常清晰,恍惚如昨。

屋顶上袅袅的炊烟,几度梦回童年的老家,暮日西坠,"荷锄的乡亲、暮归的老牛、撒欢的狗儿、啄食的母鸡"的影子被拉得格外修长。夕阳的余晖给他们都披上了金灿灿的霞衣。夕阳在树叶的缝隙里欢快地跳跃着。村西头的小溪静静地流淌,溪上的小桥上荡漾着人们的笑声,人们一天的劳累在凉爽的晚风里飘然而逝。屋顶上的炊烟袅袅地扶摇上升,一簇一簇的氤氲晚风里,悠闲地飘着满满的香气,有玉米秸秆的清香,也有棉花柴的淡淡芬芳。渐渐地,暮色弥漫,笼罩了房屋和田野。

"国庆他爹,回家吃饭!"房顶上传来的声音格外清晰。晚饭点到了,人们陆续散去。暮霭沉沉、炊烟袅袅的傍晚,被定格在我永远的童年记忆里。灶膛里是暖暖的柴火。农村的北屋坐北向南,是正房。一般在西屋或者东屋里面做饭。童年的冬天特别冷,虽然穿着棉袄棉裤,有时双手还是冻得像馒头一样,稍微暖和点,就奇痒无比。

池塘结的冰厚厚的,是我们天然的溜冰场和冬日的乐园。有的年份,地面都被冻开了裂缝。冬日的灶膛暖暖的,是我常常喜欢的去处。母亲做饭,我帮着烧火,左手拉风箱,右手往灶膛里填柴火。烧完火,可以在灶膛里埋上两块地瓜。不一会儿,满满的地瓜清香从灶膛里冒出来,转着弯往你的鼻子里面钻,挑逗你叽里咕噜的肠胃。咽一下口水,忍一会儿,心急吃不了香地瓜,半生不熟的地瓜不甜不香,难吃得很。暖融融的炉火,香喷喷的地瓜,儿时的幸福很简单。

夏日夜晚,屋顶纳凉,感觉挺好,现在才知道"惬意"这个词是为那时量身定做的。那时候,学生没有作业,更没有晚自习。晚饭后,在屋顶一躺,身下热乎乎的,身上凉风习习,怎一个舒服了得。儿时的夜空,星星特别多,"繁星点点"只属于那个时代。仰望夜空,找寻属于自己的星星。老人说:"地上一个人,天上一颗星。"那个时候的农村,"电"不是时时有,与其说看星星,不如说是等"电"。接近21点,院子豁然亮堂的时候,屋顶上不知谁说"来电了"!那个声音听起来美得不行。于是乎,懵懵懂懂地踩着梯子,下房,拨开电视机。《霍元甲》《陈真》《八仙过海》等电视剧,那叫一个"爽"。儿时的广告都比较"文艺",唱过一首歌,再播个广告。广告比现在的电视剧要好看得多。不像现在的"宣传",直白而又露骨。大多时候,晚上的电视剧我们是看不成的。因为那时"瞌睡虫"非常厉害,再加上习习晚风的抚摸,梦乡不知不觉地就拥抱了你,让你无比舒服,第二天又埋怨她的"自作主张"。

上半夜在房上睡,早上起来的时候,就在屋里的床上了。早上起床,噘着能拴住驴的嘴,埋怨爹娘没有叫醒自己,错过了桃花岛的"黄蓉",失去了小虎牙的"幸子"。现在,每每想起还暖暖的,心里不觉偷偷地笑。

水泥板上,开出花来(2020-04-21)

课间在走廊里小憩,沐浴着和煦的阳光,暖暖的。

深深地吸一口空气,凉凉爽爽,沁人心脾,舒服无比,好似置身天然的森林氧吧。忽然,眼前出现了一抹鹅黄色的惊奇,摸了摸眼睛,才发现这是真实。对面2号教学楼东门的遮雨楼板上长出两株小花,那可是水泥板面啊!自习的时候,专门到2号教学楼去看望了两株精灵。锯齿状的修长叶片托起几束婷婷的花枝,小巧嫩黄的花朵让人看了便生出许多爱恋来。如此娇小,却如此顽强。去年的冬天格外漫长,东风一旦拂面,春雨稍一润泽,万物就开始铆足劲地萌生起来。

六天前,门前的香椿树刚刚抽出半手指长的嫩绿长芽,今天再看,已是树下阴阴,叶子比六天前的芽还要长了。工作繁复,忙忙碌碌,无暇采摘。可惜了我一树的香椿芽儿。去年的时候,上体育课的孩子们一股脑儿地帮我摘香椿芽,树上、房顶上、墙头上满是学生;他们嬉笑着,耍闹着,硬生生把一节体育课上成了劳动课。

临近下课,孩子们说:"老师,明年我们再来帮你摘!"孩子们双眸里荡漾着青春的朝气。年轻真好!小时候,喜欢把叶儿、花儿夹在书中,做成书签。书香、花香、叶香交融在一起,美丽变成记忆的永恒。

如今,走在蓝天下,行在人群中,仰视日月光辉,观看无垠大地,瞭望滔滔江河,觉得生命如此美好,又如此神秘。对于生命,满是敬仰、热爱,而不敢有半点亵渎和藐视。山有山的高度,海有海的辽阔,花有花的娇艳,树有树的苍劲,草有草的柔绿。无论是静止的,还是灵动的,都有一种刻骨铭心的震撼,让人在赞叹之余,心生出一种灵魂的震荡,一种不可压抑的力量。

既然上天给予我们一双透视一切的眼睛,我们就要深入生活中去,让生命开花,结出一粒粒不屈的籽实,才能无愧于那一颗有力跳动的心。

最是书香能致远（2020-04-23）

暮春时节，微风不燥，阳光正好。百花散尽，槐花正芳。淡妆素颜，花形如铃，一串串如金钟倒挂，一朵朵似玉面临风，香气浓郁，沁人心脾，令人气爽神清。

又到槐花飘香时，又是一年读书日。今天是4月23日，世界读书日。

我与书有不解之缘。床头案边不放几本书，总感觉缺了点什么。一日不读书，就感觉空落落的，像丢了魂儿似的。我小时候就爱读书！20世纪七八十年代的农村，物资匮乏，书更是稀缺得很。上小学前我读的是小人书。

父母给一角的零花钱，抵制了各种诱惑，一准儿买了小人书。拿到书，先打开，放在脸上，深深地吸上一口，墨香浓厚，享受无比。不识字，就津津有味地看画面，这或许是小时候最大的享受了。

小人书早期的图是线条勾勒而成，再后来是影视作品的影印版，黑乎乎的，画面的美感较线条的勾勒少了很多。再后来有了彩印版。小人书对我们来说是奢侈品，不是想买就能买的，只能与小伙伴交换或者借阅。我清晰地记得看的第一本彩色小人书是《小蝌蚪找妈妈》，是从表姐家邻居那里借的，逼真的画面、鲜艳的色彩让我爱不释手，着实高兴了一阵子。小学五年级的时候，我看了第一部长篇小说《呼杨合兵》，砖头般厚的一部书，在昏暗的煤油灯下陶醉了三个晚上。夜深深，万籁俱寂，灯光如豆，与故事中的人同悲喜、共甘苦，也是一种别样的享受。那个年代，除了读书，另外一个最大的享受就是听评书。刘兰芳、袁阔成、单田芳、田连元等老一辈艺术家，给我们带来了丰富的精神食粮，也给我们打开了一扇学习历史的窗户，如干涸的土地得到了甘霖的润泽。

中学时代读书的种类和数量立时多了起来。中学时期我读完了四大名著。20世纪80年代后期，开始接触报纸杂志，《语文报》《中学生阅读》《辽宁青年》等，给我送来了缕缕春风，也给了我一双瞭望世界的眼睛。课下闲暇、饭后之余，浏览报栏里的报刊也是我每日的必修课。

大学之后，图书馆是我每日必到的去处。不仅读书，还摘抄美词美句，写读书心得。书山畅游，史海钩沉，学了不少东西。可惜，两年的大学时光倏忽而过，刚握手相见，就要挥手作别。虽未博得颜如玉，也未曾赚取黄金屋，但读书已经成为习惯，融进血液里，刻在骨子中。

千好万好不如读书好，读书能美玉其精神、冰雪其肌骨、自由其灵魂、儒雅其谈吐。最是书香能致远，读书可涵养性灵，润泽神韵，丰盈生命，万古长存。赌书泼茶，吟诗作赋，赏一窗翠竹，醉一帘风月，人间美好莫过如此。

读书是一个人的朝圣，能使灵魂得到救赎，获得安静。余生不负，读书不仅是一种习惯，更是一种生活方式。

人似秋鸿来有信，事如春梦了无痕（2020-05-08）

人似秋鸿来有信，事如春梦了无痕。看多了花开花落，见惯了人事纷扰，最后才发现，时间最是无敌。一切都会过去，没有时间解决不了的问题。一切都将被尘封在记忆里，消逝在晚风中。

金戈铁马，折戟沉沙，大漠孤烟，长河落日。人生一半放下，一半从容。没有从容，怎会放下！唯有放下，方得从容。即使前半生一地鸡毛，后半生也要和自己握手言和，人生不过百年，又何必太为难自己。

有话，就娓娓道来，何必争先恐后地抢着说。无话，就默默听，无须挖空心思地接话。心宽一寸，路宽一丈。若不是心宽似海，哪有人生的风平浪静。人的前半生总是不如后半生过得仔细，可后半辈子活得仔细了也未必有意思。在时间面前，我们都是彼此的过客。不谈亏欠，不负遇见。不为难别人，也不为难自己。该放的放，该忘的忘。不纠缠，不强求，努力向前。放下一切，让心归零。让过去成为过去，将内心的尘埃打扫干净，让阳光照进心间，去遇见一个更好的自己。

箫鼓追随春社近，衣冠简朴古风存。
从今若许闲乘月，拄杖无时夜叩门。

曾国藩说：人生有可为之事，也有不可为之事。可为之事，当尽力为之，此谓尽性；不可为之事，当尽心从之，此谓知命。

三毛说：我来不及认真地年轻，待明白过来时，只能选择认真地老去。

老如诗行，薄语而素简有色；老似花开，厚颜而枝上生香。

你所失去的，都会以另一种方式来弥补。一念放下，万般自在！

静好的不是岁月，是心态（2020-08-13）

婆娑红尘时有遗憾，天庭佛界也无完美，神仙也会有烦恼。我们往往看到向日葵花面的艳丽，却忽视向日葵花背面的模样。这世上没有不带刺的玫瑰，正如有阳光的地方就有影子。

幸福没有标准，痛苦也没有尺子。大树有大树的伟岸，小草有小草的风姿。这世上哪有什么岁月静好，静好的唯有心态！

小时候，幸福很简单；人之中年，简单就是幸福。人，唯有出生是相聚，剩下的全是离别；但离别并非都是伤悲，还有感动。

在生命里，总有一些遇见，似曾相识；总有一些别离，刻骨铭心！

静水流深，深爱寡语。近守是爱，远望也是爱，只要是在心里。

不念过往，不惧将来，活在当下，且行且珍惜。愿心情静好，浅笑安然！

不停流浪，向远方（2020-08-22）

我是一个不安分的流浪者，就像不会停息的奔涌洪流，我开山劈岳、沧海横流，高唱生命之歌，哪怕粉身碎骨，也不会失却真我本色。

我是一个不安分的流浪者，就像浪漫的吉卜赛人，我一路荆棘、一路欢歌，骨子里流淌着不惧不屈的血液，即使跌倒碰壁，也不会低下高昂的头颅。

我是一个不安分的流浪者，就像不会驻足的沙漠骆驼，黄沙肆虐，残阳如血，倒下，也要倒在一路的漂泊。流浪是我的宿命，远方是我的执着。让我们在收获的季节里挥手告别。

新单位的办公室在教学楼二楼。教学楼的南面是一片庄稼地，玉米已经收割完成，昔日的青纱帐已是一马平川。凌晨，万物在沉睡中渐渐苏醒，平整的地面上氤氲着一层薄薄的轻雾，如波似澜，时隐时现。

拉开窗户，浓浓的泥土芬芳和郁郁的野草味道沁人心脾，深深地吸上一口，又有了童年的味道。绿宝在窗边亭亭玉立，叶子在晨风中频频摇手。

今天是开学的第42天，月考表彰会和家长会将同时召开。各项准备工作已经就绪。站在窗前，伸了个懒腰，疲惫消退了不少。忙碌的日子，总是过得飞快。离开一中已经60天了，和高三（11）班的孩子们也已经分别92天了。春天貌似还在眼前，却立马就进入了凉风瑟瑟的秋天。时光荏苒，岁月不能回头；生活风雨，继续不得停留。

我们总是被岁月推着，磕磕绊绊地前行。入职翰林，点点滴滴，制度规章从无到有，方案措施落地生根，每行一步，无不浸润着老师们的汗水与心血。个中感受，怎是一个"难"字所能概括得了的。从家到学校，二里的路程，每天被我用脚步丈量一个来回，披星来，戴月归，一来就是一天。

每个人的一生，都是身不由己的一生。被岁月的车辙碾出了皱纹，被老去的时光染白了鬓发，不能回头，但只要足够坦然，就足够满足。

人生值得，不在于失去，而在于拥有的时候留下的印记。

只要我们努力善待生活，生活也会足够善待我们。回顾人生几十年，无忧无虑的少年，踌躇满志的青年，最后是无可奈何的中年。我们在摸爬滚打中历练自己，在得到失去中成熟自己。不知不觉到了中年，不知不觉一晃到老，我们也想让时光缓一点，可是身上的负重放不下，甚至连停下来都是一种奢侈。

宁伤自己，不负别人。宁可自己内心流泪，也要别人面带微笑。

一中郭校长曾在全体教职工大会上评价我：面带忠厚，厚德之人。

中年如秋，学会放下，学会释然，更要学会知足，学会健康。

人至中年，要学会做减法，更要学会拒绝。改变从现在开始，从当下开始。

落梅风骨，秋水文章（2021-11-19）

非常喜欢白落梅的文章。落梅文字，文笔细腻，笔法自然。

落梅文章，山间清泉般不染半点红尘烟火，傲雪红梅般尽显一身冰肌玉骨。落梅文章，如空谷幽兰，似阡陌烟柳。落梅文章，犹如一幅江南烟雨的水墨山水，也似长河落日的大漠孤烟。

白落梅一定是一位从唐诗宋词中走出来的如兰般的女子，有着唐风的丰韵、汉月的冷艳、宋词的婉约。

落梅风骨，秋水文章。行云流水般洒脱自如，康桥柔波般低沉委婉，既有唐诗的韵脚，也有宋词的平仄。

林下风致，梅蕊芬芳。梨花带雨的娇羞，芙蓉凝露的高雅，梅蕊映雪的冷艳。她，一定是一位如风的女子，穿越唐风汉月，飞度千山碎雪，浸润楚辞汉赋，流经芳荨紫陌，抵达繁华的今世。

踏雪而来，乘风归去。那天真无邪的笑容，那忘乎所以的快乐，依然如枫红杏黄般在风中摇曳。

因为懂得，所以慈悲，心生莲花，脚踩祥云，拈花一笑，万事万物从此无不善良，也无不温柔。在最深的红尘里相逢，浮生若梦，醒后风烟俱静，一切如昨。风起涟漪的水面，皱平如初，似乎风也未曾来过。时光匆匆跋涉，不曾为谁有片刻的停留，我们所曾经拥有的重逢与欣喜，不经意间又交付给了不经的岁月。

喜好诗词，痴绝山水。于苍茫烟火中，在阡陌红尘里，寻一处淡然的清凉，择几时飘逸的宁静，求得一份平和安宁。

岁月静好，现世安稳。山河懂情，岁月知味。花开半季，芳香开合岁月。情暖三生，氤氲爱恨纠葛。山高水远，难抵一首唐诗。紫陌红尘，无非半阕宋词。身陷烟火，卑若微尘，愿与草木，随遇而安。

天幕红尘里的爱情（2021-12-15）

《天幕红尘》，豆豆三部曲的终结篇。

"天幕"：天空，材质为天的幕布。"红尘"：俗世、世间、繁华闹市等意思。天幕红尘，以天做幕，以地为台，熙熙攘攘的人于尘间演绎着一幕幕悲欢离合。茫茫尘世，每个人只不过是一粒微尘；渺渺婆娑，每一刻也不过是万古一瞬。每个人无不活在一幕幕梦幻的剧中，忙忙碌碌一生，随着幕布的落下还剩几何。主人公叶子农，随性洒脱、睿智聪慧的高人，佛陀般的存在，如禅谒般的"见路不走，即见因果""见相非相，即见如来"。书中阐述的方法论，一针见血地道出做人做事的道理。

叶子农的睿智、担当、真实，也收获了柏拉图式的感人爱情。两位女主角与男主角仅一面之缘，便义无反顾地爱上他。戴梦岩是身价不菲的当红港星，代表着钱财。方迪是将军的女儿，代表着权力。

两位都是普通人生活中可望而不可即的女人，却偏偏都爱上了叶子农。戴梦岩的爱热烈霸道，花重金给叶子农买纯金打火机，强拉着叶子农去巴黎避难，最后却也懂得了叶子农的心，还没来得及放手叶子农就遇害了。方迪的爱含蓄悠长，虽然和叶子农仅有一面之缘，但她无时无刻不关注着叶子农的消息，为了以后能和叶子农交往，放弃了自己的主持人梦想，参与到了九哥的面馆生意中，方迪也给叶子农定做了打火机，可惜没有机会送出去。方迪对叶子农的感情只有方迪和她的父母知道，叶子农本人不知道，慕容久也不知道。叶子农遇害，方迪去墓地给自己挑了一块地方，墓碑刻上了自己的名字，墓中放入了自己还没来得及送出去的打火机和自己跳舞的录像带。

爱情是什么，我想这便是最好的诠释。爱情，有时是飞蛾扑火的悲壮，有时是心有灵犀的契合，有时是欲语无言的脉脉，有时是柴米油盐的琐碎，有时是默默关注的遥望。人生就是一条修炼的路，无时无刻不在修行。跳出了天幕红尘，静静地看着世人上演一出出悲剧、喜剧！这或许是我积极修为所追求的最高境界。

不辜负（2022-02-18）

人生的意义在于不辜负。

时光静美似秋叶、芬芳如春花，怎能辜负！生命一开始，就已开始倒计时。岁月，不会为任何人做分秒的停留。每一天都是独一无二的孤版，失去了就永远也回不来。

人生的理想状态：生命的电量越少，价值越高。用时间丰盈自己，让生命的分分秒秒都有意义。先努力，学着让自己增值。不负时光，从今往后，往后余生，做最喜欢的事情。

从现在开始，便是最有意义的：时时温馨美好。这世上，只有轮回的四季，从未有轮回的人生，且行且珍惜。

今世的遇见，定是前生的不了缘，怎能辜负！叶与花的相遇，一定是红与绿的相欠；云与天的邂逅，或许为白与蓝的相恋！不辜负每一次相遇，心中坦坦荡荡，眼里清清爽爽。

不想伤人，也不想被人伤。真情回眸真情，坦荡握手坦荡。

事过无悔，情出自愿。不负遇见，不谈亏欠。人与人之间，不过是相识一场，有时候，或许，有些事情自己心里无愧无欠，就足够了。

万千人中，遇见了该遇见的人，千年万年，茫茫时间荒野，没有早晚一步，正好赶上。一切如此美好！不辜负时光，不辜负遇见，也不辜负我与时光一起的流浪，努力做一个温暖的人，不虚度光阴，不愧对遇见！

赴一场四月的花事之约（2022-04-09）

层峦叠壁映珠帘，风软尘香四月天。四月的陌上，风是翠绿的、酥软的、芬芳的。四月里，到处是轻轻的红、淡淡的绿，天空是那么纯净，花开得那么美好。生命，是美好，时光，也是美好。最爱的还是天空那一缕淡淡的、优雅的，被上帝之手在蓝色的天空描绘的云彩。淡淡的蓝色，让灵魂栖息，停下来与所有走过你生命的美丽，共同沐浴岁月静好、现世安稳。四月是热闹的，赶趟儿似的花开，比赛似的抽芽，你追我赶地赴一场希望之约。四月里最惬意的事情，莫过于漫步陌上，花香扑鼻、清风拂面、娇媚盈目。寻一处河边的长凳闲坐，看一河朗润，赏一树青翠，听几声啾啾，柳发拂面，最美的事情也莫过如此。

林徽因说："太感性过不了柴米油盐，太理性过不了风花雪月。余生只愿手执烟火以谋生，心怀诗意以谋爱，过成自己喜欢的样子。"感性地活着，有一颗草木诗心，别让琐事挤走快乐，把生活活出诗意，让回忆中有更多颜色。别让压力影响心情，别让情绪淡了笑容，别让环境改变你的初心，感受生活，也享受生活。静静想着星辰大海，慢慢拾掇着繁杂琐碎，每天活成自己喜欢的样子。

掬水月在手，弄花香满衣（2022-04-11）

气温骤升，一日入夏。短袖迫不及待地在暮春时节里招摇。

措手不及的热浪凌乱了岸柳的妖娆，吹醒了海棠的酥梦，柳絮风轻，梨花语侬。细草抽芽，嫩叶泛光，四月的轻风都是翠绿的。嫩绿入眼，嫣红盈目，四月的空气里都氤氲着花香。陌柳如烟，纸鸢翩翩，四月的眉眼里尽是欢笑。

与春日的邀约还未曾开始，就匆匆结束。绿意葳蕤，红颜粉残。

时光不语，不曾为谁做丝毫的停留；岁月无言，也曾温润了眉腮柳眼。

春天，既无端心生欢喜，又让人时觉怅然若失，如初春近看的草色，似河岸渺渺的烟柳。春天来去匆匆，短暂的百花喧闹终逃不过绿肥红瘦的因果轮回。看惯了枯荣交替，时光流转，缘聚缘散，离去得迅速而又决绝，不曾给你凝神环视的丁点回味。人生行到水穷时，仍可坐看云起。内心温柔自持，自有流水琴弦、松声风月。

寂静草木，眉间便生了些许的欢喜。曾经年少，厚待过一段不平凡的路，迷恋过一段美好的光阴，热爱过一树繁花、一窗闲云。月朗风清，终是幻化为不能回去的曾经。一个人游走在纸上，是欢喜而惆怅的情思；一花一草的温婉里，是岁月的深情；一诗一文的墨色里，是光阴的故事。

一卷书、一阕词，一窗清月；一杯茶、一曲歌，一段云烟。

"松风吹解带，山月照弹琴"的浪漫，"掬水月在手，弄花香满衣"的雅致，却总被婆娑红尘的骨感驱散。或许人到了一定年纪，便不再执着于那些地老天荒的诺言，那些纸上功名的繁华。或许人到了一定年纪，便不再贪恋华丽的光阴，不再寻觅那些赏心悦目的从前。

疼痛又甜蜜的回忆，热闹又寂寞的流年，就在寻常的烟火里变淡，淡成了云淡风轻，淡成了似水流年。

从此，时光，浓淡相宜；今后，人心，远近相安。

因为懂得，所以慈悲（2022-04-16）

一杯茶，一卷书，赏一园春色；一天碧色，几缕闲云，品秋水文章。

白落梅的文字，江南烟雨般柔美、空谷幽兰式雅致、云崖水穷处悠远、山间清泉般清澈，风轻云淡，娓娓道来，如万里碧空的一缕云淡风轻，似万紫千红中的几朵素雅静紫。"落梅风骨，秋水文章"，自成一家，独具魅力。

趁难得闲暇，续读《因为懂得，所以慈悲——张爱玲的倾城往事》。不动笔墨不读书，边读边记，即读即写（写感悟）。这是学生时期养成的习惯，一直坚持下来。一有时间，信手写来，我手写我心，我心抒我情。

张爱玲——民国时的临水照花人。张爱玲遇上胡兰成，一场飞蛾扑火的悲壮与凄美也就拉开序幕。胡兰成——风月浪子，民族败类，文化汉奸。张爱玲为他低到尘埃里，在尘埃里开出花来。如此孤傲冷贵的人，做出如此选择，匪夷所思。

喜欢一个人，无须缘由，不问因果。或许，这就是爱情。

民国男子多如星火，却偏偏那么无情的一颗点亮了张爱玲。心比天高，宿命难违。清绝如她，冷傲如她，从不轻易爱，亦不轻易辜负。

胡兰成用一盏茶的时间，忘却一生许下的诺言。张爱玲说：我是不能爱的了。

光怪陆离的人间，谁也无法把日子过得行云流水。走过平湖烟雨，品味岁月山河，历尽劫数之后，我们变得无比清澈宁静。时间永远是旁观者，一切过程和结果都需要自己来承担。

婆娑红尘，我们应该持有一颗良善的心，把今生当作最后一世，珍惜所有的相遇，善待每一位缘人。时光无涯，聚散有时。

唯愿：现世安稳，岁月静好。

悠然花开（2022-04-18）

春天里的空气是绿色的。风儿透着暖，叶儿闪着光，花儿散着香。与春天不期而至，方知有一种美好叫作无可替代，有一种灿烂叫作百看不厌，入眸皆是温柔，入心无不颤抖。

时光清浅，借春风抚慰，让阳光温暖，静心而行，淡然释怀。陌上春来，一米阳光、一树花开，遇见了，就是世间最美丽的风景。人生，就是一场山水之间的跋涉、得失两可的权衡。眼中有光，脸上含笑，沿途欣赏怡人的风景，努力攀登人生的顶峰，不负春光，更不负自己。

回眸往昔，所有的磨砺都是为了最后的成功。

尼采说过："每一个不曾起舞的日子，都是对生命的辜负。"生命中的每一次花开，每一缕花香，每一个明媚的日子，都是生活给予我们最好的礼物。得失之间，淡然释怀，放下即是心安，经历便是拥有。

春天的温润与娴静，兀自发芽，悠然花开，让人看在眼里，喜在心头。

放慢脚步，看白云飘过，赏梨花飘落。

云烟成雨，往事如风，半生回眸，无风无雨也无晴。人生就是一段旅程，不念过往，不惧将来，通透当下，幸福自己，也就赢得了全世界。

遇见最好的自己（2022-05-24）

读书，是为了遇到更好的自己。生活中最惬意的美妙，一定是读书。

夜色安详，弯月悬窗。闲坐案前，逃离喧嚣与琐碎，茶香氤氲着书香，悠然陪伴着闲适。读一卷书，与智者对话，和灵魂交流。

悲伤书里的悲伤，快乐文字带来的快乐。文字，童话如精灵般可亲、可爱！以书为伴，岁月静好；与书同行，现世安稳。

写写文字，记录生活的点点滴滴，描绘日子里的轻轻浅浅。或许，有人喜欢读，期待读，不止一遍地品读。关注你的人，在乎你的只言片语，多次欣赏，反复回味。在乎你的人，时刻关注你的点滴信息，揣摩每字每句的深意，虽然时有误读，因为在乎，却也是美丽。远远地看，也是一种别样的美丽。

人不是因为美丽而可爱，而是因为可爱而美丽。心有良善，满目温柔。为一朵花而低眉，为一场雪而悦心，人有草木之心，世界无不美好。

欲言又止的懂得，言外之意的默契，任何言语都是多余。

夏深绿，浓浓的葳蕤，荼蘼的花事，一切刚刚好。走出去，探访一下红似火的石榴花，看一看粉如霞的蔷薇，微风过处，芬芳盈鼻。

人到无求品自高。这是蔷薇的花语。不摇香已乱，无风花自飞。

怎一个浪漫了得。赋词一阕，聊以自慰。

临江仙·浅夏深思

半阕清词填罢，闲看落日黄昏。
红尘何处不消魂。
浅夏虽有意，梦残了无痕。
勿念过往静好，休言取舍难分。
几经零落醉红尘。
今生能相识，皆是有缘人。

布谷声声（2022-05-26）

语言到不了的地方，文字可以。灵魂到不了的地方，音乐可以。

文字温润生命，音乐纯净灵魂。闲来无事，听一曲音乐、写一段文字是最惬意的事情。

时光太瘦，指缝太宽。岁月如水，不会为任何人做片刻的停留。唯一可以把时光留住的，便是文字。

用文字记录，便可以把时间定格。多年之后，朝花夕拾，重温往昔，曾经便可以回去，往事也可以追忆。得不到的，都是美好。回不去的，皆成遗憾。生活，没有如果；生命，不可能重来。活在当下，珍惜现在，才是真理。

今日，天气不错，白云苍狗，倏忽变幻。今晚的落日一定美丽，晚霞一定斑斓，我这样想。生怕错过，一直等候。等风，等夕阳，也等晚霞。驻足夕阳西下，相信美丽一定如约而至。夕阳殷红如血，晚霞斑斓似锦。晚风和煦拂面，绿叶贤淑可人。

登上楼顶，极目四望，天地暮色，绚烂多姿。暮沉天低树，风飘月近人。此时，什么都可以想，什么又都可以不想。任晚风抚慰，凭思绪飘飞。夏日，最美的莫过于清晨和傍晚。

旭日东升，朝霞万丈，草木葱茏，晨风清爽，最难得是布谷声声。"布谷、布谷"，唱得人心都醉了。仿佛又回到了儿时家乡的芦苇荡。

夕阳晚照，众鸟归巢，万千芦苇在晚风中摇摆。布谷声声，炊烟袅袅，暮归老牛"哞哞"在晚风中回响。生活中最不缺的就是美丽。只要我们有美丽的心情，一定也会有发现美丽的眼睛。

余生，做一个温暖的人，与生活温柔以待。做一个真实的人，与生命坦诚相对。

夕阳中的思绪（2022-06-05）

今天6月5日，外出监考教师踏上征程。明日"芒种"，麦收也陆续开始。近几天，持续高温，日头似火，风都是灼热的。麦浪滚滚，千里金黄。又是一年麦收季，又是一年高考时。照进办公室的光由白渐红，由低及高。

走出房门，站在连廊，极目西望。夕阳西下霞光胜，云海浅薄归鸟远。

目之所及，皆是葱茏。满目苍翠，无不葳蕤。麦香隐隐，暖风习习。

夜幕乍落，玉兔初升。时光如梭，让人措手不及。只记得，儿时时光很慢，太阳懒洋洋地升起，星星慢吞吞地落下。山川湖海，不过尔尔。白云苍狗，沧海桑田。我问青山何日老，青山问我何时闲。生活之苦，苦于执着；人生之难，难在放下。缘来要惜，缘尽就放；随方就圆，方得从容。心有多静，福就有多深。人生自是有清欢，事到无心即成仙。柳絮虽轻，也会风花雪月，造成误读误判。酒浓劲重，不能力挽狂澜，隔断暮雪千山。日落和日出之所以唯美，美就美在欲落未落之间，欲升未升之际。素心以待，浅笑安然。花开花落都是风景，云卷云舒皆为心情。慢煮岁月，诗意栖居。轻弹时光，墨香满屋。生活有望穿秋水的期待，也会有意想不到的欣喜，别想太多，努力工作，快乐生活。

半卷荷影（2022-07-08）

世相虽美好，亦如梦幻，就像雨后的彩虹，虽然美丽，却转瞬即逝。

七月盛夏，虽然满目葳蕤，却也生出颇多遗憾。时光皆同，四季如是，哪个季节何曾完美。人生路漫，心怀初美，世间的人和事来和去都有它的时间，我们只需把自己修炼成最好的样子，然后静静等待。

世事如洪流，我们无不被裹挟着前行，不管你愿意还是不愿意。时间能给你的，也能瞬间带走，所有的人和事，最终都会败给时间。

圆满的生活原本就是一种期待的美好。每个人都要在期待中，学会放下期待，放过自己。飘逸红尘，禅意清浅，学会给岁月一份留白，给自己一地栖息，不要既疲惫了身体，又劳累了心神。

似水流年，弹指光阴，历经沧桑后，方能遇见内心安静的自己。紫陌流年里，看花开花谢；静默红尘中，看云卷云舒。淡定是一生浮沉的最高境界。

婆娑红尘，生活如诗。习惯墨里种字，让心事发芽，和着眉间的清风开出心里的绚烂。

时光静好，文字安然。夏日浅思，如一缕暗香浮动的影，若隐若现……漫漫红尘，我只想依心而行，奔赴一场独一无二的人生。我一直都很相信，心美好，生活亦美好。

如水时光，闲坐窗前。晨起暮落，人生兜转，红尘思量，我深深地眷恋着这份情怀……

红尘静处，深情如许，感恩世间一切善念，感恩尘世所有美好……

小窗幽风，半卷荷影。总有理由，或走或闲！

立秋（2022-08-07）

岁月不居，时光如流。岁月，不会为谁而片刻停留；时光，也不曾为谁而步履匆匆。她，就这样不疾不徐地踱着步、不紧不慢地踩着点、不慌不忙地节律前行。季节换了一轮又一轮，草木枯了一次又一次，风向转了一回又一回。

今日立秋，晨风不燥，很是应时。前几日的桑拿天气湿热得就像蒸笼似的。啥事不干，汗水就顺着毛孔滋滋往外冒，皮肤表面瞬间布满一颗一颗的汗珠，汗珠倏尔成线，顺着头发、沿着手臂快速流下。

酷热把人们逼在空调房里，不敢出门半步。人至中年，虽不再贪凉，亦是不敢去烈日下蒸桑拿的。

岁序静好，四季如常。飘忽的只是婆娑人事，迷离的也只是红尘烟火。内心柔然，水色风影生出诗情言语，小楼巷陌亦是婉转含蓄。

寻一处院落，青梅煮酒，山泉烹茶，该是一种怎样的美好。不喜飞短流长，不喜与人嫌隙，只想如云般随意卷舒，只愿似水般自由东西。

纵有执念，只不过是草木长情、生命悲悯、故人痴心。千人万事，皆如云水，有缘则遇，无缘则散。

岁月无心，给过许多美好，也给过些许落寞。或许，只有遗憾才能期待，唯有残缺才能美好。

喜欢文字，只有文字才最真诚。经过的故事、品过的世味、走过的风景，化成文字，留给时间，也留给有缘的人。当你累了，来此片刻休憩，文字简约，情味浓郁，或许你会想起，有个人曾与你擦肩而过，如空谷的幽兰、山间的轻风、桐上的夜雨。终有一天，我一定会远离浮世，西山沐雨，东篱采菊，便再也不回来。不必想起，把我删除在昨天的记忆里，不留丝毫痕迹。

从此，没有相遇，亦不再重逢。

让自己通透（2022-08-15）

钱锺书说：洗一个澡，看一朵花，吃一顿饭，假使你觉得快活，并非全因为澡洗得干净，花开得好，或者菜合你口味，主要因为你心上没有挂碍。心无挂碍，世界无不温柔！心有牵念，红尘顿无颜色！心有烦琐，太阳就没有了东升西落，月亮就没有了盈亏圆缺，花儿也没有了翕张开落。生活，乱了节奏；食物，乏了味道；睡眠，累了身体。

事生变故，最初是不能接受的。但是，时间会让你学会适应，让你学会改变自己。人很坚强，但也无比脆弱。无法改变，就只能漠然接受。

人一生下来就会哭，笑是后来才学会的。所以忧伤是一种低级的本能，而快乐是一种更高级的能力。在逆境中，好的心态就是一道光。既然改变不了现实，那就改变自己，去面对，去接纳，去放下。

好的心态就是一道光，遇到任何事都可以风轻云淡、不忧不惧。即使生活的沼泽再泥泞，挣脱之后也会峰回路转、柳暗花明。我们只有不停地努力，因为一切皆有可能。疾病不仅让人们学会幸福，让人们懂得珍惜健康，更让人们感恩亲情。

人至中年，才明白人最需要的是身体的健康、灵魂的自由。人，一旦没有了健康，也失去了尊严。病榻之上，所有的所有都由不得自己。

人生下半场，拼的是健康的身体和一个争气的孩子。权力、金钱和地位，如果没有健康的身体，一切都是虚无。

杨绛先生曾说："一个人经过不同程度的锻炼，就获得不同程度的修养，不同程度的效益。好比香料，捣得愈碎，磨得愈细，香得愈浓烈。"

人生就是一场自我修行。见得荼蘼花开，也要承受凋零飘落；受得乍见之欢，也要接受久处生厌。

有些事，必须经历，绕也绕不开，躲也躲不过；有些人，终是过客，留也留不住，求也求不得。人生一世，草生一秋。逢春吐绿，入秋变黄。由不得你，也由不得我。时光的列车，有人上，也有人下！做最好的自己，做完美的事情，尽可能少留遗憾。人生注定要有遗憾！即使，时光倒流，重新来过。生活让我们再次选择，遗憾终是不可避免。

或许正是有遗憾，我们才能倍加珍惜。珍惜缘分，不负遇见！

行至水穷处，也定是云起时！凡人凡事，得之淡然，失之坦然，顺时怡然，逆时安然。生命方能通透，人生方能澄澈。

天凉好个秋（2022-10-28）

今天下午，学生离校休息一天。文艺一下心情，舒缓一下疲惫。

一帘秋风，几许薄凉。时光倏忽，又是一季色彩斑斓、红黄如花，又是一年天高云淡、水瘦山寒，又是满眼荻花瑟瑟、残阳如血。披星戴月的忙碌，有的只是昼夜交替，不见了四季轮回。还未赏尽初秋的温柔恬静，深秋的凉风已漫卷着萧萧落叶，在季节的路口做最后的告别。

天不言而四时行，地不语而百物生。一季繁华，一季落寞，无声之中，我们已非昨日的你我。叶落空山，岁月向晚，绿色的喧嚣终告一段落，韵味深长的清远和静美正悄悄浸染。秋风起，叶舞如蝶，艳面似花。秋天不一定只有落叶，也可以有嫣然的小花。尘世如潮，你不必成为任何人，做自己就好。心怀草木，满目温柔，世界无不美好。

喜欢秋的恬静、闲适、淡然，喜欢秋的低调、善良、内涵，喜欢秋的不争、透彻、悠长。于深秋的午后，沐一缕暖阳，泡一盏清茶。将纷繁无休的尘事与凌乱飘忽的心情，一同抛入沸水之中，翻滚舒展出一杯浓郁醇厚的茶汤，缕缕清香，袅袅悠长。一杯一杯，细呷慢品，喝到内心慈悲欢喜，喝到时光温润美好。深秋薄念，叶落不语，风已成殇。漫漫尘世，总有一些风景触动内心最柔软的地方。花有花期，人有时运。不必羡慕，自己就是别样的风景。万物有序，花开有时。生命，在天地自然之中不断转换，由盛而衰，衰极必盛。缘来缘聚，缘去缘散。光阴易逝，流云易散。与其追忆繁华如梦，不如守着平淡悠长的时光，做最真实的自己。

杨绛先生说：生命活到极致，一定是简与静！美到极致，一定是素与雅！稍纵即逝的是天上烟花，细水长流的是人间烟火，人生最重要的不是快乐而是平静。若无闲事挂心头，便是人间好时节。品一杯茶，读半阕词，赏一窗烟雨，这该是多么美好而又奢侈的事情！

人间有味是清欢。心美，吹拂过的风都美。无事挂心，清欢有味，远方很远，最好的时光在路上。守心自暖，才会不畏人间薄凉；向阳而生，才能不惧世间悲寒，人生本是一场灵魂修行、一次自我摆渡、一次自我救赎，一切都是最好的安排。一切最终回到起点，人生只不过画了一个圆！

最美的遇见，最好的自己（2022-11-09）

遇见，是一个非常美好的词语，不免让人心荡涟漪、面生微笑。

渺渺宇宙，芸芸众生，海海山川，婆娑红尘，遇见是多么难得的事情。

人生虽短，却有无数遇见。遇见荼蘼花开、遇见袅袅风起、遇见雨落平沙、遇见燕掠微雨、遇见梅泪飞雪，遇见你、遇见我，遇见一切的未知。但凡遇见的人，皆有因果，有的人给你快乐，有的人给你经历，有的人给你教训，有的人给你回忆。

但凡遇见的事，绝非偶然，它一定是为成就你而来，有的事让你通透，有的事让你豁达，有的事让你放下，有的事让你自在。

有遇见，就有离散。这个世界很小，容不下太多的人、太繁的事。云自舒卷，花有开谢，缘来缘聚，缘尽缘散。该走的，留也留不住；该留的，赶也赶不走！时光无情，岁序有常，我们只需珍惜遇见，把握当下，知足且坚定，温柔且上进。

给自己点时间，不要焦急，一步一步来，一天一天过，一点一点磨，时间会解决一切，无论有多难。无论是顺境还是逆境，我们都要做好当下的事，努力把现在活成最美的时光。爱自己，爱他人，爱山河四季的浪漫，爱生活点滴的温暖，爱人间烟火的浸染，一生温暖与纯良。

有人说，世界上最美的相遇，是遇见另一个更优秀的自己。人生，就是一次自我救赎，也是一场债务偿还，每个人都背负很多。

努力从来不会白费，今日撒下的种子，正在我们看不见、想不到的地方悄悄发芽。用最初的信念守护自己最初的梦想，等到它开花结果的那天。如果是叶子，尽量做一片完美的叶子，无法精致，那就保持金黄，无法悦目，那就做到赏心。在秋风里炫着彩，在暖阳中闪着光，在萧瑟中透着香！

如果是云朵，尽力做一朵浪漫的云朵，无法停留，那就飘逸洁白，化作涓涓细流，润泽花草。在天边舞蹈，在溪里欢唱，在海上自由。

跨过曾经的自己，我们才能遇见更好的自己。只有握别，才能相遇。只有改变，才能成长。只有放下，方得自在。

时光匆匆，四季轮回，由不得我们。爱我所爱，爱生命中的每一次遇见，珍惜生命中的每一场相遇，无论是短暂的停留，还是长时的相伴，但最终还是分手。活在当下，随遇而安。日出有盼，日落有念，缓度岁月，慢煮时光，细细品，深深悟，浅浅地欢喜，淡淡地回忆。

愿得岁月静好，享受现世安稳，如此便是美好。

从心开始（2023-01-14）

有些等待何须预约，忽然惊喜。清晨推门，房屋檐舍铺了薄薄的一层洁白，玉树琼花，粉白世界。

昨晚的风疯了似的，打了一夜的窗。天亮了，风睡了；风睡了，雪落了。雪落了，年来了。轻轻地，盈盈地，赠予了一份不约而至的惊喜，既应了景，也酬了人。人生，总会有一场雪会为你而来。一抹莹白，悄然素净相见。相遇已是很美，又何须问能相伴多久。轻轻回眸的那一刻，便注定了相遇是一场圆满。性喜安静，文字结缘，安寂于竹窗炉烟，行走在似水流年。不问红尘纷扰，只做安静而纯粹的自我。安心等一场雪，静默候一个人，不急、不躁、不嗔、不怒。放下那些不该执着的执着，在云水深处，与时光轻轻而语，与流年落落为安。心本无尘，静默成诗，月落为梅。曾经的喧嚣浮沉终成风烟，时光不语，岁月无痕。心如雪，人自清静无暇。辗转起落，随遇而安，不强求、不负累、不刻意。世界很大，一转身便无缘相见。时光很长，一凝眸已水阔山远。没有一个春天不会到来，也没有一段风云，不会散去。挥手，不说再见；昨天，已成历史。草木蔓发，春山可望。一切重新开始，也从心开始。

新的一年，反思自我，清零自己。

越是优秀的人，越善于发现自己的问题。只有经常自省，才能通过学习弥补自己的短板局限，让自己站得更高、看得更远。调整心态，定期自省，以更勇敢的姿态面对未来。心灵的房间，不打扫就会落满灰尘，蒙尘的心会变得灰暗和迷茫；把灰尘除掉，能够使黯然的心变得亮堂。

新的一年，既往不念，重启自己。

一个人只有懂得释怀过往，才能步履轻盈地迎接未来。曾国藩曰：未来不迎，当时不杂，过往不恋。人生的行囊里，少背一点，才能走得更远。卸下昨日的包袱，带着一颗清透的心，去迎接崭新的一年。

新的一年，沉淀自己，厚积薄发。

一朵花的凋零，荒芜不了整个春天，一次挫折也荒废不了整个人生。

人生没有白费的努力，每一步都算数，功不唐捐。人生没有白走的路，每一步都算数；对了是幸运，错了是成长，脚步慢一点，等一下灵魂，不要忘了为什么而出发。

新的一年，爱惜自己，身无病、心无事。

没健康，一切都是空谈。身体无病，是无形的财富，更是幸福的根本。人生难能可贵的是平和的处世态度。与其怨天尤人，不如踏踏实实做好自己，以从容的心态，坦然地接受生活里的种种。

身心无挂碍，随处任方圆。新的一年，愿我们身上无病，心上无事，这就是最好的生活。

唯有满腔热爱可抵岁月漫长。不负韶华，只争朝夕，同赴春天之约；

奋楫扬帆，行稳致远，共谱辉煌篇章！

千万和春住（2023-03-15）

三月江南，远山似黛，岸柳如烟。阳光和煦，于河湖塘面泛起粼粼波光；春风温润，吹开遍野山花，或嫩白，或鹅黄，或粉红，赶趟儿似的扑面而来。

高速公路两侧，满是一畦畦的油菜花，红瓦白墙的二层小楼宛若黄色海洋中扬起的帆。田间地头、崖畔路边处处都有，似是自然生长，似是人工种植，俨然一幅金色油画。微风不燥，夹带着江水的潮润，满是浓郁的油菜花香，沁人心脾，神气清爽。海棠未雨，梨花已雪，柳树俏梳头。春风不语，让百花含笑；花儿不言，令游人驻足。春天，那么神奇！春天款款来，时光慢慢走！春风有信，百花有期！

春天里，空气中满满的是拔节、破土的声音。心里有光，眼里更要有风景。

最不能辜负的，就是眼下的时光、现在的自己！

让梦再多飞一会儿

梦很奇怪，春风梅花开，梅花好像开错了季节，一向高洁的她也媚了俗，不再孤傲，不再傲雪凌寒，享受起明媚的春光来。阳光明媚，山朗水润，漫山遍野不知名的小花比赛似的透着媚彩，在阳光的怀抱里撒着娇，幸福地舞蹈，就连空气都是香的。蝴蝶翩翩，双双比翼，欢快地你追我赶，莫不是梁祝的化身，唯一的缺憾是没有音乐，那首千古绝唱。小溪从山上潺潺欢快而来，这难道不是音乐？心里酥酥的，花香挠得心儿痒痒的，感觉那么好，欢快地掬一捧溪水，那么甘甜，沁人心脾。风中传来空灵的笑声，那么亲切。追寻，追寻，在哪儿？在哪儿？婀娜的垂柳长发里，掩映着一袭白衣的女孩，追逐蝴蝶，脖子上黄色纱巾宛若蝴蝶的翅膀。一翻身，方知是梦，满腹的惆怅和遗憾。闭上眼睛，无论再怎么努力，也寻不到刚才的梦。

城市的霓虹透着孤单，璀璨的烟火闪亮了思念。粉的是相思，蓝的是期盼，红的是梦中的团圆。酒精麻醉是秋水寒山，迷了我的心，红了谁的脸。梦中呓语伴着脸上的笑靥，想想就是永远的甜。烟火流年，风云变幻，潇湘阁里写诗篇,桃花源中柳如烟。

唐诗里的情深似海,宋词里的义薄云天,醉了一枝梅,酥了一片天!

不见就负了流年,咫尺天涯远。见则时光匆匆短,离恨别梦寒。不想见,怕眼神哀怨;想见,又怕秋水望穿。一转身,或许就是一年,走了很远,回头也不见你曾身转。

"梅须逊雪三分白,雪却输梅一段香。"人没有完美,人生也尽是缺憾。

人生不如意之事十有八九。常思一二,不念八九。维纳斯的残缺和美,不知道是残缺成就了她的美,还是她的美对比了她的残缺。伟人、凡人概莫能外。春有百花,乍暖还寒;夏有凉风,酷暑难耐;秋实丰硕,却又萧煞悲凉;冬飘琼花,但朔风猎猎。

你可能是好伴侣,却未必是好朋友;你可能是好老师,但未必是好父亲……人生有太多无奈、无助。所以,多些宽容,多些理解,少些苛责,少些抱怨。人生苦短,对人对己仁爱一些,会使寒冬多一些温暖,盛夏少一些酷暑。残缺是常态,完美只能梦中有,人间哪得几回闻。人生如梦,真想让梦再多飞一会儿!

教育感悟

1. 破茧成蝶,浴火重生。学习不是一件容易的事情,更不可能一蹴而就,一飞冲天。成长是痛苦的!没有拔节的痛苦,怎有抽穗的喜悦!

2. 今天是本科志愿填报的最后一天,一家长动情地说:"我今天要为昨天对孩子的宽容买单!"

3. 一家长说:"考前汗水最无价,考后泪水最无用!"

4. 有经验的老班主任,特别是有经验的高三班主任,每天到班级的第一要务就是"数本科",虽不需望闻问切,但经过一番察言观色,即可判断谁是本科苗子。

活得通透

所谓的烦恼,皆由心相而生,庸人自扰。有些事情,做起来并没有想象得那么复杂，反而挺简单。人生不设限。打倒自己的往往不是对手，而是自己！走出自己的世界，你就会发现，生活原本没有那么糟糕，苦恼也变得渺小起来，世界变得别样精彩起来。

让身体旅行，给灵魂放假，生活会变得惊喜意外。

千人千相，万人万样。每人皆有优缺点，不能以个人好恶给别人贴上好与坏的标签。你听到的不一定是真的，你看到的也不一定是真的。通过处世识人，识人必须经事。要学会和不同的人友好地相处。

人为什么不快乐？原因就是患得患失、杞人忧天，得到的怕失去，失去的又不甘心。事情没有做，就预设困难与不可能，畏首畏尾。其实，事情做起来原本就没有想象得那么复杂。人生变幻无常，昨日不可追，明日还未知，能控的只有现在，活在当下，才是最好的现实。

一切都会过去。幸福时，提醒自己要珍惜，一切都会过去；苦厄时，提醒自己要振作，一切都会过去。

也许是我们太过忙碌地赶路，以至于忘记了初心为何，忽略了身边清新的风景，欠缺了心底雪藏的记忆。也曾为你心颤微微，也曾为梦夜色姗姗，或许，人生需要留白，残荷缺月也是一种美丽，粗茶淡饭也是一种幸福。生活原本就不是乞讨，所以无论日子过得多么窘迫，都要从容地走下去，不辜负一世韶光。

浅醉中年

中年浅醉，时如初秋，硕果满枝，却也霜叶红黄，不再青涩；激情退去，剩下来的只是沉甸甸的厚重岁月，脉络清晰可见的经霜殷红！

翻手为春，粉红色的只是回忆，流光岁月里虽有青葱的过往，回忆起来一如袅袅炊烟里氤氲着饭菜的醇香，又似晚霞满天里回荡着的母亲晚饭召唤。

覆手为秋，红黄斑驳的中年岁月。时光太过匆匆，昨天还是无拘无束、怀梦奋进的发茂少年，今已是守规蹈矩、参透红尘的顶稀福人。

人至中年，越来越多的是回忆，越来越喜欢的是谈论过去。特别是，三五知己微醺后的永恒话题，一遍一遍地絮叨不止。

中年之后，不再为了什么而屈就别人，哪怕是位高权重的领导也和常人无异！谈得来的多说两句，不投机的敬而远之。

人至中年，渐渐地发现生活是自己的，与别人无关，别人的评价啥也不是；别人的日子是别人的，与自己没有半毛钱关系，对别人评头论足，纯属闲来无事。

人至中年，才发现生活其实很无奈，有些人、有些事，改变不了，他不会因你的好恶而有丝毫的改变。生活如河，人生如船，你走也得往前走，不走也得往前走，人生有太多的不得不。

四十不惑，人世间的人见了很多，人世间的事也经历了不少，知世故而不能不世故，处江湖而不能远江湖，其苦楚，其无奈，让人习以为常。五十未至，不知天命，无为而为之，其不甘，其求索，味同鸡肋！

人至中年，上有老人，需要赡养体恤；下有子女，企需就业安置。凡事需亲躬力为，无一不费心费力。

人至中年，每个人都有自己的软肋，不能示人，不能言说。他给的苦，必须心甘情愿地受；他给的罪，必须满面笑颜地享；偶尔给你点小恩遇，过往的苦与罪，即遁无影，顿觉幸福满满。

人至中年，有些事也开始释然。懂得每天与自己有关的99%的事情都与别人无关。不要抬高自己，没有那么多人关注你。自己的心情，左右着自己天空的阴晴。

人至中年，开始不去刻意地讨好别人，即使你低到尘埃里，别人也不会使你变得高贵。也开始不再为别人的赞誉而暗自窃喜，自己的生活和别人没有半毛钱关系。

人至中年，亲见一些年长或者同龄人的渐次离开，才知道生命无常，时光冷酷。戏如人生，人生如戏，上一场戏逐渐模糊，下一场戏能否登台？明天和昨天一样不靠谱，今天才是最重要的。

人至中年，喝茶比喝酒更重要。茶的香柔比酒的醇烈，更受用。人多的豪饮飙酒，远不如三两知己的小酌浅醉。人至中年，变得爱回忆起来，儿时的人，儿时的事，温暖而又幸福。

人至中年，才渐渐明白，有些人，有些事，见莫若不见，说不如不说。沉淀在记忆里的醇厚，见了阳光，反而变得肤浅。人至中年，余生不长，且行且珍惜！

人生的四种修为

一是忍得过。忍得一时之气，消得百日之灾；能忍，不一定是懦弱。人生不如意十之八九，故要常思一二，不思八九。时间是解决一切问题的妙方。

二是看得破。最大的淡定不是看破红尘，而是看透人生以后依然能够热爱生活。

三是拿得起。做人要有担当，不推诿，不逃避，敢于直面惨淡的人生。

四是放得下。放下偏执，放下记忆，放下不甘，放下欲望，平平淡淡，简简单单。

我对家长说

1. 陪伴比苛责更重要！

学生家长冯先生一有时间就到班级陪伴孩子读书，令我深深感动，并得到年级崔校长高度赞许。父爱无言，伟岸如山。也欢迎其他家长适时到班级了解孩子的学习状况。

2. 指方法比提要求更重要！

好多家长只是简单粗暴地给孩子提出学习要求，而不能给孩子指出进步的途径和提高的方法。没有不想学好的学生，只是他们没有学习的方法，其实他们比家长、老师更着急。毕竟高考是孩子自己的高考，是他们人生的大事。多与老师或懂教育的人沟通，多与孩子商量，方法指导比目标要求更重要。

孩子不是用来比较的。不同的孩子，没有可比性。影响孩子的因素有很多。换个角度看孩子，其实每个都是天使。每一个孩子的内心世界都是丰富而细腻的，你只有蹲下身子，认真地聆听，才会发现一个别样的世界。每个孩子都是唯一的，别人的成功也不可能复制。

3. 什么是真正的教育？就是在风中品味阳光的味道！

4. 爱跟你给什么没关系，应该是他需要的是什么。教育中最大的缺陷是，家长总是忽视了孩子自己的想法，盲目地把他们认为正确的东西强加在孩子身上。

人生就是一场修行

天高云淡绿渐黄，月朗星稀夜微凉。天凉好个秋。

秋，没有春的温柔，却沉静；没有夏的热烈，却绚烂；没有冬的内敛，却悠远。煮一壶秋色，茶闲烟尚绿，将经年所有的如烟往事化作眼眸深处的一抹晶莹，冰清透彻；盈一怀清辉，将一笺心语吟成文字在指尖流淌，让斑驳的记忆在秋虫啾啾中氤氲。

秋水长天，红黄漫山。

银杏黄花轻飘的秋风里，昔年的孔雀还在漫舞吗？辞别夏的热烈，娴静如水，聚散依依。趁水未瘦，趁山未寒，从鲜衣怒马到银碗盛雪，从青葱岁月到白发染鬓，看尽悲欢离合，淡然得失成败。不枉红尘一遭，活他个五彩斑斓！时光在三尺讲台上慢慢地老去，二十九年仿佛一瞬间。昨天还在青葱，今日却已迟暮。

遇见过形形色色的人，经历了各种各样的事，一切都已见怪不怪。不再牢骚满腹，也不再愤世嫉俗，愤青的年龄已经远去。

人生就是一场修行，无论早晚，能悟就是得道，得道才是圆满！

秋天画卷

秋天，云淡风轻，空气里除了叶子与树辞别的声音，还有淡淡的忧伤。

秋天，硕果满枝，风里氤氲着的除了浓郁的清香，还有浅浅的甜味儿。

秋天，五彩斑斓，叶片间舞蹈的阳光都是金黄色的。风中摇曳生姿的叶儿，红的似火，黄的如金。银杏叶，精灵般在秋天的味道里翩翩若仙，身着羽衣霓裳的女孩儿，如孔雀般舞蹈。我错过了姹紫嫣红的春天妩媚，她却携丹桂飘香的秋日，款款而来。于是，所有的失去不再忧伤；所有的等待，都成了甜甜的回忆。

与你，春赏花、夏邀鱼、秋听风、冬煮雪；与你，青梅煮酒、草原策马、赌书泼茶、夕阳天涯。所有的失去，都会以另一种方式归来。

秋天的颜色，丝毫不比春天的姹紫嫣红逊色，反倒更多了些厚重、含蓄与沉静，少了些招摇、肤浅和喧嚣。淡淡的云，淡淡的风，淡淡的硕果飘香。事到淡处才是味，情至深处语也苍。

浓浓的红，浓浓的黄，浓浓的蒹葭苍苍，"晴空一鹤排云上，便引诗情到碧霄"！秋酿成诗，诗香溢漫，诗韵芬芳，无语也动人，无声亦馨香。怎不令人心旷神怡，无限欢喜？

世界再大，大不过一颗心（2020-03-21）

心湖平如镜，不因人澜；文章千古事，聊以自娱。我手写我心，我心言我真。世界再大，大不过一颗心；生命再远，远不过一场梦。

人之远近，不外乎一个"缘"字。事之难易，不外乎一个"淡"字。

事，难做时，学会放下；缘，渐远时，选择随意。人生六字要诀：想开，看开，放开。不羡慕别人辉煌，不喟叹世态炎凉。一切都会过去，无论顺境还是逆境，幸福还是否厄。人的思想是个非常奇怪的东西，没有的时候渴望拥有，得到后却又担心失去，所以总是不快乐。

我们手中明明握着别人羡慕的东西，却又总在羡慕别人手里的东西。

远处是风景，近处的才是人生。我们向往远方，但远方又是另一些人厌倦的地方。

历经千帆，才明白，我们眼前拥有的才是真正应该珍惜的。生活，不会总如意；万事，不会都圆满。人生的轻松，来自看得远、想得开、悟得透。如果你无法忘掉昨天，就不会有一个更好的明天。

以平常之心，接受已发生的事。以宽阔之心，包容有负于你的人。

心中修篱种菊（2020-04-27）

流光容易把人抛，霜了鬓角，驼了背腰。倏忽之间，人至中年。

鲜衣怒马的光鲜，已经变成了梦里依稀的曾经。指点江山的激情，偶尔出现在酒意微醺的侃侃而谈。人至中年，才明白。有些人，只是茫茫人海的瞬间擦肩。有些事，也只是婆娑红尘的定数命天。漫漫人生路，看得清比走得快更重要，因为走得对才能走得远。

有时，走得太快，还需要折回重来，还不如一开始就走得慢些。走得慢，看得清，慢也就成了快。人生天地间，路路九曲弯。曲径方能通幽，转弯别有洞天。水能直至大海，就是因为它巧妙地避开所有障碍，不断拐弯。山不转，路转；路不转，人转。路不通时，选择拐弯，心不快时，选择看淡；情渐远时，选择随缘。做一枝倾情绽放的花朵，盛开时无须肆意遮掩，凋零时坦然离开嚣喧。

岁月需要沉淀，人生必须历练。历经风雨的洗礼，方见彩虹的绚烂。

快乐其实很简单，就在放下的瞬间。幸福其实很简单，就在忘却的身边。近处也有风景，何必天边。这世上，哪有什么永远的风景，厌倦终究会来，或早或晚。姹紫嫣红的芳华，不如绿意葳蕤更加久远。

凡事要想得开，要往前看。时间，终会把一切冲淡。一切的一切，最后还不是过眼云烟。该隐忍时隐忍，该收敛时收敛。相由心生，境由心转。路在脚下，更在心中，心随路转，路则常宽。心中修篱种菊，笑对云舒云卷。

乡野花香小院，不等解甲归田。不待长发及腰，明日风云变幻。

不念过往，不期将来，当下才是实实在在的天。人生处世如行路，常有山水阻身前。车到山前必有路，船到桥头自翩跹。一切都会过去，凡事交给时间。慢一点，再慢一点，满船清梦压星河；等一下，再等一下，水在瓶中云在天。

没有健康，就失去了一切（2020-08-16）

荷兰哲学家斯宾诺莎曾说："保持健康是做人的责任。"

人生的一切，都是以健康为前提，有了健康，才能为家人遮风挡雨，才能在事业上大展拳脚。我们往往只是注重工作，以牺牲健康为代价，换取所谓的"成功"，直到身体发出警钟，才会意识到健康的重要性。

拥有健康的身体，才是最大的财富。

村上春树曾写道：肉体才是人的神殿，不管里面供奉的是什么，都应该好好保持它的强韧、美丽和清洁。拥有健康，才能拥有未来。身体健康是为自己负责，为家人负责，更是为工作负责！当人越来越老，生活也就越来越简单。轻车简从，不再鲜衣怒马。素衣布鞋，怎么舒服怎么穿。人生至此方才明白一个道理：衣服是自己穿着舒服，不是让别人看着舒服！当人越来越老，步子也迈得越来越缓慢。

看云卷云舒，赏花开花落。落霞染孤鹜，夕阳袅炊烟。

凡事也不再争个输赢，辨人也不再非得分个好坏。人生至此，方才明白一个道理：日子是给自己过的，不是给人看的。当人越来越老，思绪也越容易回到过去，想陈年往事，忆少小玩伴。故乡是梦里的常客，回忆成了生活的底色。人生至此，方才明白一个道理：回不去的才是最难忘的，得不到的才是最珍贵的。当人越来越老，越喜欢清净，不喜欢热闹。多人的饭局能推则推,功利的酒场能逃则逃。

和谁在一起舒服,就和谁在一起。彼此感觉舒服,哪怕一句话也不说,也是一种默契。正如风在摇它的叶儿,草在结它的籽儿,虫在唱它的歌儿。

人生至此,方才明白一个道理:是你的,或早或晚,总要穿越万水千山轻盈而来;不是你的,即使你挖空心思,近在咫尺却可能遥如天涯。人生一世,谁也逃不过缘分,谁也敌不过时间。人越来越老,越来越真实,越来越简单,越来越睿智,也越来越接近生命的真谛。

一半是人间烟火,一半是天上烟花(2020-11-07)

人间烟火骨感如电,天上烟花丰满似云。

柴米油盐酱醋茶的烟火味儿,在阳光的照耀下,有点糊的味道。

诗词歌赋琴棋画的清香气儿,在月华的清辉里,冰肌玉骨。

一半是事业,一半是生活。全部的事业是对生活的敷衍塞责。

全部的生活,是对事业的亵渎冷漠。

最美好的,是得不到;最后悔的,是已失去;最珍惜的,是眼前人和当下事。

远方可以有诗,身边也可以有风景。不期待明天,只抓住当下。

我是一朵云,影响无数云,绚烂一片天。

佛家云:一言一行皆是因果,诸恶莫作,众善奉行,自净其意。

一生中你所遇到的人都是你的摆渡人;红尘里你所经历的事,也无不是你的修行道场。学会欣赏每一个人,平和对待每一件事,拈花一笑,自会步步生莲。

多读书,方寸里可观大世界;常静思,小舞台自是大人生。

灵魂只能独行,最高级的断舍离其实是回到你自己。给灵魂寻个家,回归我们的初心,回归生命的本真。而不至于,在婆娑红尘追名逐利,迷失自我。人至中年,没必要为了功名利禄而迷失真我,屈就别人。

一个人的面子,不是别人给的,而是自己挣的。花点时间多读点书,实实在在地提高一下自己的能力,这才是正道。有能力,到哪里你都可以成为焦点,自带气场。你若盛开,蝴蝶自来!

知深浅，懂进退，有分寸（2021-01-26）

一个人事业上的成功，只有15%取决于他的专业技术，另外的85%则要依赖其人际关系的质量。知深浅、懂进退、有分寸，才能做人际关系的赢家。

知深浅，是一种能力。做人知深浅，就是要明白事情的轻重缓急，正确认识自己的优劣短长。在方寸间感知他人悲喜，避免无处不在的人际危机。在谦卑中默默积蓄能量，让自己生长成一棵大树。

与高人相处，把自己当人，不卑不亢；与不如己者相处，把别人当人，谦虚谦恭。静水流深，人贵语迟。倾听，是一种智慧，也是一种修养。

懂进退，是一种智慧。进、退无非是一种选择，选择本身就是一门人生的大学问。该进不进，贻误时机，该退不退，铩羽而归。人生本身就是一个选择的过程，不同的选择就会有不同的人生。冒进或是保守，都是不懂分寸，不知如何取舍，不知进退。但是人贵有自知之明，审时度势，分寸把握得当，取舍度刚好，进退有度才好。向前进是一种方向，留有退路是一种务实。只有方向和务实兼备，才更容易取得成功。逆境时，别后退，因为前进是一种勇气和韧劲；顺境时，要留有退路，因为一味地前进会迷失自我。成功时，要适时后退一步，因为这是一种胸怀和务实；失败时，更要向前，因为这是一种骨气和自信。人生没有永远的低谷，敢于前进，就有机会成功逆袭。

有分寸，是一种素养。老话常说："做菜讲究火候，做人注意分寸。"做人要懂分寸，要深知一言一行的重要性。有素养的人总能换位思考，恰如其分，不越界，不逾矩。懂分寸，是一个人成熟的标志之一。

乱花渐欲迷人眼，知深浅，懂进退，有分寸，才能方圆有度。

努力+感恩，一切皆有可能（2021-03-20）

一粒沙子进入蚌中，可能会成为温润如玉的珍珠，如果它不拒绝磨砺；一粒种子遗落在石缝间，或许会长成黄山上气势如虹的迎客松，前提是它必须有韧如磐石之志，不惧风刀霜剑；一滴水被阳光蒸发，或许会成为自由飘动的云，只要它不惧颠簸、不畏流浪。

一切皆有可能，世间所有的偶然也蕴含着必然。如果没有"踏破铁鞋"的必然，怎会有"得来全不费工夫"的偶然；如果没有"众里寻他千百度"的付出，也不会有"蓦然回首，那人却在，灯火阑珊处"的惊喜。这世界因果无处不在，无时不有。明天的果，就是你今天种下的因。前世未了的缘，才注定今生遇见。

电视剧《乔家大院》中的孙茂才穷酸落魄至乞丐，后投奔乔家，为乔家的生意立下汗马功劳，享有一定地位，却因私欲被赶出乔家。

后来，孙茂才又想投奔对手钱家，钱家对孙茂才说了一句话，让人记忆深刻：不是你成就了乔家的生意，而是乔家的生意成就了你！孙茂才后来再次陷入落魄。

悟道"没有别人提供的平台，哪有你的今天""不要总想着你的付出，而无视了别人给你的舞台"。

与自己对话（2021-12-08）

谁的生活都不容易，只不过别人不说，自己也不知道而已。

不如意时，一定要把自己当人看；如意时，不要太把自己当人看。

不卑不亢，做真实的自己。看自己，不要太当人；看别人，一定要当人。每个人都有心情低谷的时候，正如寒暑的交替。倾诉是最好的解药，倾听是最好的劝导。

岁月沉淀，岁月知味。历经风雨，所剩皆是珍惜，如河边的鹅卵石般光泽温润。说不出的，才是最珍贵的。说出来，或许就没有了分量。内心深处的才是真实的。时光流转，岁月飞逝，不增不减，无生无灭。如山巅的流岚，似海边的清风，似清晨的寒星，如空谷的幽兰。

一段文字，一份心情，在笔尖流淌，如氤氲的茶香，似荡漾的筝曲。一卷书、一杯茶，岁月温存，时光知味，回忆就成了最幸福的时光。言即不言，不言即言。随缘，惜缘，不攀缘。花开花落，云卷云舒。四季轮回，枯荣交替。

见路不走（2021-12-10）

见路不走，是成功的秘诀。其含义就是：成功不可复制，别人的成功经验不一定适合自己。

外部环境不同，个人条件有别，凡事皆不能比。

活在当下，实事求是，不忽略自身条件，不好高骛远，也不妄自菲薄，脚踏实地，做最好的自己。所谓成功，就必须忍别人所不能忍，能别人所不能。不等不靠，努力拼搏。世上没有救世主，如果有，那就是自己。凡事遵循规律，理性思考，绝对不能感情用事。见路不走，不凭经验，勿信教条，认真分析实际条件，准确做出客观判断，剩下的就是锲而不舍、水滴石穿。不要轻易评价某一个人。因为我们的眼光并不一定精准。更何况，变化还是这个世界的永恒。这世上只有一种评价是永恒，那就是盖棺论定。下层人成功，靠的是拼，忍人所不能忍！每一个人的格局，无不是让委屈喂大的。

中层人成功，赢的是人脉。所谓人脉，不是你攀上能力多强的人，而是你的能力足够强大，能为人所用。如果你没有独当一面、为领导分忧的能力，为什么会用你？

有为，才能有位。凡事都是双刃剑，见路不走，能成人，也能害人。这世上没有绝对的好事，也没有百分百的坏事。

怎样才能活得通透（2021-12-13）

人生一世，不能糊糊涂涂，要活得明白通透。

一、为什么活

生命重在过程，重在体验，而不是向死而生。生命无关贵贱，无关贫富，结局都是一样的。春花秋月，夏风冬雪，四季轮回，枯荣交替，虽年年相似，却又岁岁不同。境由心生，遇到不同的人，经过不同的事，自会有一番不同的心境。名不封顶，利无尽时。愉悦的心情要比名利重要得多。身居要职，案牍劳形；腰缠万贯，锱铢较之。位不在高，驾驭娴熟就好；钱不在多，开支不愁就好。

官多大算大，钱多少算多。放下贪嗔痴，无处不是桃花源。拥有真善美，俯拾皆是水云间。

二、不等不靠

人生苦短，凡事不等不靠。"在家靠父母，出门靠朋友"僵化了人的思维，也固化了社会的阶层。犹如一池水，不同深度有不同的鱼，各就其位，各安其命。凡事靠自己，自己才是上帝。意决定知，知产生行，行衍生果，凡事皆逃不过因果律，当所有条件具备，相应的果则一定会出现。

三、活得真实

不迁就，不谄媚，不虚妄，率性洒脱，坦荡而为，这才是真实。

真实需要实力，更需要心性。总去做别人眼中的"老好人"，最后受委屈的只能是自己。我们曾如此期盼外界的认可，到最后才知道：世界是自己的，与他人毫无关系。

作家豆豆一定是一位敢爱敢恨的率性女子，《遥远的救世主》中的芮小丹，《天幕红尘》中的戴梦岩、《背叛》中的夏英杰无不是这样的人。

见路不走，人生不能复制粘贴，为自己而活的人才最美。

做一个有奋斗感的人（2022-02-23）

披星戴月，缘于心中有梦；迎难而上，只因向光而行！

人生太短，凡事不能等，等着等着，蹉跎的不仅仅是岁月！

有些人，一转身就是永别；有些事，一错过终成回忆。

儿时清澈的深眸让岁月搅浑了许多，掺杂太多的世俗和功利。

人生，没有了烟火气息，就变得不真实；人生，没有了诗和远方，剩下可能是满满的残酷；人生不完美，或许就是完美。完美，会让人丧失前行的动力；不完美，才让人有了逐梦的勇气。不要以自己的标准去苛责别人；鞋合不合适，只有脚知道。我们没有生活在他人的世界里，也无法感受他人的冷暖。

做一个有奋斗感的人，逐梦前行，像飞蛾一样，向光而行，无怨无悔！温暖遇到的每一个人，给需要的人一个依靠、一个鼓励、一份希望。让遇到的每一个人，感受我的存在。在生命里，曾经有一次温暖的邂逅，曾经有一次美好的相遇，永远铭记我的存在！

厚道，永远是优秀；真诚，绝对应珍惜。

很喜欢一句话：海纳百川，有容乃大；壁立千仞，无欲则刚。

很喜欢一种情调：面向大海，春暖花开。

很喜欢一种境界：说话让人喜欢，做事让人感动，做人让人想念。

很喜欢一种态度：干干净净做人，坦坦荡荡做事。

很喜欢一种哲学：干一行，爱一行，专一行。

喜欢大海，因为大海胸怀宽广。喜欢春天，因为春天孕育希望。

喜欢花朵，因为花朵是蜜的事业。

心大了，事情就简单。心小了，事情就复杂。

我善良，满目皆是温润。我单纯，尘世无不良善。

生命可随心所欲，绝不可随波逐流（2022-03-21）

很欣赏的一句话：

大事难事看担当，逆境顺境看襟度，临喜临怒看涵养，群行群止看识见。

大事难事看担当。急、难、险、重面前，才可以看出一个人的勇气和担当。关键时候能冲上去、顶得牢、靠得住，这才是中流砥柱，这才是柱石栋梁。

他们不计得失，不舍昼夜，更不会讨价还价。他们只做不说，默默无闻。他们不求鲜花掌声，不求喝彩霓虹，只求心安理得，只求尽职尽责。

逆境顺境看襟度。人这一生不可能一帆风顺，风雨晴雪会有，坦荡坎坷也会有。逆境，可以看出一个人的眼光与胸襟；顺境，也可以看出一个人的格局与气度。顺境时，不要得意忘形，要把别人当人，警醒自己：一切都会过去，要懂得珍惜！逆境时，不要妄自菲薄，要把自己当人，鼓励自己：一切都会过去，要心怀希望。

人生没有永远的坦荡，也没有永远的泥泞。一切都会过去！

临喜临怒看涵养。喜怒最易使人心动而失去正确的判断力。喜，不得意忘形；怒，不要失去理智。有涵养的人往往不易为喜怒所动。有涵养的人置身物外，得之不喜，失之不忧，真正值得喜怒的事并不多。有涵养的人懂得节制，喜怒不形于色，以静制动，以不变应万变，方立于不败之地。静水流深，智者无言。

群行群止看识见。与群众同行同止时，可以看出一个人对事物的见解和认识。从众心理，随波心态，是世人常态。真正有见识的人心中自有取舍，而不会盲目地追随。一定程度上，只有不同，或许才能优秀。世上本无路，走的人多了，就成了路。第一个开辟道路的人，第一个吃螃蟹的人，都是有见识的人。生命可以随心所欲，但不可随波逐流。

气怨生病，心静添福（2022-03-24）

人生于世，必须避开世界上最没用的两件事，一件是生气，另一件是抱怨。一念嗔心起，百万障门开。生气，是别人做错了，我们却拿别人的错误来惩罚自己。放下别人的过错，就是善待自己。

余生不长，把时间留给最美的风景，一路走一路赏，且行且喜。

抱怨，是一副毒药，一旦成为习惯，既苦了自己，也害了别人。

与其抱怨，不如改变；想要改变，立即行动。

位置不同，格局不同，对待同一问题的看法也大相径庭。不需强求，更无须解释。做人，若没有高度，处处都是问题；人生，若没有格局，事事皆生抱怨。费斯汀格法则：已经发生的事情，只占生活的10%；剩下的90%，都取决于你对所发生的事情的反应和决定。

人生路上，摆渡自己，随行而安，随心而乐。静，是一门功夫，更是一种人生修为。越是大事、急事，越需要心静。每临大事有静气，不信今时无古贤。静而后能安，安而后能虑，虑而后能得。

人生一世，常常会面对十字路口的选择，若心浮气躁，则往往会急中生乱，乱中出错。水静极则形象明，人静极则智慧生。水，静下来，能映照万物；心，静下来，才能体察入微。

余生，养一份静气，涤荡灵魂。心有静气，岁月静好；心若静好，福气绵长。

你若爱，生活哪里都可爱。你若恨，生活哪里都可恨。

你若感恩，处处可感恩。你若成长，事事可成长。

不是世界选择了你，是你选择了这个世界。既然无处可躲，不如傻乐；既然无处可逃，不如喜悦；既然没有净土，不如静心；既然没有如愿，不如释然。面为心表，相由心生。心若向暖，万相不寒。生命，是一种体验，更是一种感觉。心中有暖的人，婆娑红尘无不温柔，芸芸众生皆是良善。悲天悯人，惜花伤月。心有良善，无关贫富，不干贵贱。即使低到尘埃中，也能开出温润的花儿。

浩渺宇宙，人若微尘；万古长河，昙花一瞬。人如同江河一滴，被时光流年裹挟着茫然向前，没有方向，也不知江河去处。

放下，就是解脱；松手，即能释然。没有净土，不如静心；没有如愿，不如释然。放下，也是放过自己。万千烦恼，莫不贪嗔痴；诸多郁闷，皆是执慢疑。春花悦目，秋水薄凉，无不是感受。冬梅映雪，夏夜荷香，最终成虚妄。

成熟的人，不问过往，镜花水月徒惆怅。聪明的人，不问现在，活在当下最适当。豁达的人，不问未来，世事无常费思量。以清净心看世界，以欢喜心过生活，以平常心生情味，以柔软心除挂碍。不失本心，不违本真，率真当下，坦荡未来。

不屈就，不凌人，心中向暖，万相温馨。

只言温暖，不语悲伤（2022-04-22）

生容易，活也容易，但生活不容易。

人生没有一帆风顺，磕磕绊绊、起起落落是极其正常的。岁月静好是片刻，一地鸡毛是日常，即使世界偶尔薄凉，内心也要繁花似锦，浅浅喜，静静爱，深深懂得，淡淡释怀，望远处的是风景，看近处的才是人生。唯愿此生，岁月无恙，只言温暖，不语悲伤。杨绛先生在百岁感言中写道："我们曾如此期盼外界的认可，到最后才知道：世界是自己的，与他人毫无关系。"

村上春树说："不是所有的鱼，都生活在同一片海洋。"

水舒不舒服，只有鱼知道。鞋合不合适，只有脚知道。

想要的未来，就立即去争取，甭管结果怎样。无论和谁相处，都不要不把自己当回事。

有些人不喜欢你，但也有人拿你当宝。有看不惯你的人，就有欣赏你的人。有不爱你的人，就有爱你的人。你若看开，清风徐来；你若精彩，天自安排。

《霸王别姬》里有句经典台词："人，得自个儿成全自个儿。"

不在乎别人的评价，才能洒脱前行。不跟别人比较，才能专注于自己。做更好的自己，才有行走世间的底气。自己永远是自己的主角，不要总在别人的戏剧里充当着配角。人生没有赢家，你我皆为过客。学会取悦自己，让自己开心，百年人生，能够微笑着从容走过，就是最厉害的人。

最美书卷气（2022-04-23）

4月23日，第27个"世界读书日"。

读书日，虽然忙得无暇读书，喜欢读书却是渗透到骨子里的事情。

一杯茗茶一窗竹，半卷闲书半月轮。唯有书香能致远，唐风宋月醉我魂。不如书卷好。人世间最美的气质就是书卷气。你无法到达的地方，文字载你过去；你无法经历的人生，书籍带你相遇。

文字，是人间最美丽的精灵；读书，是尘世最温柔的存在。物质的贫穷摧毁你一生的尊严，精神的贫穷耗尽你几世的轮回。

人生没有白走的路，也没有白读的书，你触碰过的那些文字会在不知不觉中帮你认识这个世界，会悄悄地帮你擦去脸上的肤浅和无知。

虽然读书不一定让你功成名就，但它能够让你说话有道理，做事有余地，出言有尺度，嬉皮有分寸。

读书和赚钱是人生最好的修行，前者让人不迷惑，后者让人有尊严。

一个人越是想要精进，越需要书本的沉淀和文化的加持。只有不停地读书，才能不断提升自我，拓展生命的宽度。许多时候，自己看过的书籍都成过眼烟云，不复记忆。其实它们仍是潜在的，在气质里、在谈吐中、在襟怀上，当然也可能显露在生活和文字中。

翻看一本书，打开一扇窗，展现和眼前不一样的风景。读书，可以使喧嚣变得宁静、浮躁变得沉稳、浑浊变得清澈。读书，能让你的灵魂自由而不孤独。读书，能让你的心一直在路上。

腹有诗书气自华，书香盈怀品自高。多读点书，做一个有温度、有情趣、会思考的人。

给心灵寻个安处（2022-05-22）

心有安处，灵魂不会孤独，生活也不会空虚！心无着落，身若浮萍逐水流，意如飘絮任风吹。

曾几何时，心无所依。踏遍暮雪千山，寻尽角角落落，音讯杳然，不见丝毫踪迹。心无安处，流浪无依。寻觅填成词，思念化作诗。

四季皆飘雪，万物无生机。最美的相遇，不是在路上，而是在心里！心无安处，生活便失去了方向。尘世间，有些风景只能欣赏不能收藏。春雨无声，只一丝触摸，就已满心温暖。夏花绚烂，无关风月，只是一种惦念。一眼便是万年，刹那终成永恒。"金风玉露一相逢，便胜却人间无数。"不用言语，何须说话，凝眸如夜，幽怨似海。蓦然回首，灯火阑珊。俯首低眉，心便有了安处。

大千世界，芸芸众生，总有一个人脚踏莲花，为你而来，闲暇时为心灵的归宿，忙碌处是前进的动力。

不远不近，不浓不淡，若隐若现，似无还有。天涯咫尺，聚散随缘，不嗔不怨，不痴不恋。春天的暖，四月的天，秋的色彩斑斓，冬的雪梅争艳。唯有心安，方得从容。

心中有爱，眼里才有风景。深深爱，浅浅笑，慢慢行，只求随缘，唯盼心安！

活得清澈（2022-11-15）

航天员翟志刚第一次从太空中看向地球，很是担心："地球也在空中悬着，怕地球都飘跑了……"浩瀚宇宙，地球是渺小的，弹丸似的。俯瞰地球，芸芸众生，蝼蚁何异。有时，我们看蚂蚁成群结队地忙碌往返，不免心生悲凉，殊不知我们与蚂蚁何异。也不知是否有精灵像我们审视蚂蚁一般欣赏着我们。"不识庐山真面目，只缘身在此山中。"跳出三界外，或许才能更清楚地看清我们自己！人只有在静下来的时候，才有时间打量自己、审视自己、反省自己。叩问自己，人为何而来，又向何而去。一直忙碌，与家人吃一顿饭都是一种奢侈。当没有办法忙碌了，却开始了三餐聚首的幸福。俯瞰大地，万家灯火，闪闪烁烁的无不是温暖、无不是美好、无不是幸福！

失去的，才是美好的，才懂得去珍惜。比如健康，比如爱情，比如缘分。清澈的人，活在当下，不念过往，不惧未来，更不会用今天的快乐去透支明天的忧虑。从八十楼往下看，全是美景，但你从二楼往下看，会有垃圾。人若没有高度，看到的全是问题；人若没有格局，看到的全是鸡毛蒜皮。心小了，所有的小事就大了；心大了，所有的大事都小了。人生就像蒲公英，看似自由，却身不由己。有些事，不是不在乎，而是你越在乎，痛得就越厉害，谁也改变不了曾经的结果，何必一遍遍地让自己难过。放下，就是放过自己。

取舍间，必有得失，有些事可以不忘记，但一定要放下。唯有放下，才能拿起更多；唯有放下，才会遇见更好。人都有着自己固定的交往圈子，像其他生物有着自己的生态系统一样。

单位、广场、医院都是生态系统，有着不同的生物、不同的生态环境、不同的生存法则。进不了的圈子，就不要强融。不违心，不屈就，率性随心，真实自己，余生云淡风轻，今后浅笑安然！

素心向暖，浅笑安然（2022-11-20）

有一句话颇有道理。止语，是上等智慧；止心，是上等律己。真正的修行是学会管理自己，有事心不乱，无事心不空，该忘的忘，该放的放，让心归零，微笑前行。"叫唤鸟儿没肉吃。"年龄越来越大，话语越来越少。倾听、微笑已是常态。言多语失，多说无益；人贵语迟，水深流缓。止语是岁月沉淀的智慧。止语也不是永远不再开口，而是随缘自在，遇到有缘人，才会恰到好处地引领点拨一下，也绝不会夸夸其谈，旁若无人。

止心，就是让心中不再起心动念，不再妄念纷飞，不再向外攀缘。人的心中所想所念都是有原则的，严于律己就是最好的表现。我们每做一件事、每说一句话，都要经过大脑去甄别，用心去体味，这样才不会让自己走偏道，去犯不值得的错误。

止心才能真正止语！有事心不乱。事有因果，再困难的问题总会有答案，再棘手的事情也总有解决的办法。气定神闲，泰山崩于前而不改色！无事心不空。不忙的时候，心不虚空。赌书泼茶，莳花弄草，填词赋诗，码字听曲，自得其乐，乐在其中。人生就是一场场聚散，没有谁能陪你到最后。缘起相遇，缘尽挥手。把自己还给自己，把别人还给别人，让花成花，让树成树，从此山水一程，一别两宽，再无相逢。素心向暖，浅笑安然！

为了健康（2022-11-29）

一切，皆为健康而来。健康是内外兼修的，无论是灵魂还是身体。

健康的灵魂，一定是有趣的。春风似的温柔、芙蓉一样高雅、秋月一般皎洁。书香、茶香、花香盈鼻，梅姿、竹影、兰指迎面。见之，眼为之亮，气为之清，心为之颤。

健康的灵魂，一定是阳光的。如雨后的春笋，似荷叶上的水珠，同傲风的雪梅，洋溢着希望，闪耀着光亮，浸染着不屈。像春天一样，无处不是希望。

健康的灵魂，一定是自由的。风儿般淡然，晚霞般闲适，朝露般通透！知为而为，当止遂止。心似浮云常自在，意如流水任东西！

健康的灵魂，一定是书卷气的！书有着生命的温度和灵魂的芬芳，是灵魂知己，是精神朋友，是生命滋润。文字是跳跃的精灵，深情了眼睛，激荡了精神，鹿撞了心灵。

健康的灵魂，一定栖息在健康的身体里。健康的身体，一定是自律的。病从口入，不贪口腹之欲，吃出健康来。吃饭是为了活着，但活着绝对不是为了吃饭。身体需要什么，就吃什么，营养均衡，七分饱腹。自律的人，一定是运动的；运动的身体，一定是健康的。运动是快乐的源泉，是健康的保障。热爱运动就是热爱生命，拥有健康才能拥有未来！改变永远不止步，努力一直在路上！

守得云开见月明（2022-12-15）

12月15日，线上教学的第24天。一个月后，寒假即将开始。线上教学保鲜期已过，内卷或许将要产生。人到半山坡更陡，船到中游浪更急。越到困难的时候，我们越要保持头脑的清醒，竞争从未止步。

一分耕耘一分收获，你付出的努力终将化成光，照亮你前行的路；你偷的懒就是你刨下的坑，埋葬自己的未来。

对待网课的状态，就是学习最真实的状态。网课是一块试金石，试出是好学还是偷懒。网课是一场自律拼搏赛，严于律己才能有所收获！你可以自欺欺人，但成绩不会无中生有。今天不吃学习的苦，未来就要吃生活的苦。

　　自律的人会越来越优秀，而不自律、各种敷衍学习的人，就会遥遥落后。自律和不自律，差距只会越来越大。没有谁是神的孩子，凡人的资本在勤奋、在自律。人生光靠天赋和聪明，注定是走不远的，唯有自律，才是一个人手中最稳的胜算，才能得到成功的青睐。只要足够努力，全世界都会为你让路。

　　为什么别人成功很容易，自己却很难？那是因为你只看到了别人台面上的光鲜，看不到其背地里的艰辛。这个世界上不存在随随便便的成功，所有成功无不是苦心孤诣，无不是厚积薄发。

　　人生没有白走的路，每一步都算数；人生最大的悲哀是"我本可以"。经得暴风劲雨时，守得云开见月明。坚持，坚持，再坚持，你就成功了！

素简人生（2023-04-11）

　　很欣赏杨绛先生的一段话：

　　"生命活到极致，一定是简与静。美到极致，一定是素与雅。稍纵即逝的是天上烟花，细水长流的是人间烟火，人生最重要的不是快乐，而是平静。"朴实无华，皎洁纯净，可谓"素"；删繁就简，返璞归真，是为"简"。做人做到"简"，就是慎独独处；做事做到"简"，就是顺其自然。

　　昨天晚上，学校停电，办公室独处，难得平静，审视自我，对话灵魂。心就那么大，容不下太多。不时清理，定期断舍，心里虚空了，也就有了接纳，多了相遇。感恩经历，珍惜遇见，不要奢望永远。这世上，最平常的就是无常，最永远的就是不远。

　　依素就简，越简单，越快乐；越素雅，越永远。最简单的不一定是最好的，最好的一定是最简单的。学会了素简，便是学会了人生的减法，方能"不畏浮云遮望眼"。学会了素简，便懂得了向内汲取力量，方能收获真正的强大。心简单了，才能闻到花香，听到鸟鸣；心简单了，才能朝看晨曦，暮赏晚霞；心简单了，才能闲一帘风月，幽半塘秋荷。

　　人生最真是两端，幼时童真无邪，暮年通透简单，唯独中间时光，迷离世间，奔突流年，徒生了些许烦恼与不甘。

　　放下执念，即是放过自己；忘记昨天，才能展望未来！春种秋收，夏长冬藏，自然的才是最好的！